Hable como en TED

Hable como en TED

Hable como en TED

Nueve secretos para comunicar utilizados por los mejores

Carmine Gallo

Traducción de
Marcos Pérez Sánchez

conecta

Los libros de Conecta están disponibles para promociones y compras
por parte de empresas, en condiciones especiales para grandes cantidades.
Existe también la posibilidad de crear ediciones especiales, incluidas ediciones con
cubierta personalizada y logotipos corporativos para determinadas ocasiones.

Para más información, póngase en contacto con:
edicionesespeciales@penguinrandomhouse.com

Título original: *Talk Like TED*
Segunda edición: noviembre, 2016
Primera reimpresión: enero, 2017

Printed in Spain – Impreso en España

ISBN: 978-84-16029-80-8
Depósito legal: B-11.831-2016

Compuesto en M. I. Maquetación, S. L.

Impreso en BookPrint Digital

CN 29808

Penguin
Random House
Grupo Editorial

A Vanessa, con amor y gratitud

Índice

PRIMERA PARTE
Emocionantes

SEGUNDA PARTE
Originales

TERCERA PARTE
Memorables

Agradecimientos

Para crear una gran presentación hace falta un grupo de personas que contribuyan con sus consejos, opiniones y habilidades. Escribir y publicar un libro no es muy diferente: es también un trabajo en grupo.

El equipo de St. Martin's Press es verdaderamente excepcional. Mi editor, Matt Martz, compartió desde el principio mi pasión por el asunto que abordaría en el libro. Estuvimos en sincronía a lo largo de todo el proceso. Su asesoramiento, sus comentarios y valoraciones me ayudaron a estructurar *Hable como en TED* en torno a una narrativa que creo que resultará informativa, instructiva, sugerente y entretenida para el lector. También querría dar las gracias a las muchas personas en St. Martin's Press que han compartido mi entusiasmo por este proyecto. Se trata sin duda de una lista incompleta, pero me gustaría mencionar especialmente a Sally Richardson, Dan Weiss, Laura Clark, Michelle Cashman, Mariann Donato, Michael Hoak, Kerry Nordling, Christy D'Agostini, así como Robert Allen y el voluntarioso equipo de Macmillan Audio.

Roger Williams, mi agente literario y director gerente de New England Publishing Associates, es más que un colega; es un buen amigo, consejero y mentor. Roger, gracias por tantos consejos e inspiración.

Mis agentes como conferenciante en BrightSight Group, Tom Neilssen y Les Tuerk, merecen un reconocimiento especial. Me han incitado a compartir mis ideas a través de discursos en todo tipo de conferencias, encuentros y eventos. Siempre les estaré agradecido por su maravillosa amistad y por sus consejos. BrightSight se nutre del trabajo de un excepcional grupo de apasionados expertos a los que me gustaría dar las gracias individualmente: Cynthia Seeto, Christine Teichmann, Jeff Lykes, Michele DiLisio y Marge Hennessy.

Carolyn Kilmer, experta en redes sociales en Gallo Communications, es una entusiasta de las presentaciones de TED y con ese mismo entusiasmo abordó la investigación previa al libro. Visionó innumerables presentaciones para ayudarme a clasificar las charlas, los temas que trataban y las técnicas que empleaban. Su trabajo nos permitió estructurar la enorme cantidad de material que tuvimos que analizar.

Me siento especialmente orgulloso de la solidez del fundamento científico de cada una de las técnicas. Todas ellas son efectivas porque se basan en el funcionamiento del cerebro y en la manera que tiene de procesar y recordar información. Mi amigo, el abogado Danny Mourning, fue en otra época ayudante de investigación en el campo de la comunicación. Durante la escritura del libro, Danny fue quien más tuvo que escucharme, y en numerosas ocasiones me señaló la dirección correcta al ponerme en contacto con los investigadores o mostrarme novedosos artículos académicos que trataban asuntos relacionados con los que yo quería tratar. Su pasión por la comunicación de ideas es extraordinaria, y quiero agradecerle todas sus aportaciones.

Mi agradecimiento más especial es para mi mujer, Vanessa Gallo, que trabajó infatigablemente en la elaboración del contenido del libro. Llevó a cabo una exhaustiva investigación, editó el manuscrito antes de que lo enviase a la editorial y visionó horas y horas de presentaciones de TED. La importancia de su experiencia como escritora y editora ha sido inestimable. Su formación como profesora de psicología en la universidad estatal de San Francisco también nos ayudó a la hora de analizar el lenguaje corporal, los gestos y la expresión verbal de los oradores. Su inquebrantable confianza en la importancia del tema que abordo en el libro y en el valor de estas ideas día tras día fue el motor de mi pasión y entusiasmo. Aún soy incapaz de comprender cómo consigue conjugar la gestión de nuestro negocio con el cuidado de nuestras hijas, Josephine y Lela, pero lo cierto es que lo hace a la perfección. Es, qué duda cabe, mi mayor inspiración.

También quiero agradecer particularmente el apoyo de mi familia: Tino, Donna, Francesco, Nick, Ken y Patty. Mi madre, Giuseppina, siempre ocupará un lugar especial en mi corazón, junto a mi padre, Franco, ya fallecido, que me transmitió la importancia de la fe, el coraje y la determinación.

Introducción

Las ideas son la moneda de cambio del siglo XXI

> Soy una máquina de aprender y este es el lugar donde hacerlo.
>
> Tony Robbins,
> TED 2006

Las ideas son la moneda de cambio del siglo XXI. Algunas personas tienen una especial capacidad para presentar sus ideas. Su habilidad agranda su talla e influencia en la sociedad actual. Nada resulta más inspirador que una idea audaz presentada por un gran orador. Cuando se estructuran y se presentan de forma eficaz, las ideas pueden cambiar el mundo. Así pues, ¿no sería fantástico identificar con precisión las técnicas que utilizan los mejores comunicadores del mundo, observar cómo ofrecen sus asombrosas presentaciones y aplicar sus secretos para dejar boquiabierto a nuestro propio público? Ahora es posible, gracias a una conferencia de fama mundial que difunde sus mejores intervenciones de forma gratuita a través de internet: TED (Tecnología, Educación, Diseño), a un análisis científico de cientos de estas presentaciones, a entrevistas directas con los conferenciantes más populares de TED y a mis propias aportaciones, fruto de años ejerciendo como coach de los carismáticos líderes de las empresas más admiradas de todo el mundo.

Hable como en TED está dirigido a cualquier persona que aspire a hablar con más confianza y autoridad, a cualquiera que realice presentaciones, venda productos y servicios o tenga personas a su cargo a quienes deba servir de ejemplo. Si tiene ideas que merece la pena difundir, las técnicas recogidas en este libro le ayudarán a desarrollarlas y comunicarlas de forma mucho más persuasiva de lo que nunca habría imaginado.

En marzo de 2012, Bryan Stevenson, abogado especializado en derechos civiles, ofreció una charla ante las mil personas asistentes a la conferencia anual de TED en Long Beach (California). Recibió la mayor ovación de la historia de estos encuentros, y su presentación se ha reproducido online casi dos millones de veces. Durante dieciocho minutos, Stevenson mantuvo a su audiencia hechizada, al apelar tanto a sus mentes como a sus corazones. La combinación resultó un éxito. Más tarde me contó que los asistentes donaron un millón de dólares a su organización sin ánimo de lucro, la Equal Justice Initiative, lo que supone más de 55.000 dólares por cada minuto que habló.

No ofreció una presentación de PowerPoint, ni se ayudó de material visual, transparencias ni otros accesorios: la fuerza de su discurso fue suficiente. Algunos de los oradores más populares en TED prefieren emplear PowerPoint para reforzar el impacto de su discurso. En marzo de 2011, el profesor David Christian puso en marcha un movimiento para enseñar la «gran historia» en las escuelas tras ofrecer una fascinante charla de dieciocho minutos en TED apoyándose en transparencias visualmente estimulantes y sugerentes gráficos. La gran historia explica a los alumnos cómo evolucionó el mundo y cuál es su lugar en el universo. La presentación de Christian, que recorre trece mil millones de años de historia en dieciocho minutos, ha sido vista más de un millón de veces.

Christian y Stevenson poseen estilos de presentación aparentemente distintos, y en este libro se hablará de ambos. Uno cuenta historias y el otro proporciona montañas de datos junto con transparencias cargadas de imágenes, pero los dos resultan sugerentes, entretenidos y estimulantes porque tienen nueve secretos en común. Conocen la ciencia y el arte de la persuasión.

Tras analizar más de quinientas presentaciones de TED (más de ciento cincuenta horas) y después de hablar personalmente con conferenciantes de éxito, he descubierto que las presentaciones más populares comparten nueve elementos comunes. También he entrevistado a algunos de los más destacados neurocientíficos, psicólogos y expertos en comunicación de todo el mundo, para alcanzar una mejor comprensión de por qué los principios en los que se basan estos elementos son tan efectivos. Lo mejor de todo es que, una vez aprendidos los secretos que todos estos comunicadores tienen en común, pueden aplicarse para marcar la diferencia en la próxima propuesta o presentación.

Llevo años aplicando estas técnicas para asesorar a directores ejecutivos, emprendedores y líderes que han inventado productos o dirigen compañías cuyos efectos sobre nuestras vidas se dejan sentir a diario. Aunque quizá usted nunca llegue a hablar en una conferencia TED, si quiere tener éxito en los negocios más le vale ser capaz de dar una presentación digna de la misma. TED representa un estilo audaz, fresco, contemporáneo y estimulante que le ayudará a conquistar a su público.

Ideas que merece la pena difundir

Richard Saul Wurman creó la conferencia TED en 1984 como un evento que se celebraría una única vez. Seis años después, se reinventó como una convención de cuatro días en Monterey (California). Por cuatrocientos setenta y cinco dólares, los asistentes podían concurrir a una gran variedad de charlas que trataban temas relacionados con la tecnología, el entretenimiento y el diseño (de ahí las siglas TED). Chris Anderson, editor de revistas sobre tecnología, compró los derechos de la conferencia en 2001 y la reubicó en Long Beach (California) en 2009. En 2014, TED comenzó una gira en

Vancouver (Canadá), lo cual refleja su creciente atractivo internacional.

El evento se celebró una sola vez al año hasta 2005: cuatro días, cincuenta oradores y presentaciones de dieciocho minutos. Ese año, Anderson incorporó una conferencia hermana llamada TEDGlobal, dirigida a un público internacional. En 2009, la organización empezó a otorgar licencias a terceras personas, capaces de organizar sus propios eventos TEDx locales. En tres años se habían dado más de dieciséis mil charlas a lo largo y ancho de todo el mundo. Actualmente, cada día se celebran cinco eventos TEDx en más de ciento treinta países.

Pero a pesar del asombroso crecimiento del negocio de las conferencias, los oradores de TED solo consiguieron llegar a un público global mucho más amplio tras el lanzamiento de TED.com en junio de 2006. El sitio web empezó publicando seis charlas para sondear el mercado. Seis meses después, aunque solo contaba con alrededor de cuarenta presentaciones, había logrado ya más de tres millones de visionados. Claramente, el mundo estaba y está deseando que le presenten grandes ideas de una manera estimulante.

El 13 de noviembre de 2012, las presentaciones de TED.com alcanzaron los mil millones de visionados, y en la actualidad suman un millón y medio más cada día. Los vídeos se traducen hasta a noventa idiomas y cada segundo se inician diecisiete nuevos visionados. Al respecto, Chris Anderson dijo: «Antes éramos ochocientas personas que nos reuníamos una vez al año; ahora, alrededor de un millón de personas ve las charlas TED online cada día. Cuando experimentamos al poner las primeras presentaciones en la web, la reacción fue tal que decidimos darle la vuelta por completo a la organización y vernos no tanto como una conferencia, sino como un conjunto de "ideas que merece la pena difundir", y construir un gran sitio web alrededor de esta consigna. La conferencia sigue siendo el motor, pero el sitio web es el amplificador que lleva las ideas al mundo».[1]

Las primeras seis charlas TED publicadas online se consideran las clásicas entre los fans que se denominan a sí mismos afectuosamente como *TEDsters*. Entre los oradores estaban Al Gore, sir Ken Robinson y Tony Robbins. Algunos de ellos emplearon las tradicionales transparencias y otros no, pero todos ofrecieron charlas conmovedoras, novedosas y memorables. Hoy en día, TED se ha convertido en una plataforma tan influyente que actores y músicos famosos desfilan por su escenario cuando tienen ideas que compartir. Pocos días después de recibir el Oscar a la mejor película, Ben Affleck, director de *Argo*, hizo acto de presencia en TED en Long Beach para hablar sobre su trabajo en Congo. Unos días antes, Bono, cantante de U2, ofreció una presentación sobre el éxito de las campañas para combatir la pobreza en todo el mundo. Cuando los famosos quieren que se los tome en serio, suben al escenario de TED.

Sheryl Sandberg, directora de operaciones de Facebook, escribió su superventas *Vayamos adelante* después de que su presentación sobre la situación de las mujeres en el mundo laboral se hiciera viral en TED.com. Las presentaciones de TED cambian la manera en que la gente ve el mundo y sirven como trampolín desde donde lanzar movimientos en las áreas de las artes, el diseño, los negocios, la educación, la salud, la ciencia, la tecnología y los problemas globales. La documentalista Daphne Zuniga, que asistió a la conferencia de 2006, la describe como un «encuentro donde los emprendedores, diseñadores, científicos y artistas más destacados de todo el mundo presentan ideas asombrosas y novedosas en lo que no puede describirse más que como un Cirque du Soleil para la mente».[2] «No hay ningún evento parecido —afirma Zuniga—, son cuatro días de aprendizaje, pasión e inspiración [...] intelectualmente estimulantes, pero nunca pensé que las ideas que allí escuché llegarían también a conmoverme.»

Oprah Winfrey lo expresó de manera aún más sucinta: «TED es el lugar donde las personas brillantes acuden a oír cómo otras personas brillantes comparten sus ideas».

Los secretos de las presentaciones de Steve Jobs

Disfruto de una posición privilegiada para analizar las presentaciones TED: escribí un libro titulado *Los secretos de las presentaciones de Steve Jobs*, que llegó a ser un superventas internacional. Sé que varios directores ejecutivos famosos han adoptado los principios que describo en el libro, y que cientos de miles de profesionales de todo el mundo emplean el método para transformar sus presentaciones. Me sentí halagado por la atención, pero me quedé con el deseo de asegurar a los lectores que Steve Jobs no era el único que aplicaba las técnicas que exploré en *Los secretos...*, sino que el cofundador de Apple y visionario tecnológico simplemente tenía una habilidad especial para ponerlas todas en práctica. Las técnicas eran «muy de TED».

En el libro insisto en que el famoso discurso de graduación de Jobs en la universidad de Stanford en 2005 constituyó una magnífica ilustración de su capacidad para cautivar al público. Curiosamente, ese discurso es uno de los vídeos más populares en TED.com: aunque no es oficialmente una de ellas, contiene los elementos de las mejores charlas TED y ha sido visto más de quince millones de veces.

«Vuestro tiempo es limitado, así que no lo perdáis viviendo la vida de otra persona. No os dejéis atrapar por dogmas, no viváis con los resultados del pensamiento de otra gente —dijo Jobs ante los recién graduados—. No permitáis que el ruido de las opiniones ajenas silencie vuestra voz interior. Y, más importante todavía, tened el valor de seguir a vuestro corazón e intuición, porque de alguna manera ya sabéis lo que realmente queréis llegar a ser.»[3] Las palabras de Jobs se dirigían directamente al tipo de personas a quienes conmueven las charlas TED: los buscadores, ávidos por aprender y que, descontentos con el orden establecido, andan a la caza de ideas nuevas e inspiradoras que harán avanzar el mundo. Con Steve Jobs aprendimos las técnicas de un solo maestro; en *Hable como en TED* aprenderemos las de todos ellos.

Dale Carnegie para el siglo XXI

Hable como en TED profundiza mucho más en la ciencia de la comunicación que casi cualquier otro libro disponible en la actualidad. Presenta a hombres y mujeres —científicos, escritores, educadores, ecologistas y líderes famosos— que preparan e imparten la charla de su vida. Cada una de las más de mil quinientas conferencias disponibles gratuitamente en el sitio web de TED puede enseñar algo sobre cómo hablar en público.

Cuando empecé a darle vueltas a la idea de escribir un libro sobre los secretos de las charlas TED para hablar en público, lo imaginé como un Dale Carnegie para el siglo XXI. En 1915, Carnegie escribió *Cómo hablar bien en público*, el primer libro de autoayuda y sobre cómo hablar en público dirigido a las masas. Su intuición era impecable: recomendaba a los oradores que sus charlas fuesen cortas; afirmaba que los discursos constituían maneras potentes de conectar emocionalmente con el público, y sugería utilizar recursos retóricos como las metáforas y las analogías. Tres cuartos de siglo antes de que se inventase el PowerPoint, ya hablaba del uso de accesorios visuales. Carnegie entendía lo importante que eran el entusiasmo, la práctica y una ejecución convincente para conmover a las personas. Todo lo que recomendaba en 1915 continúa formando los cimientos de la comunicación efectiva hoy en día.

Aunque tuvo la idea correcta, Carnegie no disponía de las herramientas con las que contamos actualmente. Utilizando técnicas de imagen por resonancia magnética funcional (IRMf), los científicos pueden escanear el cerebro de una persona para ver exactamente qué áreas se activan cuando el sujeto realiza una determinada tarea, como hablar o escuchar a otra persona. Esta tecnología y otras herramientas propias de la ciencia moderna han llevado a una avalancha de estudios en el área de la comunicación. Los secretos que se revelan en este libro se apoyan en los resultados científicos más recientes de las mejores mentes del planeta, y son efectivos. ¿Es contagiosa la pasión? Saldremos de dudas. ¿Puede la narración de historias realmente sincronizar una mente con la de la persona que escucha? Descubriremos la respuesta. ¿Puede una presentación de dieciocho minutos superar a una de sesenta? ¿Por qué se hizo viral un vídeo de Bill Gates soltando mosquitos entre el público? Conoceremos también la respuesta a estas preguntas.

Carnegie tampoco disponía de la herramienta más potente que podemos utilizar para aprender el arte de hablar en público: internet, que no se comercializaría hasta cuarenta años después de su muerte. Hoy en día, gracias a la disponibilidad de la banda ancha, la gente puede ver vídeos en TED.com y observar cómo los mejores cerebros del planeta ofrecen la charla de su vida. Una vez que hayamos aprendido estos nueve secretos, leído las entrevistas con populares oradores de TED y entendido la ciencia en la que se basa todo ello, podremos visitar TED.com para ver a los presentadores en acción, poniendo en práctica las habilidades sobre las que acabamos de leer.

Ahora todos nos dedicamos a las ventas

Los conferenciantes más populares de TED realizan presentaciones que destacan sobre un mar de ideas. Como señala Daniel Pink en *Vender es humano*: «Nos guste o no, ahora todos nos dedicamos a las ventas».[4] Si le han invitado a dar una charla TED, este libro será su Biblia; si no le han invitado ni tiene intención de hacerlo, aun así será uno de los más valiosos que leerá jamás, porque le enseñará cómo venderse a sí mismo y sus ideas con mayor persuasión de la que nunca habría imaginado. Enseña cómo incorporar los elementos que todas esas presentaciones estimulantes tienen en común y muestra cómo reinventarse a uno mismo como un líder y un comunicador. Recuerde: si no puede inspirar a otra persona con sus ideas, dará igual lo grandiosas que estas sean. El valor de las ideas se mide por las acciones que desencadenan.

Hable como en TED se divide en tres partes, cada una de las cuales cubre una de las secciones de una conferencia ejemplar. Las presentaciones más estimulantes son:

- EMOCIONANTES: nos tocan el corazón.
- ORIGINALES: nos enseñan algo nuevo.
- MEMORABLES: presentan el contenido de una manera que nunca olvidaremos.

Emocionantes

Los grandes comunicadores nos tocan el cerebro y el corazón. La mayoría de las personas que dan presentaciones olvidan la parte del corazón. En el capítulo 1 aprenderemos cómo dar rienda suelta al maestro que llevamos dentro al identificar qué es lo que verdaderamente nos apasiona. Leeremos sobre investigaciones —inéditas en las publicaciones dirigidas al gran público— que explican por qué la pasión es la clave para dominar la habilidad de hablar en público.

El capítulo 2 enseña cómo dominar el arte de la narración y por qué las historias ayudan a los oyentes a establecer un vínculo emocional con el tema que se trata. Nos pondremos al día de nuevas investigaciones que demuestran cómo las historias sincronizan de hecho nuestra mente con las del público, lo que permite crear conexiones mucho más profundas e importantes que lo que nunca hemos experimentado antes.

En el capítulo 3 veremos cómo los presentadores de TED despliegan un lenguaje corporal y una ejecución verbal genuinos y naturales, casi como si estuviesen manteniendo una conversación en lugar de dirigirse a un público amplio. También conoceremos a conferenciantes que dedicaron doscientas horas a practicar una presentación, y veremos cómo lo hicieron. Aprenderemos técnicas para que nuestra presencia y ejecución sean más cómodas y efectivas.

Originales

Según los neurocientíficos a los que he entrevistado, la originalidad es la manera más efectiva de atrapar la atención de una persona. Kevin Allocca, director de tendencias en YouTube, explicó en TED que, en un mundo en el que cada minuto se suben a la nube dos días enteros de vídeos, «Solo lo que es realmente único e inesperado está en condiciones de destacar del resto». El cerebro no puede ignorar la novedad y, una vez que incorporemos las técnicas de esta sección, los oyentes no serán capaces de ignorarnos.

En el capítulo 4 exploraremos cómo los presentadores más destacados de TED estimulan a su público con nueva información o empleando un enfoque original para abordar un área específica de estudio. En el capítulo 5 veremos cómo alcanzar momentos de asombro, y prestaremos especial atención a aquellos oradores que minuciosa y deliberadamente diseñan y ejecutan instantes deslumbrantes de los que quienes asisten a sus charlas siguen hablando años más tarde.

El capítulo 6 aborda el asunto, delicado pero importante, del humor genuino: cuándo usarlo, cómo hacerlo y cómo ser gracioso sin contar un chiste. El humor es algo característico de cada cual y debemos incorporarlo a nuestro estilo personal de presentar.

Memorables

Podemos tener ideas originales, pero si nuestro público es incapaz de recordar lo que contamos, las ideas carecen de importancia. En el capítulo 7 exploro por qué los dieciocho minutos de la presentación de TED es la duración ideal para transmitir nuestras ideas. Sí, esto es algo respaldado por la ciencia. El capítulo 8 cubre la importancia de crear experiencias intensas y multisensoriales para facilitar que el público pueda recordar el contenido. En el capítulo 9 hago hincapié en la importancia de seguir nuestro propio camino, la clave definitiva para ser presentadores genuinos y auténticos en los que la gente sienta que puede confiar.

Cada capítulo se centra en una técnica específica de las que emplean los oradores más populares de TED, acompañada de entrevistas con ellos, ejemplos prácticos e ideas clave. También he incluido «Notas TED» a lo largo de cada capítulo: consejos específicos que ayudarán a aplicar los secretos a la siguiente propuesta o presentación. En estas notas encontraremos el nombre del conferenciante y el título de su presentación, para poder buscarla fácilmente en TED.com. Además, en cada capítulo exploraremos la ciencia en la que se basa cada uno de los secretos: por qué funciona y cómo podemos aplicar la técnica para elevar el nivel de nuestras presentaciones. En los últimos diez años hemos aprendido más sobre la mente humana de lo que hemos sabido nunca. Estos descubrimientos tienen profundas repercusiones sobre nuestra próxima presentación.

Aprender de los maestros

En su libro *Maestría*, Robert Greene afirma que todos tenemos la capacidad de ampliar los límites del potencial humano. La fuerza, la inteligencia y la creatividad son recursos que podemos desplegar si adoptamos la mentalidad y contamos con las habilidades adecuadas. Quienes son maestros de sus respectivos campos (por ejemplo, las artes, la música, los deportes o hablar en público) ven el mundo de una forma distinta. Greene cree que habría que desmitificar la palabra «genio», porque tenemos «acceso a información y conocimiento con los que los maestros de épocas pasadas solo podían soñar».[5]

TED.com es todo un filón para quien aspira a alcanzar la maestría en el área de la comunicación, la persuasión y la oratoria. *Hable como en TED* nos proporcionará las herramientas y nos mostrará cómo utilizarlas para encontrar nuestra propia voz, y quizá incluso hacer fortuna.

Por lo general, los buenos comunicadores tienen más éxito que quienes no lo son, pero solo los grandes comunicadores son capaces de fundar movimientos. Son admirados y se les recuerda simplemente por el apellido: Jefferson, Lincoln, Churchill, Kennedy, King, Reagan. En los negocios, la incapacidad de comunicar eficazmente es una vía directa al fracaso. Implica que las empresas emergentes no conseguirán financiación, que los productos no se venderán, que los proyectos no obtendrán apoyos y que las carreras profesionales no se dispararán. La capacidad para ofrecer una presentación del calibre de las de TED puede marcar la diferencia entre disfrutar de la aclamación popular o penar en una desalentadora oscuridad. Aún estamos vivos. Eso significa que nuestras vidas tienen un propósito. Nacimos para la grandeza. No saboteemos nuestro potencial porque no somos capaces de comunicar nuestras ideas.

En TED 2006, Tony Robbins, un gurú de la motivación, afirmó que «los líderes eficaces poseen la capacidad de actuar e incitar a los demás a hacerlo porque conocen las fuerzas invisibles que nos configuran».[6] La comunicación apasionada, poderosa y estimulante es una de esas fuerzas que nos mueven y nos configuran. Las nuevas estrategias para solucionar antiguos problemas, las historias inspiradoras, las formas originales de transmitir información y las grandes ovaciones se conocen ahora como «momentos TED». Creemos esos momentos, cautivemos a nuestro público, sirvámosle de inspiración, cambiemos el mundo. Esta es la manera de hacerlo...

PRIMERA PARTE
Emocionantes

La clave del formato TED es que tenemos humanos que conectan con otros humanos de forma directa, casi vulnerable. Estamos desnudos sobre el escenario, por decirlo de algún modo. Las charlas que mejor funcionan son aquellas en las que la gente puede sentir realmente esa humanidad, con sus emociones, sus sueños y su imaginación.

CHRIS ANDERSON,
comisario de TED

1

Rienda suelta al maestro
que llevamos dentro

> La pasión será la que te permitirá plasmar la expresión más elevada de tu talento.
>
> LARRY SMITH, TEDx,
> noviembre de 2011

Aimee Mullins tiene doce pares de piernas. Nació con dos, como la mayoría de las personas, pero, a diferencia de casi todo el mundo, a ella se las tuvieron que amputar por debajo de la rodilla debido a una enfermedad. Mullins vive sin piernas desde que tenía un año.

Mullins creció en una familia de clase media en Allentown (Pennsylvania), un pueblo también de clase media, pero sus logros distan mucho de ser algo ordinario. Los médicos sugirieron que con la pronta amputación de las piernas tendría más probabilidades de conservar un grado razonable de movilidad. Al ser solo una niña, ella no tomó parte en esa decisión, pero al hacerse mayor se negó a aceptar la etiqueta de «discapacitada» que muchos le asignaron o a verse a sí misma como tal, y decidió que unas prótesis la ayudarían a conseguir unos superpoderes con los que los demás solo podían soñar.

Mullins redefine lo que significa ser discapacitado. Como le contó al cómico y presentador Stephen Colbert, muchas actrices tienen más prótesis en sus pechos de las que ella lleva en todo su cuerpo, «y nadie dice que medio Hollywood es discapacitado».

Recurrió a su superpoder —sus miembros protésicos— para entrar en el equipo de atletismo de la universidad de Georgetown, que competía en la Primera División de la NCAA, la asociación de clubes deportivos universitarios. Batió tres récords mundiales de atletismo en los Juegos Paralímpicos de 1996, fue modelo y actriz y llegó a figurar en la lista anual de las cincuenta personas más atractivas de la revista *People*.

Aimee Mullins, con una altura habitual de un metro y setenta y cinco centímetros, se elevó en 2009 hasta el metro con ochenta y cinco centímetros sobre el escenario de TED, la estatura que escogió para la ocasión. Elige distintas piernas en función de las circunstancias: más funcionales para caminar por las calles de Manhattan; más elegantes para las fiestas de gala.

«TED, la organización Tecnología, Entretenimiento y Diseño, fue literalmente la plataforma de lanzamiento para los siguientes diez años de mi exploración vital»,[1] explicaba Mullins, quien cree que su aparición en el congreso de TED dio pie a una conversación que cambió profundamente la manera en que la sociedad ve a las personas con discapacidades. Innovadores, diseñadores y artistas ajenos a la comunidad médica tradicionalmente asociada a las prótesis se sintieron interpelados a aplicar su talento creativo y realista en el desarrollo de piernas.

«Ya no se habla de superar una deficiencia, sino que la discusión gira en torno al potencial. Una prótesis ya no representa la necesidad de reparar una pérdida [...]. Personas a las que en otra época la sociedad habría considerado discapacitadas ahora pueden erigirse en arquitectas de su identidad, e incluso alterarla progresivamente al diseñar sus cuerpos tomando sus propias decisiones [...]. Es nuestra humanidad, y todo el potencial que esta conlleva, lo que nos hace hermosos.»

Su determinación convirtió a Mullins en una atleta de talla mundial; su pasión conquistó los corazones del público que la escuchó en TED.

Secreto 1: Dar rienda suelta al maestro que llevamos dentro

Rebusquemos en nuestro interior para identificar la conexión única y profunda con el tema de nuestra presentación. La pasión es la vía hacia la maestría, y sin ella nuestra presentación no es nada, pero tengamos en cuenta que lo que la enciende en nosotros puede no resultar evidente: Aimee Mullins no es una apasionada de las prótesis, sino de liberar el potencial humano.

Por qué funciona: La ciencia demuestra que la pasión es literalmente contagiosa. Uno no puede inspirar a los demás si no se siente inspirado. Las probabilidades de convencer e inspirar a quienes nos escuchan son mucho mayores si demostramos una conexión entusiasta, apasionada y profunda con aquello de lo que hablamos.

En octubre de 2012, Cameron Russell afirmó ante el público de TEDx: «El aspecto no lo es todo».[2] ¿Un cliché? Lo sería en boca de cualquier otra persona, pero ella es una modelo de éxito. A los treinta segundos de subir al escenario, Russell transformó su vestimenta: cubrió su sugerente y ajustado vestido negro con un pareo, sustituyó sus tacones de veinte centímetros por zapatos planos y se embutió en un jersey de cuello vuelto.

«¿Por qué hago esto? —preguntó al público—. La imagen es algo poderoso, pero también superficial: en seis segundos he cambiado por completo la idea que ustedes tienen de mí.»

Russell explicó que es modelo de ropa interior y que ha desfilado para Victoria's Secret y ha aparecido en algunas portadas de revistas de moda. Aunque reconoció que le había ido bien trabajando como modelo —le permitió costearse la universidad—, era perfectamente consciente de que «le había tocado la lotería genética».

Le mostró al público una serie de fotografías de «antes» y «después». Las primeras revelaban su aspecto horas antes de una sesión fotográfica; las segundas mostraban el resultado final. Por supuesto, la diferencia entre ambas era abismal. En una de las fotografías, la modelo, en una imagen de cuando tenía dieciséis años, aparecía en una pose seductora junto a un joven que le metía la mano en el bolsillo trasero de los vaqueros. Ella ni siquiera había tenido nunca novio cuando se tomaron esas fotografías. «Espero que lo que estén viendo es que quien aparece en estas imágenes no soy yo. Son creaciones realizadas por todo un conjunto de profesionales: peluqueros, maquilladores, fotógrafos, estilistas y todos sus respectivos ayudantes, así como quienes se encargan de la pre y la posproducción. Es su creación. Esa no soy yo.»

En su profesión de modelo, Russell es una maestra, pero no es desfilar lo que le apasiona, sino mejorar la autoestima de las chicas jóvenes, y por eso conecta tan bien con su público.

La pasión es contagiosa. «En realidad, me hice modelo porque me tocó la lotería genética. Soy la beneficiaria de una herencia. Quizá se pregunten qué quiere decir esto. Pues bien, durante los últimos siglos hemos definido la belleza no solo como la salud, juventud y simetría que estamos programados biológicamente para admirar, sino también en forma de figuras altas y esbeltas, expresiones de femineidad de piel blanca. Esa es la herencia que he recibido y de la que he sacado buen provecho.»

Su aspecto la hizo modelo, pero su pasión la convirtió en una gran oradora.

Russell y Mullins lograron hacerse oír gracias a su maestría en sus respectivos campos, pero conectan con el público porque los asuntos que tratan las apasionan. Lo que aviva la pasión de un orador no siempre está directamente relacionado con su trabajo cotidiano. Russell no habló de cómo posar para los fotógrafos, ni Mullins lo hizo sobre cómo competir en la pista. Pero ambas impartieron la charla de su vida.

Los oradores más populares en TED comparten una característica con los comunicadores más persuasivos en cualquier ámbito: una pasión, una obsesión que deben compartir con los demás. Los oradores más populares en TED no tienen un «trabajo»; tienen una pasión, una obsesión, una vocación, pero no un trabajo. Están llamados a compartir sus ideas.

Una persona no puede inspirar a los demás si ella misma no siente esa inspiración. Robert Greene, en su libro *Maestría*, escribe: «En nuestra cultura solemos establecer una relación directa entre la reflexión y la capacidad intelectual, por una parte, y el éxito y los logros por otra. Sin embargo, en muchos sentidos, lo que distingue a los maestros en un determinado campo de quienes simplemente trabajan en él es una cualidad emocional. Los niveles de deseo, paciencia, persistencia y confianza acaban teniendo mucha más influencia en nuestro éxito que la mera capacidad de razonamiento. Si nos sentimos motivados y llenos de energía seremos capaces de superar casi cualquier obstáculo; si estamos aburridos e inquietos, nuestra mente se desconecta y nos volvemos cada vez más pasivos».[3] Los oradores motivados y vigorosos siempre son más interesantes y atractivos que los aburridos y pasivos.

Con frecuencia me piden que trabaje con directores ejecutivos en importantes presentaciones de productos u otras iniciativas, para ayudarles a exponer de la manera más efectiva y persuasiva posible la historia de sus marcas. Viajo por todo el mundo visitando marcas como Intel, Coca-Cola, Chevron o Pfizer, entre otras muchas compañías pertenecientes prácticamente a todos los sectores. En cualquier idioma, continente o país, los oradores que expresan con autenticidad su pasión y su entusiasmo por el asunto que tratan son los que destacan como líderes capaces de inspirar a los demás, y son también aquellos con quienes los clientes desean hacer negocios.

Durante años he comenzado mis sesiones de coaching con un cliente haciendo la misma pregunta: ¿qué es lo que le apasiona? Al empezar a crear una historia, no me preocupa tanto el producto en sí como por qué el producto o servicio le entusiasma al orador.

Howard Schultz, el fundador de Starbucks, me dijo una vez que a él lo que lo apasionaba no era tanto el café como «crear un tercer lugar entre el trabajo y el hogar, un lugar donde a los empleados se les tratase con respeto y que ofreciese una atención excepcional al cliente». El café es el producto, pero el negocio de Starbucks es el de la atención al cliente. A Tony Hsieh, el fundador de la tienda online Zappos, no le apasionan los zapatos sino, como él mismo me explicó, «repartir felicidad». Las preguntas que Hsieh se plantea son: ¿cómo consigo que mis empleados estén contentos? ¿Cómo hago que mis clientes estén contentos? En función de cuáles sean las preguntas que uno se plantea, llegará a conclusiones muy diferentes. Preguntarse «¿cuál es mi producto?» es mucho menos efectivo que plantearse «¿cuál es realmente mi negocio? ¿Qué es lo que verdaderamente me apasiona?».

Tony Hsieh siente tal pasión por la atención al cliente y la implicación de los empleados que es un conferenciante muy demandado en eventos y conferencias de todo el mundo (y se ve obligado a declinar muchas más solicitudes de las que acepta). Como hay tantos oradores tediosos, porque no sienten ningún vínculo pasional con el tema que exponen, escuchar a un conferenciante entusiasta resulta tan refrescante como un vaso de agua bien fría en pleno desierto.

¿Qué es lo que hace latir nuestro corazón?

No hace mucho he empezado a utilizar una pregunta distinta al comenzar a trabajar con aquellos de mis clientes ejecutivos que aspiran a ser mejores comunicadores. En su última presentación importante en público, Steve Jobs dijo: «Lo que hace latir nuestro corazón es la intersección entre la tecnología y el arte». Así que he sustituido «¿qué le apasiona?» por «¿qué hace latir su corazón?». La respuesta a esta segunda pregunta es aún más profunda y emocionante que la respuesta a la primera.

Por ejemplo, trabajé con un cliente perteneciente a la agroindustria californiana que dirigía una asociación de productores de fresas, un cultivo primordial en ese estado. Estas fueron sus respuestas a mis preguntas:

1.ª pregunta: ¿A qué se dedica? «Soy el director ejecutivo de la Comisión Californiana de la Fresa.»

2.ª pregunta: ¿Qué es lo que le apasiona? «Me apasiona la promoción de la fresa californiana.»

3.ª pregunta: ¿Qué aspecto de la industria hace latir su corazón? «El sueño americano. Mis padres eran inmigrantes y yo he trabajado en el campo. Con el tiempo consiguieron comprar un terreno de algo menos de media hectárea y su situación fue mejorando a partir de ahí. Para cultivar fresas no se necesitan grandes extensiones de terreno, ni es necesario ser propietario de la tierra; se puede arrendar. Es un primer paso hacia el sueño americano.»

Todo el mundo coincidirá conmigo en que la respuesta a la tercera pregunta es mucho más interesante que las otras dos. ¿Qué hace latir su corazón? Identifíquelo y cuénteselo a los demás.

Nota TED

¿QUÉ ES LO QUE HACE LATIR NUESTRO CORAZÓN? Preguntémonos «¿qué hace latir nuestro corazón?». Nuestra pasión no es simplemente un interés pasajero, ni siquiera una afición. Una pasión es algo muy profundo, que forma parte esencial de nuestra identidad. Una vez que identifiquemos cuál es nuestra pasión, tendremos de responder a las siguientes preguntas: ¿Se puede decir que esta influye en nuestras actividades cotidianas? ¿Podemos incorporarla a nuestra actividad profesional? Nuestra verdadera pasión debería ser el tema central de nuestras comunicaciones, y servirnos para inspirar genuinamente a nuestro público.

El hombre más feliz del mundo

Matthieu Ricard es el hombre más feliz del mundo, y eso no le hace nada feliz. En 2004, Ricard abandonó temporalmente el monasterio de Shechen en Katmandú para instruir al público de TED en Monterey (California) en los hábitos de la felicidad.

Según Ricard, la felicidad es una «sensación profunda de serenidad y plenitud». Él debería saberlo: no solo está satisfecho con su vida, sino que es realmente muy feliz. Científicamente, su grado de felicidad está por las nubes. Se ofreció voluntario para un estudio en la universidad de Wisconsin en Madison, en el cual los científicos le colocaron doscientos cincuenta y seis minúsculos electrodos en el cuero cabelludo para medir sus ondas cerebrales. El estudio se llevó a cabo con cientos de personas que practicaban la meditación, a los que se clasificó en una escala de felicidad. Ricard no solo obtuvo un resultado por encima de la media, sino que los investigadores fueron incapaces de encontrar algo parecido en la literatura neurocientífica. Los escáneres cerebrales mostraban un «exceso de actividad en el córtex prefrontal izquierdo en comparación con el derecho, lo que le otorga una capacidad anormalmente grande para la felicidad y una reducida propensión para la negatividad».[4]

A Ricard no le hace mucha gracia que se le considere el hombre más feliz del mundo. «Lo cierto es que cualquiera puede encontrar la felicidad si la busca en el lugar correcto —explica—. A la verdadera felicidad solo se llega cultivando sostenidamente la sabiduría, el altruismo y la compasión, y tras la erradicación completa de toxinas mentales como el odio, la codicia y la ignorancia.»[5]

Su presentación, «Los hábitos de la felicidad», acumuló más de dos millones de visionados en TED.com. Seguramente fue tan bien recibida porque Matthieu Ricard irradia la alegría de alguien que está profundamente implicado con el asunto que trata. De hecho, él me dijo: «Estas ideas me interesan tanto no solo porque me proporcionan una gran satisfacción, sino porque estoy convencido de que pueden aportar algo positivo a la sociedad. Tengo un especial interés en demostrar que el altruismo y la compasión no son lujos, sino necesidades esenciales para responder a los desafíos del mundo moderno. Por eso, cada vez que me proponen asistir a una conferencia, estoy encantado de hacerlo y así poder difundirlas».[6]

Los oradores consumados están deseando contar sus ideas. Poseen carisma, algo que está directamente relacionado con la pasión que sienten por su contenido. Los conferenciantes carismáticos irradian alegría y pasión: la alegría de compartir su experiencia y la pasión por cómo sus ideas, productos o servicios beneficiarán a quienes los escuchan. «Creo que la mejor manera de comunicarse con alguien pasa por evaluar primero la calidad de nuestra propia motivación: ¿Mi motivación es egoísta o altruista? ¿Mi benevolencia se dirige solo a unos pocos o a la mayoría? ¿Busco su bien a corto o a largo plazo? Una vez que tengamos clara nuestra motivación, la comunicación fluirá con facilidad», explica Ricard.

Curiosamente, si lo que nos motiva es compartir nuestra pasión con nuestra audiencia, es probable que nos sintamos menos nerviosos al hablar en público o al realizar esa importantísima presentación ante nuestro jefe. Le pregunté a Ricard cómo hacía para permanecer tranquilo y relajado frente a grandes auditorios. Él cree que cualquiera puede sugestionarse a sí mismo para sentir alegría, gozo y felicidad cuando lo desee: todo depende de la motivación. Si nuestro único objetivo es conseguir una venta o ser más admirados, es posible que no logremos conectar con el público y que, además, nos sometamos a nosotros mismos una gran presión por ello. Si, por el contrario, nuestro objetivo es más altruista, como proporcionar información a la audiencia, o ayudarles a mejorar sus vidas, estableceremos una conexión más profunda y nos sentiremos más cómodos en nuestro papel.

«Disfruto compartiendo mis ideas, pero como individuo no tengo nada que ganar o perder —explica Ricard—. No me preocupa mi imagen, no busco hacer negocio, no estoy tratando de impresionar a nadie. Reboso de alegría simplemente por tener la oportunidad de decir unas cuantas palabras sobre el hecho de que hemos subestimado enormemente la capacidad de transformar nuestra propia mente.»

Por qué no lograremos tener una gran carrera profesional

Si nuestro trabajo no nos hace felices ni nos apasiona, es posible que no consigamos desarrollar una gran carrera profesional, y si sucede cualquiera de estas dos cosas, será más difícil que logremos generar entusiasmo con nuestras presentaciones. Esta es la razón por la que existe una relación entre nuestra carrera, nuestra felicidad y nuestra capacidad para inspirar a otras personas.

Larry Smith, profesor de economía de la universidad de Waterloo, está obsesionado por el estudio del éxito profesional. Se siente frustrado con los estudiantes universitarios de hoy en día. Le entristece saber que la mayoría de ellos se decidirán por sus respectivas carreras por los motivos equivocados, como el dinero o el estatus, y cree que eso hará que no consigan tener grandes carreras. La única manera de lograrlo, explica, consiste en hacer lo que uno ama, así que volcó su frustración en una charla TEDx persuasiva, apasionada y divertida, titulada «Por qué no va a lograr tener una gran carrera profesional».

Conversé con él sobre la popularidad de su presentación en TED (cuando hablamos, había sido vista más de dos millones de veces). Se mostró sorprendido. Había aceptado dar la charla a instancias de sus alumnos. Como sus clases suelen durar unas tres horas, asumió como un reto personal condensar sus ideas en dieciocho minutos. Alcanzó una popularidad extraordinaria porque el público ve a un orador de pasión desbordada que transmite una sensación de urgencia y consigue que lo que cuenta sea fascinante. Básicamente, su presentación fue el resultado de treinta años de una creciente frustración, hasta alcanzar el punto de ebullición. «El talento desperdiciado es algo que no puedo soportar —me dijo—. Mis alumnos quieren crear tecnología; yo quiero que creen tecnología "flipante", quiero que sientan pasión por lo que hacen.»[7]

Su premisa es sencilla. Hay muchísimos trabajos malos, explica, trabajos «de mucho estrés, que te chupan la sangre y destruyen tu alma». Y hay también trabajos estupendos, pero poca cosa entremedias. Smith cree que la mayoría de la gente no conseguirá un gran trabajo, ni tendrá una gran carrera profesional, porque teme dejarse llevar por su pasión. «Por mucha gente que le diga que, si quiere tener una gran carrera, debe dejarse llevar por su pasión, perseguir sus sueños… usted decidirá no hacerlo.» Las excusas, dice, son lo que frena a la gente. Este es su consejo: «Encuentre su pasión, utilícela, y tendrá una gran carrera; de lo contrario, no lo conseguirá».

Smith es uno de los presentadores de TED más estimulantes que he conocido, aunque debo reconocer que quizá no soy del todo objetivo: llevo insistiendo en estas mismas ideas desde los tiempos en que cambié de planes y, en lugar de estudiar Derecho, opté por desarrollar mi carrera en el periodismo. Empecé ganando mucho menos dinero del que habría conseguido como abogado, y confieso que llegué a dudar de mi decisión. Para perseguir nuestra pasión hace falta valor, en particular cuando los resultados no llegan tan rápido como querríamos. Hay una enorme diferencia entre mi vida actual y la de aquellos primeros años, y ahora disfruto compartiendo mis ideas con públicos de todo el mundo. Lo mejor de todo es que no siento que esté «trabajando». Escribir estas palabras, ver estas presentaciones, estudiar la ciencia en la que se basan, entrevistar a ponentes famosos y compartir sus ideas es para mí una experiencia muy gratificante. Lo más importante que he aprendido es que quienes disfrutan con su trabajo suelen ser los mejores presentadores.

> Uno debe seguir su pasión. Debe averiguar qué es lo que ama, quién es realmente, y tener el arrojo de hacerlo. Creo que el único valor que cualquier persona necesita es el valor para seguir sus propios sueños.
>
> OPRAH WINFREY

En su charla en TEDx, Smith citó el famoso discurso de graduación que Steve Jobs dio en Stanford en 2005, en el que animó a los estudiantes a seguir el camino que amasen realmente: «El trabajo va a llenar gran parte de vuestra vida, y la única forma de estar satisfecho es hacer lo que consideréis un gran trabajo. Y la única forma de conseguirlo es amando lo que hagáis. Si aún no lo habéis encontrado, seguid buscando. No os conforméis. Como en todo lo que tiene que ver con el corazón, lo sabréis cuando lo encontréis. Y, como en todas las relaciones importantes, las cosas nunca dejan de mejorar con el paso de los años. Así que seguid buscando hasta que lo encontréis. No os conforméis».

Smith está de acuerdo con Jobs, pero cree que el consejo a menudo cae en saco roto. «Da igual cuántas veces te hayas bajado el discurso de graduación de Stanford de Steve Jobs; por mucho que lo veas y lo vuelvas a ver, al final decides no hacerlo —le explicó al público de TED—. Temes seguir tu pasión, temes hacer el ridículo. No te atreves a intentarlo. Te asusta la posibilidad del fracaso.»

Después de un cuarto de siglo dedicado al periodismo, a escribir y hablar, y a las comunicaciones, puedo afirmar sin dudarlo ni un momento que las presentaciones más estimulantes son las que dan personas como Larry Smith, Aimee Mullins y la mayoría de los demás oradores a los que conoceremos en los capítulos siguientes. Todos ellos tienen en común el hecho de que acumulan una gran experiencia y poseen un apasionado compromiso con la tarea de compartir sus ideas para ayudar a los demás a alcanzar el éxito.

Nota TED

ACEPTEMOS QUE LA FELICIDAD ES UNA ELECCIÓN. ¿A qué dificultad ha tenido que enfrentarse recientemente? Una vez identificada, escriba tres razones por las que este desafío constituye una oportunidad. ¿Lo ve? La felicidad es una decisión, una actitud contagiosa, y nuestro estado mental tendrá efectos positivos sobre la idea que se hacen de nosotros quienes nos escuchan. Como me dijo Matthieu Ricard: «Nuestro estado mental natural alcanza la perfec-

ción cuando no se ve alterado por los pensamientos negativos. Inspirar esperanza y confianza es fundamental, porque eso es lo que más echamos en falta y lo que más necesitamos en una época como esta».

La nueva ciencia de la pasión y la persuasión

La pasión y el hablar en público están íntimamente relacionados. En palabras del filósofo francés Denis Diderot: «Solo las pasiones, las grandes pasiones, pueden elevar el alma a las grandes cosas». A lo largo de la historia, los grandes líderes han pensado que las pasiones —las grandes pasiones— pueden elevar el alma; ahora, la ciencia les da la razón. Los neurocientíficos han descubierto —y han sido capaces de cuantificar— por qué personas como los presentadores de TED y los grandes líderes inspiran, transmiten energía y ejercen su influencia sobre los demás.

Antes de poder crear y ofrecer presentaciones más apasionadas, necesitamos entender qué es la pasión y cómo opera. Durante diez años, Melissa Cardon, profesora de dirección de empresas en la universidad de Pace, ha hecho de la pasión su pasión. En su innovador estudio titulado «The Nature and Experience of Entrepreneurial Passion» («La naturaleza y la experiencia de la pasión por emprender»), Cardon, junto con otros cuatro investigadores de prestigiosas universidades, llegó a la conclusión de que la pasión tiene un rol fundamental en el éxito de un emprendedor. Para empezar, porque moviliza la energía de la persona y hace que aumente su grado de compromiso con un objetivo. Pero la pasión va mucho más allá. Según esta profesora, «La pasión del emprendedor cataliza experiencias emocionales totales, al involucrar también las respuestas corporal y cerebral».[8]

En su investigación, lo primero que hizo fue establecer una definición de la «pasión por emprender», pues la definición habitual de «pasión» no se prestaba a su uso en los estudios y las mediciones académicos. Normalmente, la pasión se define como «un intenso sentimiento amoroso» o como «deseo sexual», pero ese no es exactamente el tipo de pasión en cuyo estudio estaba interesada Cardon. No obstante, el término se utiliza constantemente como un componente esencial del éxito, e incluso me atrevería a decir que constituye un elemento fundamental de cualquier presentación estimulante.

¿Qué significa exactamente sentir pasión por algo? Y, lo que es más importante, ¿cómo puede uno sacar provecho de su pasión para mejorar su suerte en la vida, en los negocios y al hablar en público? El desafío ante el que se encontraba Cardon consistía en identificar lo que significa la pasión, cómo actúa y cómo puede medirse. En el ámbito académico, si algo no se puede medir no es posible cuantificar sus efectos reales. Para poder establecer la pasión como un campo de estudio sólido, debía elaborar una definición satisfactoria para la mayoría de los expertos. A día de hoy, su definición de «pasión por emprender» (EP por sus siglas en inglés) está generalmente aceptada en la literatura académica: «La sensación intensa y positiva que un individuo experimenta hacia algo que es profundamente significativo para él».

Cardon afirma que la pasión es esencial para la identidad de la persona, algo que la define. No es posible distinguir su empeño de lo que esa persona es: se trata de un aspecto consustancial a su ser. «La pasión se despierta no solo porque los emprendedores están inherentemente predispuestos hacia ese tipo de sentimientos, sino porque se dedican a algo estrechamente relacionado con algún rasgo destacado de su propia identidad.»

Su análisis ayuda a explicar por qué los oradores más populares en TED conectan con su público: tratan asuntos muy relevantes para su propia identidad. Veamos, por ejemplo, el caso de la consultora ambiental Majora Carter. Su hermano mayor sirvió en Vietnam y fue abatido a tiros cerca de su casa, en el South Bronx. La pobreza, la desesperanza y las divisiones raciales hicieron de Carter quien es hoy: una apasionada defensora de la renovación urbana. Su experiencia la definió, y define también su trabajo. Según TED.com, «la confianza de Carter, su energía y su manera de hablar intensamente emocional convierten sus charlas en toda una fuerza de la naturaleza». Para Majora Carter, devolver la esperanza a quienes la han perdido es algo consustancial a su identidad, tan consustancial como el emprendimiento lo es a la identidad de sir Richard Branson.

En 2007, ante el público de TED, Branson afirmó: «Lo que todas las empresas buscan es encontrar a las personas adecuadas, estimularlas y extraer lo mejor de ellas. Disfruto aprendiendo, soy extremadamente curioso y me encanta enfrentarme al orden establecido y tratar de darle la vuelta a la tortilla».[9] Crear compañías como Virgin Atlantic, que desafían al orden establecido, es algo consustancial a Branson.

El 22 de abril de 2013 pasé el día con él. Me habían invitado a acompañarlo en el vuelo inaugural de la nueva ruta de Virgin America entre Los Ángeles y Las Vegas. Tanto en tierra como en el aire, Branson no dejó de sonreír mientras hablaba con entusiasmo sobre la importancia de la atención al cliente para el éxito de su empresa.

Branson y Carter se dedican a actividades que están estrechamente relacionadas con sus respectivas identidades en un sentido hondamente significativo. Y, según la profesora Cardon, esa pasión desempeña un papel fundamental en el éxito de sus carreras como comunicadores.

«Los mejores oradores son las personas que sienten auténtica pasión por los temas que tratan. Inspiran a su público de maneras que quienes no experimentan esa pasión y carecen de la energía que la acompaña son incapaces de hacer —me dijo Cardon—. Cuando una persona siente pasión por algo, no puede evitar pensar en ello, actuar en consecuencia y hablar de la cuestión con los demás.» Cardon cree que los inversores, los clientes y otros agentes interesados son «consumidores inteligentes»: saben cuándo una persona expresa verdadera pasión y cuándo la finge. Es muy difícil, prácticamente imposible, electrizar al público sin sentir una conexión intensa y profunda con el contenido de nuestra presentación.

Por qué funciona la pasión

El siguiente paso de Cardon consistió en identificar por qué la pasión cuenta. Descubrió que la pasión es determinante para explicar importantes comportamientos y resultados. Cardon, junto a varias decenas de investigadores en su campo de estudio, ha descubierto que los líderes empresariales apasionados son más creativos, se marcan metas más ambiciosas y muestran una mayor persistencia, al tiempo que sus compañías registran un mejor rendimiento. También estableció una correlación directa entre la «pasión percibida» de un presentador y la probabilidad de que los inversores financiasen sus ideas.

Los profesores Melissa Cardon, Cheryl Mitteness (universidad Northeastern) y Richard Sudek (universidad de Chapman) llevaron a cabo un extraordinario experimento cuyos resultados se publicaron en la edición de septiembre de 2012 del *Journal of Business Venturing*. Los investigadores buscaban entender el rol de la pasión en el proceso de toma de decisiones de los inversores.

La propuesta de negocios es una de las presentaciones más decisivas en el mundo empresarial. Sin financiación, la mayoría de los proyectos nunca conseguirán despegar. Compañías como Google y Apple no habrían cambiado nuestras vidas de no ser porque sus líderes, carismáticos y apasionados, lograron cautivar la atención de los inversores. ¿Es la pasión el único criterio en el que los inversores en Apple y Google basaron su decisión? Por supuesto que no. ¿Influyó la pasión percibida de los fundadores (Steve Jobs, Steve Wozniak, Sergey Brin y Larry Page) en la decisión final de los inversores? Sin duda.

El escenario del estudio de Cardon fue una de las mayores organizaciones de padrinos inversores de todo Estados Unidos: Tech Coast Angels, con sede en el condado de Orange (California).[10] Desde 1997, este grupo de inversores individuales ha financiado con más de cien millones de dólares a casi ciento setenta compañías. La muestra incluía inversores que no invertían como grupo, sino que tomaban sus decisiones de manera independiente.

Entre agosto de 2006 y julio de 2010, sesenta y cuatro padrinos inversores analizaron doscientas cuarenta y una empresas. El proceso de filtrado incluía una presentación de quince minutos en PowerPoint y una sesión de preguntas y respuestas de otros quince minutos de duración (más adelante veremos por qué el tiempo ideal para una propuesta de negocios es de entre quince y veinte minutos).

Cuarenta y una de las empresas (el 17 por ciento del total) acabaron recibiendo financiación. Las empresas emergentes se dividían en dieciséis categorías, incluidas las de software, productos de consumo, aparatos médicos y servicios empresariales. A los padrinos inversores se les pedía que valorasen la pasión y el entusiasmo de cada presentador empleando una escala de cinco puntos y según dos criterios: «El director ejecutivo muestra pasión por su compañía» y «El director ejecutivo es muy entusiasta». Los investigadores controlaron otros factores como la oportunidad comercial, el riesgo relativo y el potencial de ingresos, para así aislar la pasión como el único criterio a la hora de decidir sobre la financiación de cada empresa. Aislar la pasión les permitió cuantificar su rol, y lo que descubrieron es que este era muy importante para el éxito final de una propuesta de negocios.

Los inversores basaron sus dictámenes sobre el potencial de cada emprendedor en trece criterios, y se les pidió que los clasificasen en orden de importancia a la hora de tomar la decisión final. La magnitud de la oportunidad de negocio y la energía del emprendedor fueron los criterios más valorados, y ocuparon las dos primeras posiciones, seguidos en tercer lugar por la «pasión percibida», muy por encima de elementos como la formación del emprendedor, su estilo, su experiencia en otras empresas emergentes o su edad.

Los investigadores llegaron a la siguiente conclusión: «Nuestros resultados demuestran que la pasión percibida es un criterio relevante para los padrinos inversores a la hora de evaluar el potencial para inversión de nuevos proyectos [...]. La pasión percibida implica entusiasmo e ilusión y es algo distinto de lo preparado o comprometido con su proyecto que pueda estar un emprendedor [...]. La pasión percibida tiene al parecer su importancia para los inversores de capital».

La investigación de Cardon es fundamental para ayudarnos a entender por qué algunas presentaciones de TED tienen tanto éxito en internet y, lo que es más importante, cómo liberar nuestro propio potencial como oradores.

«¿Conoces ese antiguo dicho que les repetimos a los alumnos en la universidad, aunque nunca nos escuchan: "Haz aquello que amas"? Pues bien: es cierto —me dijo Cardon—. Si alguien está creando una empresa en un ámbito en el que cree que puede hacerse rico, pero no obtiene satisfacción con el producto, el sector ni nada de lo que lo rodea, estará cometiendo un error.» La investigadora también cree que es erróneo pensar que alguien puede influir e inspirar a otros hablando sobre un tema que no ama, que no es esencial para su identidad.

Presenciar el propio derrame cerebral desde primera fila

Pocos de los presentadores de TED tienen una conexión emocional tan profunda con los temas de los que hablan como la neuroanatomista Jill Bolte Taylor (la doctora Jill), portavoz nacional del Harvard Brain Tissue Resource Center, lo que explica en parte por qué su charla es una de las más populares de toda la historia de TED.

Una mañana, la doctora Jill se despertó con un dolor palpitante en la parte interior del ojo izquierdo, el tipo de punzada que uno siente cuando sufre una jaqueca por frío. Pero ojalá hubiese sido tan inocuo: el dolor se agudizó, perdió el equilibrio y enseguida se dio cuenta de que tenía el brazo derecho completamente paralizado. Un vaso sanguíneo se había roto en su cabeza. Estaba sufriendo un derrame cerebral: los vasos de la mitad izquierda de su cerebro estaban, literalmente, estallando.

Se tomó el derrame como un golpe de suerte. La doctora Jill es neuroanatomista, especializada en el estudio forense del cerebro humano y su relación con enfermedades mentales severas. En marzo de 2008, ante el público de TED, explicó así la situación: «Pensé: "¡Dios mío, estoy teniendo un derrame!". Lo siguiente que mi cerebro me dijo fue: "¡Uau! ¡Esto es alucinante! ¿Cuántos neurólogos tienen la oportunidad de estudiar su propio cerebro desde el interior?"».[11]

El episodio la transformó tanto física como espiritualmente. Fue un derrame grave, que la dejó incapaz de hablar o moverse. Necesitó años de rehabilitación para poder recuperarse parcialmente. No dio la charla en TED hasta ocho años después de sufrirlo.

Su despertar espiritual fue profundo. Conectó con el mundo —y con los demás— de una manera que nunca había experimentado en su mundo «de cerebro izquierdo», en el que se veía separada del conjunto del universo. Sin la cháchara continua de su cerebro izquierdo, e incapaz de distinguir dónde empezaba y dónde terminaba su cuerpo, «su espíritu libre levantó el vuelo». Se sintió parte de un universo descomunal. En pocas palabras: había alcanzado el nirvana. «Recuerdo que pensé que de ninguna manera sería capaz de volver a comprimir toda mi propia inmensidad para que cupiese en mi diminuto cuerpo.»

El derrame que sufrió la doctora Jill le cambió la vida, y lo mismo le sucedió con su charla en TED. «Mi poderoso derrame de imaginación», una presentación basada en su libro del mismo título publicado en 2008, acumula más de diez millones de visionados. Como consecuencia directa de su charla, entró en la lista de las cien personas más influyentes de la revista TIME.

En enero de 2013, la doctora Jill explicaba así el poder transformador de la presentación en un blog del *Huffington Post*: «Tras dar la charla en 2008, mi vida cambió en pocas semanas, y las repercusiones de aquello aún resuenan con fuerza en mi mundo. Mi libro, *My Stroke of Insight*, se ha traducido a treinta idiomas. *TIME* y *Oprah's Soul Series* llamaron a mi puerta. Estuve en Europa, Asia,

Sudamérica y Canadá; recorrí Estados Unidos de una punta a otra, y en febrero de 2012 viajé a la Antártida con el vicepresidente Al Gore, veinte científicos y ciento veinticinco líderes mundiales a los que les preocupa profundamente el clima».[12]

La doctora Jill tuvo una gran carrera, como diría Larry Smith, porque descubrió cuál era su vocación e hizo de ella su profesión mucho antes del traumático suceso que la convertiría en una estimulante oradora. Estudió neurología porque a su hermano le habían diagnosticado esquizofrenia. «Como hermana y, más tarde, como científica, quería entender por qué puedo abstraer mis sueños, puedo conectarlos a mi realidad y hacerlos realidad. ¿Qué sucede con el cerebro de mi hermano y su esquizofrenia que no puede conectar sus sueños con una realidad común y compartida sino que se convierten en delirios?»

Hablé con la doctora Jill sobre su estilo al dar charlas: cómo construye la historia, la pone en práctica y la presenta. Lo que aconseja a formadores y comunicadores es que cuenten una historia y expresen su pasión. «Cuando estaba en Harvard, era la que ganaba los premios —me dijo—. Pero no porque mis hallazgos científicos fuesen mejores que los de los demás, sino porque podía contar una historia interesante y fascinante y que era mía, con todo detalle.»

La profunda conexión que la doctora Jill posee con el tema que aborda en sus charlas no puede separarse de su deslumbrante capacidad para comunicar con pasión y, en última instancia, cambiar la manera de ver el mundo de quienes la escuchan. Si creemos que nuestro tema es fascinante, interesante y maravilloso, es más que probable que nuestro público lo piense también.

Nuestro cerebro nunca deja de crecer

Gracias al estudio de la neuroplasticidad, los científicos están descubriendo que el cerebro no deja de crecer y cambiar a lo largo de toda nuestra vida. La repetición intensa de una tarea crea y refuerza nuevas vías neuronales. A medida que una persona se vuelve experta en un ámbito determinado —música, deporte, hablar en público— las zonas del cerebro asociadas con esas habilidades crecen realmente.

Según el doctor Pascale Michelon, profesor adjunto en la universidad de Washington en Saint Louis, «todos mejoramos nuestra capacidad para hacer algo si lo hacemos repetidamente».[13] Michelon me habló sobre los estudios que había llevado a cabo con todo tipo de personas, desde taxistas a músicos. Comparados con el de los conductores de autobús, el hipocampo de los taxistas londinenses ocupa un volumen mayor en la parte posterior del cerebro. El hipocampo desempeña un papel especializado en el desarrollo de la habilidad necesaria para orientarse en una ruta, por lo que el de los conductores de autobús, que recorren el mismo trayecto día tras día, estaba subestimulado. Los científicos también descubrieron que la cantidad de materia gris asociada al acto de tocar música (las regiones motoras y las zonas parietal superior anterior y temporales inferiores) era mayor en los músicos profesionales que practicaban una hora al día, intermedia en los músicos aficionados y menor en quienes no eran músicos. Adquirir una nueva habilidad y practicarla una y otra vez abre nuevas vías en el cerebro.

Michelon cree que estos estudios también son relevantes para personas que hablan repetidamente sobre temas que las apasionan. «Las zonas del cerebro relacionadas con el lenguaje, las que nos ayudan a hablar y a exponer ideas con mayor claridad, se vuelven más activas y eficientes cuanto más se ejercitan. Cuanto más hablamos en público, más cambia la estructura real del cerebro. Si hablamos en público con mucha frecuencia, se desarrollan más las zonas del cerebro asociadas al lenguaje.»

Los comunicadores persuasivos, como los presentadores de TED que consiguen más visionados online, son maestros en un determinado tema gracias a la imprescindible cantidad de dedicación, tiempo y esfuerzo que han invertido en él, lo cual a su vez se debe a la pasión que les hace sentir.

Secretos de las personalidades contagiosas

El psicólogo Howard Friedman estudia la más esquiva de las cualidades: el carisma, un concepto estrechamente relacionado con la pasión. En su libro *The Longevity Project*, revela los asombrosos resultados de un innovador estudio sobre el tema.

En primer lugar, Friedman diseñó un cuestionario con el objetivo de distinguir entre las personas con mucho y poco carisma. La encuesta plantea temas como: «Cuando escucho buena música mi cuerpo empieza a seguir el ritmo automáticamente», «En las fiestas soy el centro de atención» o «Me apasiona mi trabajo».[14] A los encuestados se les ofrecía un abanico de respuestas posibles, desde «no muy cierto» a «muy cierto». La puntuación media fue de setenta y un puntos y la máxima, de unos ciento dieciséis. El estudio distinguía las personalidades magnéticas de los floreros. Friedman lo llama Test de Comunicaciones Afectivas (ACT por sus siglas en inglés), diseñado para medir la capacidad de una persona para transmitir sus sentimientos a los demás. Pero el psicólogo fue un paso más allá.

Seleccionó a varias decenas de personas que habían obtenido puntuaciones muy elevadas en el test y a otras cuyos resultados habían sido muy bajos. Les pasó un cuestionario y les preguntó cómo se sentían en ese momento. A continuación, se hizo entrar a una persona de cada uno de los grupos en una misma sala, donde debían permanecer durante dos minutos sin poder hablar entre sí. Una vez transcurrido ese tiempo, se les pidió que rellenasen otro cuestionario para evaluar su estado de ánimo. Sin pronunciar palabra, los individuos carismáticos fueron capaces de alterar el ánimo de los de personalidad menos seductora. Si el primero estaba contento, el segundo también decía que lo estaba; sin embargo, no sucedía lo mismo en sentido contrario. Las personas carismáticas sonreían más y empleaban un lenguaje no verbal más enérgico: rezumaban alegría y pasión.

El estudio de Friedman demostró fehacientemente que la pasión se contagia de unas personas a otras. Quienes no se comunicaban emocionalmente (poco contacto visual, posición rígida al sentarse, ningún gesto con las manos) mostraban una capacidad mucho menor que las más carismáticas de influir y persuadir a los demás.

La pasión es literalmente contagiosa

Ralph Waldo Emerson afirmó que «Nada grande se ha conseguido nunca sin entusiasmo». Joyce Bono, de la universidad de Minnesota, y Remus Ilies, de la universidad estatal de Michigan, han demostrado que estaba en lo cierto. Estos profesores de escuela de negocios llevaron a cabo cuatro estudios independientes con cientos de participantes para medir el carisma, las emociones positivas y el «contagio del humor».

Los investigadores descubrieron que «los individuos con un alto grado de carisma suelen expresar más emociones positivas en sus comunicaciones escritas y orales»,[15] como pasión, entusiasmo, ilusión y optimismo. Bono e Ilies también descubrieron que estas emociones son contagiosas y elevan el ánimo de la audiencia. Los participantes que escucharon y vieron a líderes positivos, en persona y en vídeo, reflejaron un estado de ánimo más positivo que aquellos que vieron a otros líderes con un grado menor de emociones positivas. Además, a los líderes positivos se los percibía como más efectivos, y por tanto con mayor probabilidad de persuadir a sus seguidores de que hiciesen lo que ellos querían.

«Los resultados de nuestro estudio —dijeron Bono e Ilies— indican claramente que las expresiones emocionales de los líderes influyen de manera significativa en la formación de la percepción que tienen los seguidores de la efectividad de los líderes, en su sentimiento de atracción hacia ellos y en su propio estado de ánimo. Asimismo, nuestros resultados sugieren que el liderazgo carismático está relacionado con el éxito de la organización, porque los líderes carismáticos hacen posible que sus seguidores experimenten emociones positivas. Y, lo más importante, indican también que el comportamiento de los líderes puede afectar significativamente al grado de felicidad y bienestar de los seguidores, al influir en sus vidas emocionales.»

Se dice que el éxito no da la felicidad, sino que es la felicidad la que produce el éxito. Los oradores más populares de TED son ejemplos reales de lo acertado de ese aforismo. Nuestra forma de pensar, la confianza que tengamos en nuestra experiencia y la pasión que sintamos por el tema que abordemos, afecta directamente al empaque de nuestras comunicaciones. Los pensamientos alteran la composición química del cerebro, e influyen por tanto en lo que decimos y en cómo lo decimos.

> **Cuando nos mueve un gran propósito, un proyecto extraordinario, todos nuestros pensamientos rompen sus ataduras. Nuestra mente trasciende sus limitaciones, nuestra conciencia se expande en todas las direcciones y nos descubrimos en un nuevo mundo, fantástico y maravilloso. Reviven las fuerzas, facultades y talentos dormidos, y descubrimos que somos personas mucho más grandes de lo que nunca pudimos soñar.**
>
> PATANJALI, profesor indio conocido
> como «el padre del yoga»

Cuando el tema del que hablamos nos apasiona —incluso nos obsesiona—, la energía y el entusiasmo que expresamos se transmiten a las personas que nos escuchan. No debemos tener miedo de expresarnos, de mostrar nuestro verdadero yo. Si, como la doctora Jill, nos sentimos inspirados, demostrémoslo; si lo que sentimos es frustración, como Larry Smith, digámoslo, y si estamos contentos, como Matthieu Ricard, expresémoslo también.

Nota TED

DEJE QUE LAS PERSONAS APASIONADAS ENTREN EN SU VIDA. Howard Schultz, fundador de Starbucks, me dijo una vez: «Cuando estamos rodeados de personas que comparten una pasión colectiva en torno a un propósito común, todo es posible». Identificar nuestra pasión es un primer paso, pero debemos compartirla, expresarla y hablar de lo que nos motiva con nuestros colegas, clientes y con quienes nos rodean. Y, lo que es aún más importante, debemos establecer conexiones con otras personas que comparten nuestra pasión. Los líderes utilizan la pasión como uno de los criterios para elegir a quién contratar. Richard Branson contrata a quienes tienen la actitud Virgin: sonríen a menudo, son positivos y entusiastas. Y, en consecuencia, son mejores comunicadores. No basta con que nosotros sintamos esa pasión. Debemos también rodearnos de personas que sean igual de apasionadas por nuestra organización y el campo en el que trabajan. En última instancia, nuestro éxito como líderes y comunicadores dependerá de ello.

Quinientos participantes no pueden estar equivocados

Richard St. John iba en un avión camino de una conferencia TED cuando un adolescente que estaba sentado a su lado sintió curiosidad por su trabajo y le preguntó: «¿Qué es lo que conduce realmente al éxito?». St. John no tenía una buena respuesta, pero sí tuvo una buena idea: les repetiría esa misma pregunta a los líderes de éxito que asistirían a la conferencia, tanto a los ponentes como a los oyentes. A lo largo de la década siguiente entrevistó a quinientos participantes en los eventos TED y descubrió los rasgos que los hicieron ultraexitosos. Hizo públicas sus conclusiones en una presentación de tres minutos en el TED de Monterey de 2005.

En una charla con más de cuatro millones de visionados, St. John ofreció los «ocho secretos del éxito». ¿Cuál era el primero de los «secretos»? Efectivamente, la pasión. «Quienes participan en TED lo hacen por amor, no por dinero», afirmó.[16]

En su libro *The 8 Traits Successful People Have in Common*, St. John escribe sobre Mullins: «La pasión ha permitido a Aimee Mullins batir récords de atletismo, a pesar de que le faltan las dos extremidades fundamentales para correr: las piernas [...]. Tiene un nombre muy adecuado, puesto que "Aimee" proviene de la palabra francesa para "amor", y ese es uno de los grandes motivos de su éxito, tanto en las pistas como en la vida. No es de extrañar que Mullins afirme que "si es tu pasión, el éxito será inevitable"».

Si queremos ayudar a alguien, más nos vale cerrar la boca y escuchar

Ernesto Sirolli, fundador del Sirolli Institute y experto de fama mundial en desarrollo económico, aprendió por las malas que la palabra «nosotros» es más importante que «yo». Sirolli, que comenzó su carrera en el desarrollo sostenible como cooperante en África en los años setenta, contó al público de TEDx en 2012 que lo que muchos «expertos» sabían sobre el desarrollo sostenible había resultado ser falso.

Con veintiún años trabajaba para una ONG italiana, y «todos y cada uno de los proyectos que llevamos a cabo en África fracasaron».[17] Su primer proyecto consistió en enseñar a los habitantes de un pueblo del sur de Zambia a cultivar tomates. «Todo crecía de maravilla en África. Teníamos unos tomates magníficos y les decíamos a los zambianos: "Mirad qué fácil es la agricultura". Una noche, cuando los tomates estaban hermosos, maduros y rojos, unos doscientos hipopótamos salieron del río y se lo comieron todo. [*Risas*] Les dijimos a los zambianos: "¡Dios mío, los hipopótamos!". Y ellos nos respondieron: "Sí, por eso no tenemos agricultura aquí". [*Risas*]

»"¿Por qué no nos lo habían dicho?" "Porque nunca nos lo preguntaron."»

Si queremos ayudar a alguien, lo que debemos hacer es cerrar la boca y escuchar. Eso es lo que Sirolli aprendió de sus primeras experiencias con la agricultura sostenible. «Uno nunca llega a una comunidad con ideas preconcebidas», explica, y recomienda capturar la pasión, la energía y la imaginación de sus habitantes.

Como hemos visto, la pasión es la base del éxito en los negocios, en las carreras profesionales y a la hora de hablar en público, y también es el ingrediente esencial para el éxito que Sirolli ha alcanzado en su trabajo: «Podemos darle una idea a alguien, pero si la persona no quiere llevarla a la práctica ¿qué podemos hacer? La pasión que la persona tiene por su propio crecimiento es lo más importante. La pasión que ese hombre siente por su propio crecimiento personal es lo más importante. Lo que sí podemos hacer es ayudarle a encontrar el conocimiento, porque nadie en el mundo puede triunfar solo. La persona con la idea quizá no tenga el conocimiento, pero este está a su alcance». Quien está leyendo este libro es un apasionado del crecimiento personal y probablemente ya domine el tema del que habla (o esté a punto de dominarlo), así que no debe tener miedo a compartir su ilusión: el público lo notará.

Mi experiencia es que los mejores ejecutivos de todos son aquellos que sienten una pasión más intensa por lo que hacen.

RON BARON,
inversor multimillonario

Secreto 1: Dar rienda suelta al maestro que llevamos dentro

Puedo enseñar cómo contar una historia, cómo diseñar una magnífica hoja de PowerPoint e incluso enseñar cómo utilizar la voz y el cuerpo de una manera más efectiva. Historias, transparencias y lenguaje corporal más positivo son componentes importantes para una presentación convincente, pero de poco sirven si el orador no siente pasión por lo que cuenta.

El primer paso para servir de inspiración a los demás consiste en asegurarse de que uno siente esa pasión que quiere transmitir. La forma más sencilla de identificar aquello que despierta nuestra verdadera pasión pasa por hacernos la pregunta que planteé unas páginas atrás: «¿Qué hace latir nuestro corazón?». Una vez que descubramos qué es lo que hace que nuestro corazón lata, las historias que contemos, las transparencias que utilicemos y la manera en que comuniquemos nuestro contenido cobrarán vida. Conectaremos con nuestro público de un modo más profundo de lo que jamás habríamos podido imaginar. Tendremos la confianza necesaria para compartir lo que hemos aprendido como verdaderos maestros, y estaremos entonces en condiciones de dar la charla de nuestra vida.

2

Dominar el arte de contar historias

> Las historias no son más que datos con alma.
>
> Brené Brown,
> TEDx Houston 2010

En casa de Bryan Stevenson, todas las discusiones desembocaban en su abuela, quien también iniciaba muchos debates. Por encima de todo, su abuela le enseñó el poder de la identidad. Stevenson es un abogado especializado en derechos civiles y director ejecutivo de la Equal Justice Iniciative, una organización sin ánimo de lucro que ofrece representación legal a personas pobres a quienes el sistema ha negado un trato justo. Stevenson ganó un histórico caso en el Tribunal Supremo por el que se prohibió que los estados impusiesen sentencias obligatorias de cadena perpetua sin posibilidad de libertad condicional a menores condenados por un delito grave. De los nueve jueces, cinco votaron a favor y cuatro en contra de declarar dichas sentencias inconstitucionales y contrarias a la Octava Enmienda, que prohíbe los castigos crueles y extraordinarios.

En septiembre de 2011, el Roosevelt Institute le galardonó con la Medalla de la Libertad por su trabajo en el ámbito de la justicia social. Un representante de la conferencia TED estaba entre el público y le pidió que diese una charla en el evento de marzo de 2012 en Long Beach. Stevenson me contó que por aquel entonces no sabía mucho de TED y su primera idea fue declinar la invitación porque tenía que defender dos casos ante el Tribunal Supremo a finales de marzo. Sus ayudantes se volvieron locos y le dijeron que tenía que hablar en TED, y ahora él se alegra de haberlo hecho. Su presentación conmovió tanto al público que los asistentes donaron un total de un millón de dólares a su organización.

Durante dieciocho minutos, mantuvo hechizada a la audiencia mientras hablaba de algunas de las personas que más habían influido en su vida: su abuela, Rosa Parks y un conserje. Empezó con una historia sobre los padres de su abuela, que habían nacido esclavos, y cómo la esclavitud había determinado su manera de ver el mundo. Su abuela tuvo diez hijos, y a Stevenson le costaba conseguir pasar tiempo con ella. Un día, cuando tenía ocho o nueve años, su abuela cruzó la habitación, le tomó de la mano y le dijo: «Ven, Bryan. Tú y yo vamos a hablar».[1] Asegura que nunca olvidará esa conversación.

> Me sentó, me miró y me dijo: «Quiero que sepas que te he estado observando». Y añadió: «Pienso que eres especial. Creo que puedes hacer cualquier cosa que te propongas». Nunca lo olvidaré. Luego me dijo: «Solo quiero que me prometas tres cosas, Bryan», a lo que respondí: «Claro, abuela». «Lo primero que quiero que me prometas es que siempre querrás a tu madre». Y añadió: «Es mi hijita; tienes que prometerme que siempre la cuidarás». Como yo adoraba a mi madre, le contesté: «Lo haré, abuela». Entonces me dijo: «Lo segundo que quiero que me prometas es que siempre harás lo correcto, aunque lo correcto sea lo difícil». Lo pensé un momento y le dije: «Sí, abuela. Lo haré». Finalmente, me dijo: «Lo tercero que quiero que me prometas es que nunca beberás alcohol». [*Risas*] Yo tenía nueve años, así que le dije: «Sí, abuela, te lo prometo». [*Risas*]

Pocos años más tarde, Stevenson estaba en un bosque cerca de su casa con dos de sus hermanos que le insistían para que tomase un trago de cerveza. Él se negaba a hacerlo, diciendo que no se sentiría bien si lo hacía. «Entonces mi hermano me miró fijamente y me dijo:

—¿Qué te pasa? Toma un poco de cerveza. —Clavó en mí su mirada y continuó—: ¿No me digas que todavía estás pensando en la conversación con la abuela?

—Pero ¿de qué estás hablando? —le contesté.

—La abuela les dice a todos sus nietos que son especiales —respondió.

[*Risas*]

Me quedé hecho polvo.»

[*Más risas*]

2.1. Bryan Stevenson hablando en TED 2012. Cortesía de James Duncan Davidson/TED (http://duncandavidson.com).

Stevenson bajó la voz y continuó: «Les diré algo que probablemente no debería contar. Sé que esto tendrá una amplia difusión. Tengo cincuenta y dos años y reconozco que nunca he tomado ni una gota de alcohol. [*Aplausos*] No lo digo porque crea que esto es digno de elogio, sino para hacer ver el poder que tiene la identidad. Cuando nos construimos la identidad adecuada, estamos en condiciones de decirles a los demás cosas que para ellos no tienen sentido a priori. Podemos conseguir que hagan cosas que ni ellos mismos se creen capaces de hacer».

Los asistentes, la mayoría de los cuales se habían reído con la historia sobre su abuela, callaron súbitamente mientras digerían sus palabras. Había conseguido llegar a sus mentes, algo que solo era posible después de haberles tocado el corazón.

Secreto 2: Dominar el arte de contar historias

Contemos historias para llegar a los corazones y a las mentes de quienes las escuchan.

Por qué funciona: Bryan Stevenson, el orador que logró la ovación más larga en la historia de TED, se pasó el 65 por ciento de su presentación contando historias sin parar. Los escáneres cerebrales muestran que las historias estimulan y activan el cerebro humano, lo cual ayuda a que el orador conecte con su público y hacen que sea mucho más probable que este asuma el punto de vista de aquel.

Derribemos el muro con historias

Stevenson habló durante cinco minutos antes de presentar las primeras estadísticas sobre el número de personas encarceladas en las prisiones estadounidenses y el porcentaje de estas que son pobres y/o afroamericanas. Los datos sustentaban su tesis, pero una historia ocupó el primer tercio de su presentación. Pero no era una historia cualquiera. Con toda la intención, Stevenson optó por contar una historia que facilitase la conexión con el público, a nivel personal y emocional.

«Tienes que conseguir que la gente confíe en ti —me explicó Stevenson—. Empezar con algo abstracto y alejado de las vidas cotidianas de las personas normales hace más difícil que estas se interesen. Yo suelo hablar de mis familiares, porque casi todos tenemos parientes con los que mantenemos algún tipo de relación. Hablo de niños y de personas vulnerables o en dificultades. Todos estos relatos están diseñados para ayudar a entender los problemas que trato.»[2]

Stevenson habla con muchas personas que ya han decidido no estar de acuerdo con él antes incluso de que abra la boca. La capacidad de contar anécdotas puede ayudar a derribar el muro que se interpone entre él y las personas a quienes necesita persuadir. Afirma que cuenta anécdotas para interpelar a jueces, miembros del jurado y otras personas con capacidad de tomar decisiones que tienden a discrepar de su postura. Ha descubierto que la narración es el medio más efectivo para vencer la resistencia.

Su charla en TED es un magnífico ejemplo de relato porque conectó cada anécdota con el tema central de la identidad. En su última historia aparecía un conserje con quien tuvo una breve conversación de camino a una cita en el juzgado. Una vez dentro de la sala, el tono de su conversación con el juez se elevó notablemente. Stevenson retoma la historia en ese punto:

> Con el rabillo del ojo pude ver al conserje que iba y venía. Seguía caminando de aquí para allá. Finalmente, ese viejo negro entró en la sala con cara de preocupación y se sentó detrás de mí, casi en la mesa de los abogados. Unos diez minutos después, el juez decretó un receso. Durante el descanso, un asistente del alguacil se mostró ofendido porque el conserje había entrado en la sala. El asistente se abalanzó sobre el viejo negro y le dijo: «Jimmy, ¿qué haces en la sala de audiencias?». Y el viejo negro se puso de pie, miró al asistente, me miró a mí y dijo: «Entré para decirle a este joven que no pierda de vista su objetivo».

Ben Affleck: Notas del director

La presentación de Stevenson en TED es una de las favoritas de Ben Affleck. Este actor y director ha visto muchas presentaciones, conferencias y charlas sobre justicia social, pero fue la conversación de Stevenson —pues se trató más de una conversación que de una presentación— la que dejó en él una huella indeleble. «Bryan Stevenson, abogado especializado en derechos humanos, expone verdades desagradables sobre el sistema judicial estadounidense [...]. Rara vez se habla de estos asuntos, que forman parte de los aspectos menos analizados de la historia estadounidense, con este grado de franqueza, clarividencia y persuasión.»[3]

BEN AFFLECK

Stevenson concluyó su presentación diciéndoles a los asistentes a TED que no serán seres humanos completamente evolucionados mientras no se preocupen por los derechos humanos y la dignidad básica de las personas. «Nuestra visión de la tecnología, el diseño, el entretenimiento y la creatividad debe ir ligada a la de la fraternidad, la compasión y la justicia. Y, por encima de todo, a aquellos de los presentes que comparten esto, simplemente quiero decirles que no pierdan de vista el objetivo.» El público había conectado con sus historias, y le ovacionó puesto en pie. Les había tocado el alma.

Cuando hablé con Stevenson, le pregunté:

—El tema que tratas es delicado, controvertido y complejo. ¿Qué parte de tu éxito atribuyes a la comunicación efectiva de tu historia?

—Casi todo —respondió—. Son tantos los prejuicios por los que condenarán a los clientes de los que me ocupo, que mi tarea consiste en superar los tópicos preestablecidos. Casi todo lo que estamos intentando hacer precisa de una comunicación efectiva. Necesitamos datos, hechos y análisis para enfrentarnos a las personas, pero también es necesario saber contar anécdotas para que la gente se sienta lo bastante cómoda como para preocuparse por la comunidad cuyos derechos estamos defendiendo. El público debe estar dispuesto a acompañarnos en el viaje.

En nuestra entrevista, confirmó el concepto central de mi estrategia como coach en comunicación: la capacidad de contar historias es la mejor herramienta para la persuasión. Las marcas —y los individuos— que cuentan anécdotas emocionantes y genuinas conectan con su público y con sus clientes de una manera mucho más profunda y trascendente que sus competidores. La observación de Stevenson debería darnos confianza. Muchos profesionales no osan contar anécdotas personales en una presentación de PowerPoint, especialmente si esta contiene datos, tablas y gráficos. Pero si Stevenson, un orador que defiende exitosamente casos ante el Tribunal Supremo, reconoce el poder de las anécdotas, los demás haríamos bien en tomar nota de su experiencia.

El poder del *pathos*

Stevenson posee *pathos*. El filósofo griego Aristóteles, uno de los padres fundadores de la teoría de la comunicación, creía que la persuasión se produce cuando están presentes los siguientes tres componentes: *ethos*, *logos* y *pathos*. El *ethos* es la credibilidad. Solemos estar de acuerdo con las personas a quienes respetamos por sus logros, su cargo, su experiencia, etc. El *logos* representa la capacidad de persuadir mediante lógica, datos y estadísticas. El *pathos* es el acto de apelar a las emociones.

La presentación de Bryan Stevenson constaba de 4.057 palabras, que yo analicé y clasifiqué en una de esas tres categorías. Si hablaba de su trabajo en las prisiones, yo asignaba esa frase o párrafo a la categoría *ethos*; cuando ofrecía estadísticas, incorporaba esas frases a la categoría *logos*; si contaba una anécdota, calificaba ese contenido como *pathos*. Los resultados se pueden ver en el gráfico circular de la figura 2.2.

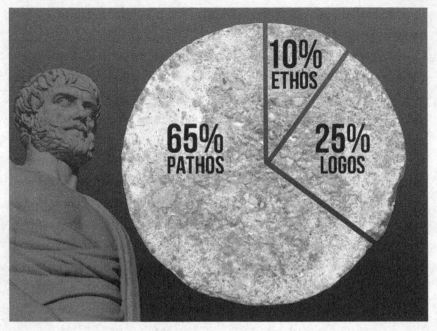

2.2. Gráfico circular: porcentaje de *ethos*, *logos* y *pathos* presentes en la presentación de Bryan Stevenson en TED 2012. Creado por Empowered Presentations @empoweredpres.

Como podemos observar, el *ethos* solo constituía el 10 por ciento del contenido, mientras que el *logos* suponía únicamente otro 25 por ciento. El *pathos* completaba el 65 por ciento restante. Llama la atención que la charla de Stevenson haya sido votada como una de las más persuasivas de TED.com. «Persuadir» se define como influir en alguien, apelando a la razón, para que actúe. La emoción no aparece en la definición; sin embargo, sin el impacto emocional de las anécdotas, su charla no habría logrado alcanzar la influencia que ha tenido.

Simplemente, no es posible persuadir exclusivamente a base de lógica. ¿Que quién lo dice? Algunas de las mentes más lógicas del mundo.

Nota TED

**¿CÓMO UTILIZAMOS LOS COMPONENTES DE LA PERSUASIÓN DE ARIS-
TÓTELES? Tomemos una de nuestras últimas presentaciones y cla-
sifiquemos el contenido en una de las tres categorías que acabamos
de ver: *ethos* (credibilidad), *logos* (evidencia y datos) y *pathos*
(atractivo emocional). ¿Cómo queda el *pathos* frente a las otras
dos categorías? Si nuestro atractivo emocional es mínimo, quizá
debamos repensar nuestro contenido antes de volver a dar la presentación, por ejemplo incorporando más historias, anécdotas y
perspectivas personales.**

El efecto de las historias en nuestro cerebro

Dale Carnegie creía en la capacidad de las historias para conmover
al público. «Muchas de las grandes verdades del mundo se formu-
laron como fascinantes historias», escribió. También dijo: «Las ideas
por las que se me conoce no son mías: las tomé prestadas de Sócra-
tes, se las birlé a Chesterfield, se las robé a Jesús. Y las puse en un
libro. Si estas reglas no le gustan, ¿las de qué otras personas seguiría
usted?».

Muchas de las ideas que figuran en este libro no me pertenecen.
Tampoco son propiedad de TED, ni de los asombrosos oradores que
dieron las presentaciones. Las técnicas funcionan porque se basan
en cómo funciona la mente humana, cómo procesa y recuerda la
información y cómo esa información queda grabada en nuestro cerebro. Carnegie basaba sus consejos en la intuición. Hoy en día, los
escáneres cerebrales de que disponemos le dan la razón. Aplicando
técnicas de imagen por resonancia magnética funcional (IRMf), los
científicos han estudiado la actividad cerebral observando los cambios en el flujo sanguíneo. En los últimos diez años hemos aprendido más sobre nuestro cerebro que en todo el resto del tiempo que
los humanos llevamos sobre la Tierra, y buena parte de esos descubrimientos tiene consecuencias directas para quienes aspiran a

destacar en el ámbito de la comunicación y a la hora de hablar en público.

Las historias plantan ideas y emociones en el cerebro de quien las escucha

En una sala en penumbra en el campus de la universidad de Princeton, alguien ve una película de Charlie Chaplin para proporcionarnos a los demás una comprensión más profunda de cómo el cerebro procesa información. El psicólogo que lleva a cabo este experimento para el Instituto de Neurociencia de Princeton es Uri Hasson, profesor adjunto de psicología en esa universidad.

Los experimentos de Hasson incluyen actividades como ver películas o escuchar historias mientras los sujetos están conectados a máquinas de IRMf para estudiar sus ondas cerebrales. Hasson quiere entender cómo procesa el cerebro información compleja y, junto con sus colegas, ha descubierto que las historias personales hacen que el cerebro del narrador y el del oyente se sincronicen. «Sincronizar» es una expresión mía, él lo llama «acoplamiento entre cerebro y cerebro».

Hasson y sus colegas registraron la actividad cerebral de un orador mientras contaba historias que no había preparado previamente. A continuación, midieron la actividad cerebral de la persona que escuchaba la historia y le pidieron que rellenase un detallado cuestionario para medir su comprensión. Los resultados son de los primeros de este tipo en el ámbito de la neurociencia. Los investigadores descubrieron que los cerebros del orador y el oyente «exhiben patrones de respuesta conjuntos y temporalmente acoplados».[4] En términos más sencillos: «Las respuestas del cerebro del oyente son un reflejo de las del cerebro del orador».

Hasson eligió como oradora a una estudiante de doctorado. Lauren Silbert contó una historia personal sobre su baile de graduación. Los investigadores escanearon su cerebro y el de los once estudiantes que la estaban escuchando. Las mismas partes del cerebro de todos ellos mostraron signos de activación, lo que indica que existía una conexión profunda entre quien hablaba y quienes escuchaban. También apunta a que todos los presentes en la sala —todos los oyentes— estaban experimentando una respuesta similar. El «acoplamiento» no se producía cuando a los oyentes se les contaba una historia en ruso, un idioma que desconocían.

«Cuando la chica hablaba en inglés, los voluntarios entendían su historia y sus cerebros se sincronizaban. Cuando se registraba actividad en la ínsula de la chica, la región del cerebro responsable de las emociones, lo mismo sucedía en la de los oyentes. Cuando se activaba el córtex frontal de ella, también lo hacía el de ellos. Solo con contar una historia, la chica podía plantar ideas, pensamientos y emociones en los cerebros de los oyentes», explica Hasson.[5]

Los investigadores han descubierto que nuestro cerebro está más activo cuando oímos historias. Una transparencia de PowerPoint cargada de texto con una serie de puntos activa en el cerebro el centro de procesamiento del lenguaje, donde extraemos el significado de las palabras. Las historias hacen mucho más, pues utilizan todo el cerebro y activan las zonas sensoriales, visuales y las relacionadas con el lenguaje.

Los resultados de Hasson son extremadamente importantes para cualquiera que tenga que dar una charla con la intención de influir en el comportamiento de quienes la escuchen. Si las historias desencadenan el acoplamiento entre dos cerebros, entonces parte de la solución para convencer a la gente de nuestro argumento consiste en contar más historias.

Las historias no son más que datos con alma

En junio de 2010, Brené Brown ofreció la conferencia «El poder de la vulnerabilidad» en TEDx Houston. Como profesora investigadora en la universidad de Houston, Brown estudia la vulnerabilidad, el valor, la autenticidad y la vergüenza. Es un área de trabajo muy amplia como para poder comprimirla en dieciocho minutos, pero lo hizo tan bien que su presentación se ha visto más de siete millones de veces. Abrió su charla con una breve anécdota:

Hace un par de años, la organizadora de un evento en el que yo iba a dar una conferencia me llamó y me dijo:

—Me está costando encontrar la manera de describirte en el folleto.

«¿Y cuál es el problema?», pensé.

Ella siguió diciendo:

—Te he oído hablar, y pensaba definirte como investigadora, pero me temo que si lo hago nadie venga a escucharte, porque pensarán que eres aburrida y poco relevante.

[*Risas*]

—Vale —respondí.

—Pero lo que me gustó de tu conferencia es que cuentas historias —continuó ella—, así que creo que lo que haré será llamarte narradora.[6]

Brown explicó que su parte insegura dudó en un principio si aceptar esa definición, porque ella era una investigadora académica seria, pero acabó haciéndose a la idea. «Pensé: soy narradora y también investigadora cualitativa. Colecciono historias, eso es lo que hago. Tal vez las historias no sean más que datos con alma. Quizá yo no sea más que una cuentacuentos.»

Como apunta Brown, todos somos narradores. Todos contamos historias cada día. En una presentación de negocios, estamos contando la historia en la que se basa nuestra campaña, compañía o producto. En una entrevista de trabajo, contamos la historia que hay detrás de nuestra marca personal. En una propuesta de marketing, explicamos la historia de nuestra idea. Sí, todos somos cuentacuentos y en nuestra vida profesional contamos historias día sí y día también.

Nunca olvidaré la vez que recibí una severa reprimenda de mi profesor en la escuela de periodismo Medill de la universidad

Northwestern. Había vuelto de una tarea con las manos vacías. «No había historia», le dije al profesor, que se enfadó tanto que creí que le iba a estallar una vena en la frente. «¡Siempre hay una historia!», gritó. Todavía recuerdo aquel episodio cuando oigo que alguien dice «No tengo historia». Seguro que sí la tiene. Siempre la hay. Lo único que hay que hacer es observar. Si uno se fija con la suficiente atención y perspicacia, siempre acaba encontrando una buena historia.

> A todos nos encantan las historias. Nacimos para eso. Las historias reafirman quiénes somos. Todos queremos confirmar que nuestras vidas tienen sentido, y nada nos reafirma más que conectar los unos con los otros mediante historias. Porque pueden atravesar las barreras del tiempo —pasado, presente y futuro— y nos permiten experimentar las similitudes que existen entre nosotros y a través de otras personas, ya sean reales o imaginarias.[7]
>
> ANDREW STANTON, guionista de *Toy Story*,
> en TED, febrero de 2012

Tres tipos de historias simples y efectivas

Los comunicadores que saben cómo conmover a los demás y los mejores presentadores de TED se ajustan a uno de los siguientes tres tipos de historias: las primeras son historias personales directamente relacionadas con el tema de la conversación o de la presentación; las segundas son historias sobre otras personas que han aprendido una lección con la que el público puede sentirse identificado; en tercer lugar, están las historias que tienen que ver con el éxito o el fracaso de productos o marcas.

Anécdotas personales

Las anécdotas son una parte esencial de quiénes somos. Las presentaciones más populares de TED comienzan con una anécdota personal. Recordemos las conmovedoras historias que Bryan Stevenson contó sobre su abuela y el conserje que le dio un sugerente consejo: «No pierdas de vista el objetivo». La capacidad para contar una anécdota personal es un rasgo esencial de auténtico liderazgo, el que poseen las personas capaces de mover a los demás a realizar esfuerzos extraordinarios. Así pues, contemos historias personales. ¿Cuáles son nuestros recuerdos más entrañables de un ser querido? Probablemente tengamos una historia que contar sobre esa persona. A mis hijas les gusta escuchar historias de su abuelo (su *nonno*) que fue hecho prisionero en la Segunda Guerra Mundial, de cómo intentó escapar y cómo, junto con mi madre, acabó emigrando a Estados Unidos con veinte dólares en el bolsillo. Historias como esta son fundamentales para la identidad de mi familia. Seguro que a todos nos pasa lo mismo.

Si vamos a contar una anécdota personal, debemos hacer que lo sea. Llevemos al público de viaje y hagamos que sea tan vívido y rico en imágenes que los espectadores puedan imaginarlo con nosotros durante el evento.

Una unidad de quemados inspira una carrera y una presentación revolucionaria

Dan Ariely, profesor de psicología y economista conductual en la universidad de Duke, además de autor de varios libros superventas, lleva a cabo ingeniosos estudios para demostrar por qué las personas toman decisiones prediciblemente irracionales. Su interés por este tema nació de su propia historia personal en la unidad de quemados. «Sufrí quemaduras muy graves, y cuando uno pasa mucho tiempo en un hospital, observa numerosos comportamientos irracionales. El que a mí me molestó particularmente en la unidad de quemados fue la técnica que utilizaban las enfermeras para quitarme el vendaje», le contó Ariely al público de TED en 2009.[8]

Sin ahorrar ningún detalle, explicó cómo los vendajes se podían arrancar rápida o lentamente. La mayoría de la gente —incluidas las enfermeras de Ariely— da por supuesto que es mejor hacerlo deprisa para que el dolor dure lo menos posible. Tardaban una hora en quitarle el vendaje. Ariely, que sufría un terrible dolor, les pidió que dedicasen dos horas en lugar de una, para que el padecimiento fuese menos intenso, pero estas le contestaron que sabían lo que hacían y que debía soportarlo.

Salió del hospital tres años más tarde (las quemaduras afectaban al 70 por ciento de su cuerpo) y comenzó sus estudios en la universidad de Tel Aviv. Allí analizó la cuestión de cómo retirar los vendajes a los pacientes con quemaduras. «Lo que aprendí es que las enfermeras estaban equivocadas. Eran personas maravillosas, con buenas intenciones y mucha experiencia, pero se estaban equivocando de forma predecible continuamente. Resulta que como no valoramos la duración de la misma forma en que valoramos la intensidad, habría sentido menos dolor si la duración hubiese sido más larga y la intensidad más baja.»

Ariely también emplea una técnica de narración muy efectiva: la irrupción de lo inesperado. En *Ideas que pegan*, Dan y Chip Heath identifican varias características de una idea «pegajosa», esto es, una idea que la gente recordará. Según los Heath, «la manera más básica de captar la atención de alguien es esta: quebrar un patrón».[9] La curiosidad y el misterio son maneras efectivas de captar nuestra atención. Como evidencia de lo anterior, los Heath citan el trabajo de George Loewenstein en la universidad Carnegie Mellon, quien afirma que «la curiosidad se produce cuando sentimos que existe un hueco en nuestro conocimiento [...]. Los huecos causan dolor. Cuando queremos saber algo que desconocemos es como si sintiésemos picor y necesitáramos rascarnos. Para aplacar el dolor debemos rellenar ese hueco de conocimiento. Aguantamos pacientemente hasta el final de las películas malas, aunque nos resulte doloroso verlas, porque aún lo es más quedarnos sin saber cómo terminan».[10]

La historia personal de Ariely es aún más efectiva porque tiene un final inesperado. Contemos historias personales, pero elijámoslas cuidadosamente. Una experiencia personal que tiene una conclusión sorprendente suele resultar particularmente interesante.

El precipicio fiscal de mamá

Las anécdotas personales captan la atención prácticamente en cualquier formato de comunicación (presentaciones, redes sociales, entrevistas televisivas…). Comencé a ejercer como periodista en 1989, el último año de la presidencia de Ronald Reagan, a quien se le conocía como «el gran comunicador» por su capacidad para envolver su mensaje en una anécdota. Cuando dejé el periodismo del día a día para crear mi propia empresa de comunicación, recordé el rasgo del que emanaba el carisma de Reagan: su capacidad para contar una anécdota.

Hoy en día, les doy el mismo consejo a los directores ejecutivos y políticos con los que trato: si queremos que nos citen, contemos una historia, y cuanto más personal, mejor. Por ejemplo, en diciembre de 2012, los medios de comunicación estadounidenses estaban obsesionados con el precipicio fiscal, una combinación de recortes del gasto automáticos y subidas de impuestos que habrían entrado en vigor si los legisladores no hubiesen alcanzado un acuerdo presupuestario. Un congresista novato me llamó una hora antes de que le hiciesen una entrevista para la televisión, porque quería comentar conmigo varias ideas. Todo lo que oí fueron frases ensayadas, por lo que educadamente le sugerí que era preferible que contase historias. Decidimos que debía narrar una historia sobre su madre, enfermera, y cómo le afectaría el precipicio fiscal. El congresista contó la historia, el periodista la emitió y el político volvió a utilizarla en todas sus entrevistas posteriores. A veces conseguía transmitir sus ideas con éxito; otras veces no. Pero su madre siempre pasaba el corte.

A la gente le encantan las historias. Los profesionales rara vez cuentan historias personales, y este es uno de los motivos por el que son tan efectivas cuando lo hacen. Hoy en día, cuando asesoro a directores ejecutivos de cara a entrevistas de prensa o a presentaciones importantes, siempre los animo a incorporar una historia personal. Ninguna técnica garantiza un cien por cien de éxito, pero contar historias personales se acerca bastante.

Anécdotas sobre otras personas

Sir Ken Robinson, líder de opinión en el ámbito de la creatividad y la innovación en la educación y los negocios, afirma que las escuelas acaban con la creatividad. Claramente, millones de personas están de acuerdo con él, o al menos consideran que sus argumentos son los suficientemente provocativos como para sentirse impelidos a ver y compartir su charla TED de 2006. Con catorce millones de visionados cuando escribo estas líneas, es la más popular de la historia. Me fascina su presentación porque, a pesar de que no utiliza PowerPoint, ni elementos visuales, ni ningún otro tipo de accesorio, consigue conectar con su público a través del hábil empleo de análisis, datos, humor y anécdotas.

Escuelas que fomentan (y no coartan) la creatividad

La historia más sugerente y apasionante de las que cuenta Robinson no está protagonizada por él, sino por alguien a quien entrevistó una vez. Su nombre era Gillian Lynne, y pocas personas entre el público habían oído hablar de ella, aunque sí de su trabajo. Lynne era la coreógrafa responsable de *Cats* y *El fantasma de la ópera*. Robinson le preguntó cómo había llegado a ser bailarina, y ella contó que cuando iba al colegio, en los años treinta, los directores de la escuela pensaban que sufría algún trastorno del aprendizaje, porque era incapaz de concentrarse y siempre estaba nerviosa. «Creo que ahora dirían que tenía trastorno por déficit de atención con hiperactividad (TDAH). ¿Tú no lo pensarías? Pero eran los años treinta y el TDAH aún no se había inventado, no era una afección disponible. La gente no sabía que podían tener eso», explicó Robinson muy serio, entre las risas del público.[11]

Y siguió contando la historia de Lynne, con la visita de esta, junto con su madre, a un especialista. Tras escucharlas durante unos veinte minutos, el médico le dijo a Lynne que quería hablar con su madre en privado. «Pero, mientras salían de la habitación, encendió la radio que tenía sobre el escritorio. Una vez fuera, el doctor le dijo a su madre:

»—Simplemente, mírela.

»En cuanto salieron, ella ya estaba en pie, moviéndose al ritmo de la música. La observaron durante unos minutos, tras los cuales el médico se volvió hacia la madre y le dijo:

»—Señora Lynne, Gillian no está enferma; es bailarina. Llévela a una escuela de danza.»

Y así fue. Lynne hizo carrera en el Royal Ballet, conoció a sir Andrew Lloyd Webber y ha sido la responsable de las coreografías de algunos de los musicales más importantes de la historia del cine.

Robinson utiliza la historia como preparación para la conclusión de la charla, y también para reforzar su tema central: «Lo que TED celebra es el don de la imaginación humana. Debemos procurar utilizar este don con inteligencia para evitar algunas de las situaciones de las que hemos hablado. La única manera de hacerlo es aceptando la riqueza de nuestras capacidades creativas y viendo a nuestros hijos como la esperanza que encarnan. Y nuestra tarea consiste en educar a su ser completo, para que puedan encarar el futuro».

Habría sido difícil que su público comprendiese exactamente a qué se refería Robinson con su llamamiento a educar a su ser completo si no hubiera contado la historia de Gillian Lynne. A la mayoría de la gente le cuesta procesar ideas abstractas. Las historias transforman los conceptos abstractos en ideas tangibles, emocionantes y memorables.

Un predicador digno de TED cuenta historias desde el púlpito

Joel Osteen, pastor en la iglesia de Lakewood, nunca ha dado una charla en TED, pero cada semana ofrece una actuación digna de estos encuentros a las cuarenta mil personas que asisten a sus sermones en directo y los siete millones que los ven por televisión.

Igual que sucede en TED, Osteen siempre comienza su sermón con un tema. En una ocasión comenzó diciendo: «Hoy quiero hablarles sobre cómo el "Sí" está en nuestro futuro».[12] A continuación contó una breve anécdota sobre un amigo suyo. Este había trabajado duro durante años, hasta que un día un supervisor se jubiló y varias personas optaron a ocupar su puesto. El amigo de Osteen tenía la antigüedad requerida y había sido fiel a la compañía, pero su candidatura a supervisor fue rechazada en favor de otra persona más joven y con menos experiencia. El amigo se sintió engañado, pero «no se amargó y siguió dando lo mejor de sí». Dos años más tarde, quien se jubiló fue uno de los vicepresidentes de la empresa, y esta vez su amigo sí que logró el ascenso que merecía. «Su puesto está ahora muchos niveles por encima del de supervisor que pudo haber ocupado en un principio —explicó Osteen—. Puede que ahora recibamos un "no", pero el momento propicio se acerca. La reparación se acerca. El ascenso se acerca. Digámonos: "No voy a quedarme bloqueado en un 'no'. Sé que un 'sí' se acerca".»

Tras establecer el *pathos* con el público, Osteen pasó al *logos* y expuso las siguientes estadísticas: afirmó que el 90 por ciento de los primeros negocios fracasan y el mismo porcentaje de los segundos negocios tienen éxito, a pesar de lo cual el 80 por ciento de los emprendedores nunca llegan a intentarlo una segunda vez. «No se dan cuenta de que están a unos pocos "noes" de ver cómo sus negocios triunfan.»

Tras las estadísticas, Osteen contó muchas más historias. Entre los personajes había figuras bíblicas, personas que asistían al oficio religioso en Lakewood, personalidades históricas (Albert Einstein fracasó dos mil veces) y su propia madre, que estaba sentada en primera fila. Osteen contó una historia sobre un amigo que tenía un pequeño negocio razonablemente próspero y quería ampliarlo, de manera que acudió al banco con el que hacía años que trabajaba. Llevaba consigo un plan de negocio y resultados contrastados. El banco rechazó su solicitud. Lo mismo sucedió con otro segundo banco. «Diez, veinte bancos... Cabría pensar que ya habría tenido que captar el mensaje —prosiguió Osteen—. Treinta bancos le cerraron las puertas. Y luego otro más. Treinta y un bancos le dijeron que no. Pero en el trigésimo segundo le dijeron: "Nos gusta su idea. Nos arriesgaremos con usted". Cuando Dios pone un sueño en nuestro corazón, sabemos que triunfaremos. Cada "no" significa que estamos un paso más cerca del "sí".»

Las historias personales son historias sobre nosotros, pero también pueden tratar sobre otras personas con las que el público pueda empatizar. Osteen tiene una cualidad en común con los oradores más populares de TED: son maestros a la hora de generar empatía. La empatía es la capacidad de reconocer y sentir las emociones que otra persona experimenta. Nos ponemos en la piel del otro. Hemos visto cómo las historias pueden ayudarnos a experimentar las emociones de otra persona. Algunos neurocientíficos famosos creen que estamos programados para la empatía, que es el pegamento que mantiene unida la sociedad. En una presentación podemos crear empatía hablando sobre nosotros mismo o sobre otra persona.

> La verdadera historia íntima de la vida de casi cualquier hombre, si se cuenta con modestia y evitando el egotismo ofensivo, es por lo general entretenida, y casi con toda seguridad, material apropiado para un discurso.
>
> DALE CARNEGIE

Historias sobre el éxito de una marca

Cuando doy un discurso de presentación cuento historias personales, historias sobre otros a quienes conozco personalmente, he entrevistado o sobre los que he leído, e historias sobre marcas que han llevado a la práctica con éxito la estrategia que estoy comentando.

Siempre busco historias para mis columnas y presentaciones, y las encuentro por todas partes. Subí a un avión de Virgin America, hablé con los pilotos y me sorprendió saber que ellos supervisan el perfil en Twitter de la marca. Esto dio pie a una historia sobre las empresas que utilizan las redes sociales para mantener conversaciones con sus clientes. Cuando me alojé en un hotel de la cadena Ritz-Carlton, le pregunté al camarero por qué me había ofrecido un aperitivo gratis y me contestó que «me gusta ofrecer una excelente experiencia al cliente». De aquí surgieron varias historias sobre el compromiso de los empleados y el servicio al cliente. Entré en una tienda de Apple y descubrí que los empleados están entrenados para llevar a un cliente a través de cinco pasos que acaban en una venta o bien promocionan la fidelidad a la marca. Esta experiencia no solo dio lugar a una historia, sino que escribí un libro entero sobre ello. Las historias sobre empresas están por todas partes.

El popular bloguero y orador de TED Seth Godin también cuenta historias de marcas, y lo hace magníficamente. En febrero de 2003, Godin le mostró al público de TED cómo conseguir que sus ideas se difundiesen. El vídeo fue todo un éxito y ha acumulado más de millón y medio de visionados. Bono, cantante y líder del grupo U2, reconoció que era su presentación de TED favorita. «Esta charla es de una enorme sutileza, describe una revolución en los medios en los términos menos revolucionarios posibles —explicó Bono—. Godin es un tipo listo y gracioso.»[13]

Un tipo listo y gracioso con una historia que contar

Godin explica tres historias que apoyan sus tesis: unos publicistas inteligentes promueven sus productos de una manera inusual; lo ordinario es aburrido. Godin argumenta convincentemente que lo más arriesgado es ser precavido, o mediocre, y para hacerlo emplea historias breves y sencillas.

En una sobre Wonder Bread, una marca de pan de molde, Godin le cuenta a su público:

Este hombre llamado Otto Rohwedder creó el pan de molde y se concentró, como todo inventor, en dos cuestiones: la patente y el proceso. Lo significativo sobre la creación del pan de molde es que durante los primeros quince años en los que estuvo a la venta nadie lo compró, nadie supo de él. Fue un completo y absoluto fracaso. Y la razón para ello es que hasta que la empresa Wonder llegó y descubrió una manera de difundir la idea del pan de molde, nadie lo quería. El éxito del pan de molde, como el de casi todas las cosas de las que hemos hablado en esta charla, no siempre se debe a cómo es la patente, o cómo es la fábrica, sino a que uno sea capaz de difundir una idea o no.

En otra historia, Godin muestra una fotografía de un famoso edificio diseñado por Frank Gehry. «Gehry no solo cambió un museo, sino que alteró toda la economía de la ciudad al diseñar un edificio que personas de todo el mundo acudían a visitar. Ahora, en innumerables reuniones de, por ejemplo, el Ayuntamiento de Portland o cualquier otro sitio, dicen "Necesitamos un arquitecto. ¿Podemos conseguir a Frank Gehry?". Porque hizo algo que se salía de la norma.»

Por último, así es como Godin contó la historia de la leche de soja Silk: «Coloca un producto que no necesita estar refrigerado junto a la leche ubicada en el expositor refrigerado del supermercado. Se triplican las ventas. ¿Por qué? Leche, leche, leche, leche, leche… algo que no es leche. Tuvo que ser llamativo para quienes se pararan a observar. No triplicaron sus ventas con publicidad, sino haciendo algo llamativo».[14]

En todas las historias de Godin figuran marcas que son extraordinarias. La próxima vez que veamos Silk o Wonder en el supermercado, pensaremos de otra forma sobre la empresa y sobre los mensajes que utilizamos para diferenciarnos en el mercado de las ideas.

Las empresas más grandes están descubriendo que las historias le ponen un rostro humano a un conglomerado que de otra manera carecería de él. Tostitos, Taco Bell, Domino's Pizza, Kashi, McDonald's y Starbucks están recurriendo a anuncios en los que se destaca a los agricultores que cultivan los ingredientes que utilizan en sus productos. La gente se interesa más por los productos cuando saben de dónde proceden y cuando conocen a las personas reales que los fabrican. La cadena de tiendas de jabón Lush coloca una pequeña fotografía de un empleado real en cada producto, caras de las personas que realmente fabricaron el producto, pues cree que cada producto tiene una historia. Hay un motivo para que muchas marcas de éxito gasten millones de dólares en publicidad en la que aparecen caras, personas e historias reales: funciona.

Una comodidad para el rico; la salvación para el pobre

Cada producto tiene una historia, y lo mismo sucede con cada emprendedor que creó esos productos. Ludwick Marishane, de veintiún años y oriundo de Ciudad del Cabo (Sudáfrica), fue nombrado estudiante-emprendedor global del año en 2011, y todo porque no quería bañarse. Marishane inventó DryBath, el primer sustituto del baño que no está hecho a base de agua.

Si Marishane hubiese preparado un *elevator pitch*, una de esas presentaciones que duran tanto como un viaje en ascensor, sería algo de este estilo: «DryBath es el primer y único gel para la piel que sustituye a una ducha. Si nos lo aplicamos en la piel, no necesitaremos bañarnos». ¿Qué falta aquí? El porqué y el qué. ¿Por qué lo inventó y qué ventajas tiene? Las historias nos permiten rellenar estos huecos.

En TED Johannesburgo, en mayo de 2012, Marishane contó una historia para explicar el porqué y el qué. «Crecí en Limpopo, en un pueblecito llamado Motetema. Nunca sabíamos si tendríamos o no agua corriente y electricidad. Cuando tenía diecisiete años, estaba tomando el sol tranquilamente en invierno con un par de amigos. En Limpopo, el sol pega fuerte en invierno. Mientras estábamos ahí tomando el sol, mi mejor amigo me dijo:

»—Tío, ¿por qué nadie inventa algo que podamos ponernos en la piel y así no tengamos que bañarnos?

»"Colega, ¡yo eso lo compraría!", pensé al oírlo.»[15]

Marishane volvió a casa, comenzó a investigar y encontró unas estadísticas llamativas. Descubrió que hay más de dos mil quinientos millones de personas en todo el mundo que no tienen agua corriente, cinco millones de las cuales viven en Sudáfrica. Esos ambientes son propicios para terribles enfermedades, como el tracoma, que deja ciegas a ocho millones de personas al año. «Lo más estremecedor es que lo único que hay que hacer para evitar una infección de tracoma es lavarse la cara», contaba Marishane. Usando solo un teléfono móvil con un acceso a internet muy limitado, el joven llevó a cabo su investigación y escribió un plan de negocio de cuarenta páginas. Cuatro años más tarde consiguió una patente y nació Dry-Bath. Su eslogan: «DryBath es una comodidad para el rico y un salvavidas para el pobre».

Cada marca, cada producto, tiene una historia. Solo hay que encontrarla y contarla.

¿Qué es una historia? Jonah Sachs ofrece esta definición en *Winning the Story Wars*: «Las historias son un tipo particular de comunicación humana diseñado para persuadir a un público con la visión del mundo de un narrador. Para ello, el narrador sitúa a sus personajes, reales o ficticios, en un escenario y expone lo que les sucede a lo largo de un período de tiempo. En función de cuáles sean sus valores, cada personaje persigue algún tipo de objetivo, se enfrenta a obstáculos en el camino y acaba alcanzándolo o bien fracasando, según cuál sea la visión del mundo del narrador».[16] Sachs cree que, en el campo de batalla de las ideas, los vendedores disponen de un arma secreta: una historia bien contada. En su opinión, el público moderno está sometido a tal bombardeo de mensajes que es menos receptivo y más escéptico que en cualquier otra época anterior. Sin embargo, «este mismo público, si se consigue conmoverlo, está más que dispuesto a difundir sus mensajes favoritos y generar así un enorme efecto viral en favor de quienes sepan ganarse su afecto».

Gladwell, la felicidad y la salsa de espaguetis

En la conferencia TED celebrada en Monterey en febrero de 2004, Malcom Gladwell, autor de *El punto clave*, contó una pequeña historia sobre Howard Moskowitz, famoso por reinventar la salsa de espaguetis. El título de su presentación era: «Malcolm Gladwell habla sobre la salsa de espaguetis».

La historia es la siguiente. La empresa Campbell's Soup contactó con Moskowitz para que les ayudase a crear una salsa de espaguetis que compitiese con Ragu, la marca de salsa dominante durante los años setenta y ochenta (Campbell's fabricaba Prego). Al parecer, Prego estaba teniendo problemas a pesar de que era un producto de mayor calidad. Moskowitz trabajó con la compañía para crear cuarenta y cinco variedades de salsa y recorrió el país para dársela a probar al cliente medio estadounidense.

Si nos sentamos y analizamos todos estos datos sobre la salsa de espaguetis, nos damos cuenta de que todos los estadounidenses pertenecen a uno de los siguientes tres grupos: hay gente a la que le gusta la salsa de espaguetis normal, gente a la que le gusta picante y gente que la prefiere con tropezones. De esos tres hechos, el tercero era el más significativo, porque por aquel entonces, a principios de los años ochenta, si ibas a un supermercado no encontrabas salsa de espaguetis con tropezones. En Prego miraron a Howard y le dijeron: «¿Nos está diciendo que a uno de cada tres estadounidenses le encantaría consumir salsa de espaguetis con tropezones y que nadie atiende sus necesidades?». «Efectivamente», respondió él. [*Risas*] Entonces, Prego volvió sobre sus pasos, reformuló completamente la salsa de espaguetis, y sacó una línea con tropezones que enseguida se hizo por completo con el negocio de la salsa de espaguetis en este país. A lo largo de los diez años siguientes, Prego ganó seiscientos millones de dólares con su línea de salsas con tropezones.[17]

La industria alimentaria en su conjunto tomó cumplida nota del análisis de Moskowitz. Esa es la razón por la que, según Gladwell, tenemos «catorce tipos distintos de mostaza y setenta y una clases diferentes de aceite de oliva». Ragu llegó incluso a contratar a Moskowitz, y hoy en día disponemos de treinta y seis variedades de su salsa de espaguetis. Gladwell contó la historia de Moskowitz en diez minutos y dedicó los siete restantes a extraer las lecciones que la historia nos ofrece. Por ejemplo, que la gente en general no sabe lo que quiere y, cuando sí lo sabe, le cuesta formular sus verdaderos deseos.

> La primera suposición de la industria alimentaria solía ser que la forma de averiguar lo que la gente quiere comer —lo que la haría feliz— era preguntarles a ellos. Durante muchísimos años, Ragu y Prego organizaron sesiones de estudio donde sentaban a un grupo de gente y les decían: «¿Qué quieren en la salsa de espaguetis? Dígannos qué es lo que quieren en la salsa de espaguetis». Y durante todo ese tiempo —veinte o treinta años—, a lo largo de todas aquellas sesiones de grupo, nadie nunca dijo que lo que quería era más tropezones. A pesar de que eso era lo que querían en el fondo de sus corazones al menos un tercio de ellos. [*Risas*]

Gladwell concluyó su presentación con lo que calificó como la lección más hermosa de todas: «Si aceptamos la diversidad de los seres humanos, encontraremos el camino más despejado hacia la verdadera felicidad».

Gladwell logra su objetivo porque combina una historia con un héroe, centrada en un individuo concreto (sobre lo que aprenderemos más en este mismo capítulo), con una historia de éxito de una marca. El público quiere alguien o algo con quien identificarse.

Quieren sentirse atraídos. Démosles un héroe, cautivemos su imaginación con historias sobre nosotros mismos, sobre otras personas o sobre marcas de éxito.

Nota TED

¿QUÉ ANÉCDOTA PODEMOS INCLUIR? Pensemos en una anécdota (puede ser personal, sobre otra persona o relacionada con una marca) que podamos incluir en nuestra estrategia de comunicación o en nuestra próxima presentación. Si es algo que ya hacemos, estamos un paso más cerca de ser comunicadores dignos de TED. En una presentación de negocios, contar historias es el equivalente virtual de llevar a la gente de excursión, lo que les ayuda a experimentar el contenido a un nivel mucho más profundo.

Dirigir a base de historias y triunfar en los negocios

Una historia bien contada proporciona a los líderes una ventaja significativa en un mercado cada vez más competitivo como el actual. Un relato potente puede persuadir a clientes, empleados, inversores y otras partes interesadas de que nuestra compañía, producto o idea puede ayudarles a alcanzar el éxito al que aspiran.

Todos somos narradores innatos, pero por alguna razón perdemos esta parte de nuestra personalidad cuando entramos en el mundo empresarial. Esto es particularmente cierto cuando ofrecemos presentaciones de PowerPoint. Entramos en modo de presentación y olvidamos que la manera más efectiva de transmitir información es mediante la conexión emocional de la historia. Las historias vuelven los conceptos y las ideas tangibles. «Durante demasiado tiempo, el mundo empresarial ha ignorado o minusvalorado el poder del relato oral y ha preferido utilizar en su lugar monótonas transparencias de PowerPoint llenas de hechos, cifras y datos», explica Peter Guber, presidente de Mandalay Entertainment y productor de películas como *Batman* o *El color púrpura*, que escribió un libro dedicado en exclusiva al poder de la capacidad de contar historias, titulado *Storytelling para el éxito*.

Guber continúa diciendo: «Pero, mientras el ruido ambiente de la vida moderna alcanza niveles de cacofonía, cada vez se valora más la capacidad de distinguir una historia que se pueda realmente escuchar».[18]

El productor de *Batman* cierra sus ojos para la magia

Hablé con Guber sobre el poder de las historias en las presentaciones. Al repasar su exitosa carrera en la industria del entretenimiento, cayó en la cuenta de que buena parte de su éxito se debió a su capacidad para persuadir a clientes, empleados, accionistas, medios de comunicación y socios a través de las historias. Me explicó que se le escaparon grandes contratos por haber abrumado a los posibles inversores con montañas de datos, estadísticas y previsiones, al tiempo que descuidaba la conexión emocional con ellos. «Para alcanzar el éxito, uno debe convencer a los demás para que apoyen su visión, sueño o causa. Si queremos motivar a nuestros ejecutivos, organizar a nuestros accionistas, definir nuestra imagen en los medios, interactuar con los clientes, convencer a los inversores o conseguir un trabajo, debemos encontrar la manera de captar la atención de nuestros oyentes, conseguir que sientan nuestros objetivos como suyos e incitarlos a actuar en nuestro favor. Tenemos que llegar a sus corazones, no solo a sus mentes. Y esto es precisamente lo que las historias consiguen.»[19]

A principios de la década de los años noventa, un episodio ocurrido en su oficina hizo que tomase conciencia de que una historia, cuando se cuenta de forma convincente, puede persuadir incluso al ejecutivo más experimentado, como él mismo. Guber, que en aquella época era el director ejecutivo de Sony Pictures, recibió en su despacho la visita de Magic Johnson y su socio Ken Lombard. La primera cosa que este le dijo fue: «Cierre los ojos. Vamos a contarle una historia sobre un país extranjero».[20] Le pareció un poco heterodoxo, pero cerró los ojos y les siguió la corriente. Lombard prosiguió: «Es una tierra con un elevado número de clientes, excelente ubicación e inversores cualificados. Usted sabe cómo construir cines en Europa, Asia y Sudamérica. Sabe cómo invertir en otros países con diferentes idiomas, culturas y problemas. Lo que usted hace, Peter, es encontrar un socio en el país que hable el idioma, conozca la cultura y se ocupe de los problemas locales. ¿No es así?». Guber asintió con la cabeza, sin abrir los ojos. «¿Qué pensaría si le dijese que existe una tierra prometida donde la gente ya habla inglés, está deseando ver películas, que dispone de amplias extensiones de terreno y donde no hay competencia? Esta tierra prometida está a unos diez kilómetros de aquí.»

Lombard y Johnson le estaban proponiendo la construcción de cines en comunidades urbanas marginadas. Los dos se presentaban como los héroes de la historia, los personajes que ayudarían a Guber a navegar los mares hasta alcanzar la tierra prometida. En las primeras cuatro semanas tras su apertura, el primer cine Magic Johnson fue uno de los cinco que más ingresó de toda la cadena de salas Sony. Guber me recordó que la capacidad de contar historias debería tenerse en cuenta en cualquier conversación dirigida a persuadir al oyente de que apoye nuestra idea, tanto si se trata de una presentación formal como de una charla informal. Al repasar sus cuatro décadas en el mundo empresarial, Guber afirma que su mayor ventaja competitiva ha sido su capacidad de persuadir a clientes, empleados, accionistas y socios a través de las historias.

El poder de las palabras

Evitemos las expresiones de moda desgastadas por el uso. A los vendedores les encanta utilizar términos como «puntero», «soluciones» o «ecosistema», palabras vacías y carentes de significado que se usan tan a menudo que han perdido toda la fuerza que pudieron tener alguna vez.

Las metáforas gastadas también pueden ser aburridas. Según un estudio aparecido en *The New York Times*, «la manera en que el cerebro procesa las metáforas también se ha analizado en detalle: algunos científicos afirman que figuras retóricas como "un día duro" nos resultan tan familiares que se tratan simplemente como palabras y nada más».[21] Los escáneres cerebrales muestran que cuando la gente oye una descripción detallada, «una metáfora evocadora o un intercambio emocional entre personajes», se estimulan distintas zonas del cerebro. El mero hecho de oír «el olor de la lavanda» activa la zona del cerebro relacionada con el olfato. «Cuando los sujetos en el laboratorio leían una metáfora en la que interviene una textura, se activaba el córtex sensorial, responsable de la percepción de la textura a través del tacto. Metáforas como "la cantante tenía una voz de terciopelo" y "tenía las manos curtidas" hacían que se despertase el córtex sensorial.» Cuando contemos una historia, no olvidemos nunca utilizar metáforas, analogías y lenguaje intenso, pero evitemos los clichés, las expresiones de moda y la jerga especializada. Nuestro público olvidará al instante las frases que ya ha oído un millón de veces.

Estos son David y Susan

Cuando Toshiba Medical Systems presentó un nuevo y revolucionario escáner de tomografía computarizada, me reuní con un grupo de ejecutivos para ayudarles a definir la historia para su lanzamiento global. Las imágenes tridimensionales del corazón y el cerebro que la máquina obtenía eran sin duda impresionantes, pero ¿cómo podíamos ofrecer una presentación igualmente impresionante sin abrumar al público con una montaña de tediosos datos? Contando una historia.

En la rueda de prensa presentamos a David y Susan, dos personas que no existían en realidad, que nos habíamos inventado para el lanzamiento. La charla demostraba cómo este nuevo aparato médico podía reducir sustancialmente el tiempo que los especialistas tardaban en hacer un diagnóstico preciso, lo cual contribuía a salvar la vida de los dos personajes. Les dimos a David y Susan nombres y rostros, y ofrecimos información detallada sobre sus vidas. Queríamos que el público se viese a sí mismo y a sus seres queridos en las caras que aparecían en la pantalla. Varios médicos que asistieron a la conferencia me dijeron después que la parte de David y Susan había sido su favorita: proporcionaba información y establecía una conexión emocional al mismo tiempo. Eso es lo que una historia potente es capaz de hacer.

No hace falta lanzar un producto revolucionario como el iPhone o un aparato médico de dos millones de dólares para contar una buena historia. Durante una entrevista de trabajo podemos contar una historia sobre nuestros éxitos gestionando a un equipo o ejecutando un proyecto difícil. Al hacer una nueva propuesta de negocio, compartamos una historia sobre cómo nuestro producto ayudó a un cliente a incrementar sus ventas a pesar de la situación económica desfavorable. Durante el lanzamiento de un producto, contemos una historia personal relacionada con la creación del mismo. Nos sorprendería saber cuánta gente recordará las historias que contamos.

Quiero un personaje con el que identificarme

Kurt Vonnegut, escritor estadounidense del siglo pasado, estaba considerado un maestro de la narración. En internet apareció un fragmento de vídeo en el que explicaba cuál era la forma de las historias más populares. Las historias exitosas, aquellas que conectan emocionalmente con la mayoría de la gente, poseen esquemas simples. Para ilustrarlo, dibujó dos líneas en un gráfico (véase la figura 2.3). En el eje vertical escribió una M, de «Mala suerte», y una B, de «Buena suerte», mientras que en el eje horizontal escribió la letra C de «Comienzo», y la F de «Final».

Una historia con un retorno del 2.700 por ciento

Significantobjects.com es un sitio web dedicado al poder de las historias. Significant Objects fue un experimento social y antropológico ideado por Rob Walker y Joshua Glenn, dos investigadores que partieron de la siguiente hipótesis: un escritor puede crear una historia sobre un objeto que lo dote de una importancia subjetiva, lo que aumentará su valor objetivo. Los investigadores seleccionaron objetos procedentes de tiendas de segunda mano y mercadillos, cuyo valor no era superior a uno o dos dólares. En la segunda fase del experimento, un escritor redactaba una breve historia ficticia sobre el objeto. En la tercera, el objeto se subastaba en eBay.

Los investigadores gastaron 128,74 dólares en la compra de objetos. La «basura» de las tiendas de segunda mano se vendió por un total de 3.612,51 dólares. Habían descubierto que las historias podían dotar de una importancia extraordinaria a objetos ordinarios. Una historia había hecho que el precio medio de los productos aumentase en un 2.700 por ciento. Por ejemplo, un plátano de mentira que costó veinticinco centavos se vendió en eBay por setenta y seis dólares tras haberlo vinculado a una historia. Vendieron por treinta dólares un pavo asado en miniatura que habían conseguido gratis (el dueño solo quería deshacerse de él) después de que Jenny Offill escribiese una original historia sobre él. Según el propio sitio web: «Las historias constituyen un motor tan poderoso de valor emocional que su efecto sobre el valor subjetivo de un objeto dado puede de hecho medirse de manera objetiva».[22]

Al primer esquema de historia lo denominó «Hombre en un aprieto». «Alguien se mete en problemas y sale de ellos. A la gente le encanta esa historia. ¡Nunca se hartan de oírla!»[23] La segunda forma de historia se llamó «Chico consigue chica», y comienza con una persona normal durante un día normal a la que le sucede algo bueno. Por supuesto, esa persona está a punto de perder la buena suerte pero la vuelve a recuperar para que la historia tenga un final feliz. «A la gente le encanta», aseguró Vonnegut, y a continuación explicó que esta última es la forma de historia más popular en la civilización occidental. «Cada vez que se vuelve a contar, alguien gana otro millón de dólares. Les invito a hacerlo», dijo con una sonrisa.

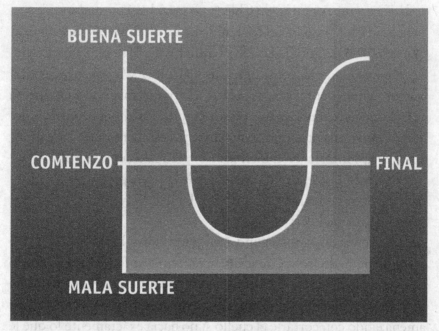

2.3. Recreación del gráfico de historias de Kurt Vonnegut. Creado por Empowered Presentations @empoweredpres.

Si queremos atrapar a nuestro público, la historia debe partir del extremo inferior del eje B-M, con una terrible desgracia. «Empecemos con una niña pequeña. Su madre ha muerto y su padre se ha vuelto a casar con una mujer fea y despreciable con dos hijas malvadas. ¿Les suena?» El público estalla en una carcajada al entender que Vonnegut está esbozando el arco narrativo de Cenicienta. «Hay una fiesta en palacio esa noche y ella no puede ir.» Después de que el hada madrina la ayude a prepararse para la fiesta y de que conozca al príncipe, la protagonista vuelve a caer ligeramente por debajo del eje horizontal, pero sin llegar al fondo. La historia continúa, el zapato le encaja, se casa con el príncipe y «alcanza la felicidad más absoluta».

Vonnegut aconseja a los escritores «dar al lector al menos un personaje con el que pueda identificarse».

Tenía la tabla de las historias de Vonnegut en mente cuando trabajé con un ejecutivo de Chase, un gran banco estadounidense, para ayudarle a preparar el contenido de un discurso de presentación que le habían pedido de la ONG United Way. Él se había beneficiado personalmente de los programas de United Way, pero la historia que pretendía contar trataba sobre el compromiso de su empresa con la organización, cuántos de sus empleados habían contribuido, etc. Además, sus primeras transparencias estaban repletas de gráficos y cifras. Información interesante, pero nada emocional.

«Olvidémonos por un momento de las transparencias. Cuénteme cuál es su conexión personal con United Way», le pedí. Lo que me contó no me lo esperaba.

«Yo tenía dos años cuando mi padre nos abandonó y cuatro cuando mi madre se volvió a casar; entonces aprendí el significado de la palabra maltrato. Mi primer recuerdo nítido es el de mi madre tirada sobre un montón de cristales y mi padrastro de pie junto a ella amenazando con cortarle el cuello si no hacía exactamente lo que le decía. Recuerdo que pensé: "¿Dónde está mi padre? ¿Por qué permite que este hombre nos haga esto?".»

El ejecutivo me contó entonces cómo al crecer se convirtió en un joven lleno de rabia. A los veinticinco años se apuntó en una agencia de United Way, y atribuye al programa el mérito de haberle enseñado cómo controlar su carácter y de haberle mostrado el camino correcto. También aprendió allí cómo ser un gran padre. «Me siento orgulloso del hombre que he llegado a ser. Estoy orgulloso de lo que me enseñaron», me explicó.

Cuando se me pasaron los escalofríos, le animé a que abandonase la primera presentación de PowerPoint y que comenzase el discurso con historias y fotografías. Y eso fue exactamente lo que hizo: mostró una imagen de su padre biológico con su hermano y él en brazos, otras de su madre y a continuación fotografías actuales de su familia, «el hombre que he llegado a ser». El público se puso en pie para ovacionarlo, muchos de ellos con lágrimas en los ojos, y cuando repitió la presentación para los empleados de su banco, consiguió la mayor contribución para la ONG de cualquier división de la empresa.

La presentación de United Way que acabo de describir es un ejemplo extremo. No estoy pidiendo que revelemos todos nuestros secretos familiares, pero sí animo a que tomemos una historia personal significativa para nosotros y para el tema que estemos tratando, la hagamos nuestra y la compartamos.

Nota TED

HABLE DE HÉROES Y VILLANOS. Tanto si se trata de una película como de una novela, en toda gran historia hay un héroe y un villano. Una presentación empresarial potente tiene el mismo elenco de personajes. Un portavoz expone un desafío (el villano) al que una empresa o industria debe enfrentarse. El protagonista (la marca-héroe) se apresta a hacerle frente. Por último, los habitantes del pueblo (los clientes) son liberados del villano, la lucha termina y todo el mundo vive feliz por siempre jamás. En algunos casos, el villano puede ser una persona o un competidor reales, pero en esas ocasiones conviene ser precavido. Sobre todo, hay que asegurarse de que el héroe —nuestro producto, marca o idea— llegará y resolverá la situación.

Cuando TED invita a alguien a hablar en su conferencia anual, envía una tablilla de piedra con los diez mandamientos de TED escritos en ella. El cuarto dice así: «Contarás una historia». La novelista Isabel Allende no necesitaba que nadie se lo dijese: se gana la vida escribiendo historias sobre la pasión.

En su charla en TED 2007, reveló cuál era el truco para crear grandes personajes. «Las personas simpáticas y con sentido común no son buenos personajes. Solo sirven como buenas exparejas», afirmó Allende entre las risas del público que llenaba la sala. «La pasión reside aquí —continuó—. El corazón es lo que nos guía y determina nuestro destino. Esto es lo que necesito para los personajes de mis libros: un corazón apasionado. Necesito inconformistas, disidentes, aventureros, forasteros y rebeldes, que hacen preguntas, se saltan las reglas y se arriesgan. Personas como todas las que están aquí, en este auditorio.»[24]

Secreto 2: Dominar el arte de contar historias

Los grandes oradores son pioneros, aventureros y rebeldes que se saltan las reglas y se arriesgan. Cuentan historias para expresar su pasión por el tema que tratan y para conectar con su público. Las ideas son la moneda de cambio del siglo XXI y las historias facilitan su circulación. Las historias ilustran, iluminan y motivan.

3

Tener una conversación

> No finjas hasta el punto de hacerte pasar por algo.
> Finge hasta el punto de serlo.
>
> Amy Cuddy, profesora de la Escuela
> de Negocios de Harvard

Se necesita mucha práctica para aparentar naturalidad. Y si no, que se lo pregunten a Amanda Palmer, que deslumbró a propios y extraños en TED 2013. Su presentación, «El arte de pedir», recibió más de un millón de visitas a los pocos días de que se publicase en TED.com. La semana posterior a su charla, Palmer escribió una extensa entrada en su blog en la que expresaba su agradecimiento a las muchas personas que le habían ayudado a crear, preparar y dar la charla de su vida. Realmente hizo falta mucha gente para construir una charla TED. La entrada también confirma que dar una presentación que consiga realmente emocionar a la gente requiere un duro trabajo.

Secreto 3: Tener una conversación

Practiquemos sin descanso e interioricemos el contenido para poder dar la presentación como si estuviésemos teniendo una conversación relajada con un buen amigo.

Por qué funciona: La verdadera persuasión solo se produce después de que hayamos establecido un vínculo emocional con nuestros oyentes y nos hayamos ganado su confianza. Si nuestra voz, gestos y lenguaje corporal son incongruentes con nuestras palabras, los oyentes desconfiarán del mensaje. Es el equivalente de tener un Ferrari (una magnífica historia) y no saber conducir (exposición).

El arte de pedir... y de practicar

Amanda Palmer ofreció la presentación que más dio que hablar en TED 2013. Ella misma es la primera en reconocer que su música, una mezcla de rock, indie y cabaret, no es para todos los gustos, pero, tanto si nos gusta como si no, todos podemos aprender algo de su estrategia a la hora de hablar en público.

Palmer es música y performer. Podríamos pensar que ofrecer una breve presentación no le supondría ninguna dificultad. El hecho de que sea una performer explica por qué dedicó una cantidad innumerable de horas a lo largo de un período de cuatro meses para que la charla fuese perfecta. «Me deslomé con la presentación, escribiendo, reescribiendo y volviendo a reescribir, ajustando y reajustando el ritmo, haciendo cambios y más cambios y tratando de encajar la cantidad precisa de información en apenas doce minutos», explicaba Palmer en su blog.[1]

En las treinta páginas que ocupaba la entrada en su blog sobre cómo había creado su presentación para TED, Palmer daba las gracias a 105 personas por sus aportaciones y les atribuía el mérito de su éxito. Su primer mentor había sido Thomas Dolby, el músico de *Science*, que ayuda a TED con su programación musical. «Sé completamente auténtica», le aconsejó.

La autenticidad no sucede de forma natural. Insisto: la autenticidad no sucede de forma natural. ¿Cómo puede ser eso? Al fin y al cabo, si uno es auténtico, ¿acaso no tendría sentido hablar con el corazón, sin necesidad alguna de practicar? No necesariamente. Una presentación auténtica requiere horas de trabajo: para profundizar en nuestra alma más de lo que nunca lo hemos hecho, elegir las palabras adecuadas que mejor representan lo que sentimos respecto al tema de la charla, pronunciar esas palabras de manera que tengan el máximo impacto, y para asegurarnos de que nuestra comunicación no verbal —gestos, expresiones faciales y lenguaje corporal— son consistentes con nuestro mensaje.

Si no practicamos cómo mantener una conversación, estaremos pensando en un millón de cosas en lugar de concentrarnos en nuestra historia y en establecer la conexión emocional con nuestro oyente. Estaremos pensando: «¿Introduje una animación en esta transparencia? ¿Cuál es la siguiente? ¿Por qué no funciona el mando? ¿Qué historia tenía pensado contar ahora?». Nuestras expresiones y lenguaje corporal reflejarán nuestra inseguridad. Cuando alguien estudia danza, lo primero que se le enseña es a contar sus pasos, incluso en voz alta. Solo tras muchas horas de práctica parece que no le cueste ningún esfuerzo. La misma regla es válida para una presentación. Palmer tardó varios meses de duro trabajo en conseguir que pareciese fácil.

Tras reunirse con Dolby, Palmer continuó su viaje hacia la excelencia como presentadora. Estos son los tres pasos que siguió para crear y ofrecer la presentación de su vida.

1. Pedir ayuda con la planificación

Palmer lleva años escribiendo un blog muy popular y eligió el tema de su charla gracias a la colaboración masiva de sus lectores, a los que les pidió sugerencias. Pidamos ayuda a las personas que mejor nos conocen, ya sea a través de un blog, en Twitter o entre nuestros familiares, amigos o colegas. Pasa muy a menudo que estamos demasiado cerca de nuestro contenido, inmersos en los detalles, y el público necesita tener antes una visión de conjunto. Quizá demos por supuesto que el público sabe exactamente de qué estamos hablando, pero este en realidad agradece una explicación previa.

Averiguar esto es fundamental para lograr conectar con nuestros oyentes.

2. Solicitar opiniones desde el principio

Palmer leyó su charla en voz alta, y a las primeras personas que la escucharon les pareció aburrida. Los estaba perdiendo. El antiguo director de su grupo de teatro y mentor en el instituto le dio una opinión brutal sobre el primer borrador. Palmer se puso en contacto con Seth Godin, orador en TED y bloguero, que le sugirió: «Muéstrate vulnerable».

Pedir y recibir estas primeras opiniones no era más que el principio. Decenas de amigos, expertos, blogueros y conferenciantes leyeron el contenido de su presentación o propusieron y discutieron con Palmer ideas sobre cómo insuflarle vida. Incluso se llegó a acercar a una chica que estaba sola en un bar y le preguntó: «¿Te puedo contar una historia?».

Las mejores presentaciones de negocios que he visto tenían detrás cientos de horas de trabajo para pulir el relato y la historia del producto o la compañía. Una de veinte minutos para el lanzamiento de un producto de Apple requirió en total doscientas cincuenta horas de trabajo, que incluían la labor de los diseñadores de la presentación, los especialistas técnicos, los profesionales de marketing y los propios ejecutivos que en última instancia la expusieron.

Nota TED

PRACTIQUEMOS DELANTE DE GENTE, GRABÉMONOS Y VEAMOS LA GRABACIÓN. Pidámosles a nuestros amigos y colegas que vean nuestra presentación y nos den su opinión franca y sin tapujos. Utilicemos un aparato para grabarnos, ya sea un *smartphone* sobre un trípode o una cámara de vídeo. Elijamos lo que más nos convenga, pero grabémonos. La calidad de la grabación es lo de menos. Salvo que decidamos mostrársela a alguien, seremos los únicos en verla. Puede que nos sorprenda lo que vamos a ver: muletillas como «hum» o «eh», extemporáneos movimientos de manos para rascarnos la nariz o tocarnos el

pelo, escaso contacto visual, etc. Prestemos mucha atención al ritmo al que hablamos y preguntémosles a los demás qué les parece: ¿Es demasiado rápido? ¿Muy lento? La cámara de vídeo es la mejor herramienta para mejorar nuestra capacidad para hablar en público.

3. Practicar, practicar y practicar

En su blog, Palmer publicó una fotografía en la que aparecían unas veinte personas en una cena informal en el salón de una casa viendo cómo daba su charla de TED. Entre la gente a la que invitó había amigos, músicos, ingenieros, un profesor de yoga, un inversor de capital riesgo, un fotógrafo y un profesor de psicología. Esta es una excelente idea. La reunión de personas con visiones diversas es un ambiente propicio para la creatividad.

Palmer aprovechó todas las oportunidades que tuvo de practicar delante de gente. Pocos días después de esa cena, repitió la misma presentación ante un grupo de estudiantes de una escuela de bellas artes en Boston. El profesor la había invitado para hablar en clase sobre un tema que no tenía relación con TED, pero, cuando le pidió si en lugar de eso podía ofrecer su presentación, aceptó entusiasmado. Palmer les pidió a los estudiantes que apagasen sus cámaras y pronunció una conferencia aún no acabada del todo. Pulió la presentación gracias a las opiniones de los alumnos y siguió repitiéndola ante cualquier pequeño grupo que consiguió reunir.

Tres días antes de la presentación, Palmer trazó un esbozo con sus puntos principales en un larguísimo pedazo de papel y lo extendió sobre el suelo. Esto resultó ser una gran herramienta mnemotécnica, pues le permitió ver el flujo de toda la presentación. En el viaje en avión a California, Palmer le advirtió a la persona que estaba sentada a su lado que era esquizofrénica y siguió practicando en voz alta.

Pero aún no había terminado.

Cuando llegó a Long Beach, hizo que un amigo escuchase la presentación por Skype. También la repitió dos veces delante del equipo de TED, una a través de Skype y otra sobre el escenario para el ensayo general.

El título de la charla era «El arte de pedir», pero también podía haber sido «El arte de conectar», porque eso es exactamente lo que hizo. Una presentación triunfadora como la de Palmer no se consigue sin horas y horas de práctica y una enorme cantidad de opiniones externas. «Si lo hubiese hecho sola, probablemente no habría sido una buena charla. Todas estas personas hicieron que fuese excelente», afirma.

Steve Jobs y la regla de las diez mil horas

Es muy conocida la teoría según la cual se necesitan diez mil horas de práctica para dominar una habilidad determinada (tocar el piano, encestar, golpear una pelota de tenis, etc.). Creo firmemente que también es válida para la habilidad de hablar en público. Mucha gente me dice que nunca tendrán tanta soltura como Steve Jobs u otros grandes oradores porque, simplemente, «no se les da bien». Pues resulta que, en un principio, a Steve Jobs tampoco. Pero trabajó para mejorar.

En YouTube apareció un vídeo de la primera entrevista en televisión de Jobs, a mediados de los años setenta. Aparecía en la silla antes de que comenzase la entrevista y, visiblemente nervioso, preguntaba dónde estaban los servicios, porque temía vomitar. «No es broma», insistía. En sus primeras presentaciones, incluido el lanzamiento del Macintosh en 1984, se le veía muy rígido, agarrado al atril y leyendo las notas que llevaba preparadas. Pero mejoró año a año. De hecho, cada década se produjo una mejora significativa en su estilo y su manera de exponer el contenido. Jobs se construyó una reputación por practicar sin descanso para cada presentación: muchísimas horas durante muchísimas semanas. Con el tiempo, se le acabó considerando uno de los líderes empresariales más carismáticos sobre un escenario. Mucha gente no es consciente de que parecía que no le costaba ningún esfuerzo porque le dedicaba mucho esfuerzo a conseguirlo.

Cuando trabajo con personas que desean mejorar su lenguaje corporal y su capacidad de exposición, insisto en la importancia de lo que yo llamo las tres P (pasión, práctica y presencia) para que aprendan a dar sus presentaciones de una manera genuina y conversacional. El primer paso requiere que la persona identifique qué es lo que la apasiona y cómo se relaciona con el mensaje que intenta transmitir. El siguiente paso consiste en practicar, practicar y practicar. Solo una vez que se han satisfecho estas dos primeras condiciones saldrá a la superficie la verdadera presencia. A Palmer le apasiona su tema porque es algo fundamental para su propia identidad, dedicó horas a practicar y, como resultado, se hizo por completo con el escenario.

Nadie nace con un mando de PowerPoint en la mano. La mayoría de la gente tampoco posee la habilidad innata de destilar la esencia de una historia en un breve lapso de tiempo, de visualizarla, insuflarle vida y hablar cómodamente sobre ella sin necesidad de mucha práctica previa. He perdido la cuenta de las veces que me han dicho: «Carmine, hablar en público no se me da tan bien como a otras personas». Tengo algo que decirle a toda esa gente: a esas personas tampoco se les da bien de forma natural. Hay que dedicarle mucho tiempo, y nuestras ideas merecen que hagamos el esfuerzo.

Si nuestro objetivo es dar una charla memorable que deje boquiabierto a nuestro público, debemos practicar. Durante nuestras sesiones de práctica, prestaremos atención a cómo sonamos (expresión verbal) y a nuestro aspecto (expresión corporal). Analicemos los dos componentes de una combinación ganadora.

Cómo decirlo para que la gente escuche

Los cuatro elementos de la expresión verbal son: ritmo, volumen, tono y pausas.

RITMO: velocidad a la que hablamos.

VOLUMEN: variaciones en la intensidad de la voz.

TONO: inflexiones agudas o graves.

PAUSAS: breves paradas para remarcar las palabras clave.

Cuando leemos un texto impreso, nos parece normal utilizar un rotulador para subrayar una palabra o frase importante. El equivalente verbal de un rotulador son las variaciones del volumen de nuestra voz, de la velocidad a la que vocalizamos las palabras y/o la posibilidad de destacar una palabra o frase con una pausa antes o después de pronunciarla. Cada uno de estos cuatro elementos es importante, y veremos ejemplos de todos ellos a lo largo de este capítulo, pero si no acertamos con el ritmo todo lo demás carece de importancia.

El ritmo ideal al hablar en público

Los estudios demuestran que el ritmo ideal al leer para un audiolibro es de entre 150 y 160 palabras por minuto. Esta parece ser la velocidad a la que la mayoría de los oyentes pueden oír, absorber y recordar la información cómodamente.[2] Habiendo leído mis propios textos para producir los audiolibros, puedo decir que el ritmo ideal de declamación es ligeramente más lento que el de una conversación normal.

Cuando me pidieron que leyera mi libro *Los secretos de las presentaciones de Steve Jobs* para el audiolibro, pasé cuatro días en un estudio de grabación de sonido en Berkeley leyendo cuidadosamente cada frase del libro entre frecuentes tragos de té caliente con miel. La editorial me había asignado a un instructor de doblaje profesional para que me ayudase con la declamación, según el cual mi mayor problema era que hablaba demasiado rápido.

—Pero estoy hablando como suelo hacerlo en una conversación informal —repliqué.

—Esto no es una conversación informal —me contestó—. Los audiolibros se deben leer a un ritmo ligeramente más lento porque la gente los escucha, muchas veces en el coche, sin disponer de los estímulos sensoriales adicionales que proporcionan el movimiento de los labios o nuestras expresiones faciales.

Los profesionales del doblaje y de la lectura de libros dicen que los audiolibros deben leerse a un ritmo ligeramente inferior al de una conversación cara a cara. Por lo tanto, parece razonable que si un audiolibro se lee a 150 palabras por minuto, el ritmo ideal para una presentación en persona sea algo más rápido, debido a la existencia de estímulos sensoriales adicionales, como los gestos con las manos, el contacto visual y las expresiones faciales.

Para poner a prueba esta teoría, analicé el ritmo vocal de Bryan Stevenson, el abogado especialista en derechos humanos al que ya conocemos. Como recordaremos, Stevenson es un orador que ha defendido con éxito varios casos ante el Tribunal Supremo de Estados Unidos. Tras revisar cientos de presentaciones de TED, así como miles de otras presentaciones durante mi carrera como periodista y como coach en comunicación, estoy convencido de que Stevenson posee el ritmo más agradable de todos los oradores a los que he visto: no nos está leyendo algo; está teniendo una conversación con nosotros.

Cuando le pregunté sobre su estilo al hablar en público, me explicó que le gusta sonar como si estuviese hablando con un amigo durante una cena en un restaurante. Si mi teoría era correcta y los grandes presentadores hablan ligeramente más rápido que la narración ideal de un audiolibro, que avanza a 150 palabras por minuto, debería reflejarse en el caso de Stevenson. Y así es: en su famosa charla TED, Stevenson habla a 190 palabras por minuto, un ritmo ligeramente superior al de los audiolibros.

Pero no me conformé con esta demostración de mi teoría. Si Stevenson refleja la franja ideal para las presentaciones en público —ni demasiado rápido, ni excesivamente lento—, un orador motivacional súper energético debería hablar muchísimo más rápido. Para confirmarlo recurrí a Tony Robbins, el gurú de la motivación, y comprobé que, en la charla que ofreció en TED en 2006, habló a 240 palabras por minuto. Muy rápido. Para que tengamos una referencia, un subastador lo hace a 250 palabras por minuto. Esa velocidad es muy efectiva en el caso de Robbins, que sube al escenario de un brinco, se mueve a saltos por él, no para de mover los brazos, y está allí para transmitir su energía al público. Los espectadores esperan de él un nivel ultraelevado de energía, que se refleja tanto en su lenguaje corporal como en el ritmo que emplea al hablar.

Si la teoría es cierta, una persona en el extremo opuesto a Robbins en el espectro de ritmos al hablar, debería hacerlo a una velocidad muchísimo más lenta incluso que la de un audiolibro. Así que analicé el ritmo de los discursos de Henry Kissinger, secretario de Estado durante la presidencia de Richard Nixon. Kissinger era brillante, pero poca gente lo pondría como ejemplo de un orador carismático. Incluso él mismo se reía de su propia reputación cuando dijo: «El poder es el mayor de los afrodisíacos».

Kissinger hablaba sumamente despacio y con un tono monocorde que, si no seguimos al detalle el hilo de sus palabras, podría llegar a adormecernos. En sus entrevistas públicas —las más informales y coloquiales de sus apariciones—, Kissinger hablaba a un ritmo de solo 90 palabras por minuto.

Si la velocidad ideal para una propuesta de negocio o una conversación es de 190 palabras por minuto, sería razonable suponer que algunos de los oradores más populares de TED comunican 3.400 palabras en dieciocho minutos, o una cifra muy cercana a ese número. Recordemos al popular presentador de TED sir Ken Robinson. En su charla pronunció 3.200 palabras. En el caso de Jill Bolte Taylor, fueron unas 2.700, una cifra no demasiado alejada (en parte, el motivo por el que Taylor no llegó a las tres mil palabras es que crea largas pausas para incrementar el efecto dramático, y eso consume tiempo). Por último, ¿qué hay de Bryan Stevenson, el hombre que en mi opinión posee la exposición más naturalmente coloquial que he visto sobre el escenario de TED? Su popular charla «Tenemos que hablar de una injusticia» consta de 4.000 palabras. Al analizarla con mayor detenimiento, descubrí que se saltó las reglas y habló durante veintiún minutos. La cifra total de palabras durante los primeros dieciocho fue de 3.373.

No estoy proponiendo que empecemos a contar las palabras de nuestras presentaciones. Si queremos hacer la prueba, no hay ningún problema, pero es más importante prestar atención a nuestra forma de hablar en las conversaciones cotidianas y a cómo varía durante la presentación. Al dar un discurso o en una presentación, la mayoría de las personas reduce la velocidad a la que habla, lo que hace que suenen poco naturales. En lugar de dar una presentación, intentemos mantener una conversación.

Nota TED

HABLEMOS EN UN TONO COLOQUIAL. Veamos la charla de Bryan Stevenson y escuchemos cómo cuenta sus tres historias. Parece que está simplemente pasando el rato con nosotros. Es natural, coloquial y muy auténtico. Cuando practiquemos nuestra presentación, tenderemos a ralentizar nuestra forma de hablar a medida que vamos pasando transparencias o tratamos de recordar las ideas en las que queríamos incidir. Una vez que hayamos interiorizado el contenido, procuremos recuperar el ritmo de nuestro estilo coloquial natural.

Lisa Kristine resalta las palabras clave

Lisa Kristine ha pasado dos años visitando zonas remotas del planeta para fotografiar uno de los más atroces crímenes contra la humanidad: la esclavitud. Kristine es fotógrafa y prefiere que sean sus imágenes las que cuenten la historia. Durante su charla en TEDx, dirigió la atención del público hacia sus transparencias, pero acompañó a las fotografías que aparecían en ellas con su intensidad vocal (volveremos sobre esta habilidad suya en el capítulo 8).

En la siguiente sección de su presentación ralentizó el ritmo de su discurso, pronunció cada palabra con gran pulcritud y resaltó las palabras clave (que aquí aparecen subrayadas):

«Hoy en día, la esclavitud gira en torno al <u>comercio</u>, de tal manera que los <u>bienes</u> que las personas esclavizadas <u>producen</u> poseen <u>valor</u>, pero las <u>personas</u> que los producen son <u>desechables</u>. La esclavitud existe prácticamente <u>en todas partes</u> del mundo, [*pausa*] a pesar de ser <u>ilegal</u> en todo el planeta.»[3]

A Kristine le apasiona este tema y, al hablar del momento en que supo de la existencia de la esclavitud, durante una conferencia en la que conoció a alguien que trabajaba para su erradicación, no emplea muchos gestos, pero sí cierra los ojos: «Cuando terminamos de hablar, me sentí espantosamente mal y sinceramente avergonzada por mi propio desconocimiento de que esta atrocidad aún estuviera vigente, y pensé "si yo no tenía ni idea, ¿cuánta gente habrá que tampoco lo sepa?". Eso empezó a reconcomerme por dentro».

Jill Bolte Taylor representa una historia

La manera en que decimos algo deja tanta huella en el oyente como aquello que decimos, a pesar de lo cual muchos descuidamos esta importantísima habilidad.

Jill Bolte Taylor llevó a TEDx Youth de Indianápolis el material que utilizaba sobre el escenario, un cerebro humano (este inusual accesorio volverá a aparecer en el capítulo 5), para hablar a un público de adolescentes y adultos jóvenes sobre por qué se sentían fuera de control durante la pubertad y la adolescencia. Una vez que entendiesen su «neurocircuitería», estarían mejor preparados para gestionar tanto los inevitables cambios de humor como las inexplicables sensaciones y emociones que experimentaban. Esta presentación es una de las mejores charlas científicas que he visto. Si todos los educadores hiciesen la ciencia tan interesante como la doctora Jill, estoy convencido de que más niños verían con ilusión la posibilidad de estudiar carreras de ciencias y matemáticas.

Taylor inició su presentación hablando a un ritmo ideal de 165 palabras por minuto, ni demasiado rápido ni demasiado despacio. Es una oradora experimentada y perspicaz, y sabe que su exposición verbal debe acompasarse con el contenido de su historia. Hablar a un ritmo constante durante toda la presentación sin duda habría hecho que su público se aburriese, por interesante que fuese el contenido. Su objetivo era informar y entretener.

Llegó un punto en la presentación en el que discutía los cambios que se producen en el cerebro humano durante la pubertad, la época en que los adolescentes «pierden literalmente la mitad de la cabeza». ¿Cómo se siente uno al perder la cabeza? ¿En qué se refleja? A medida que sus gestos fueron volviéndose más erráticos y expansivos, fue elevando el volumen de su voz y empezó a hablar bastante más rápido. Hablaba a 220 palabras por minuto cuando dijo:

> Primero, un gran estirón. Cuando experimentamos un gran estirón, todo nuestro cuerpo cambia. Nuestra amígdala está ojo avizor. Es muy interesante, pero también resulta algo inquietante. ¿Qué está pasando? —Y repitió—: ¿Qué está pasando? Además, nuestros sistemas hormonales empiezan a fluir por nuestro cuerpo y eso conllevará todo tipo de cambios de humor y de comportamientos interesantes, a lo que se sumará lo que llamamos una poda, la poda del 50 por ciento de las conexiones sinápticas en el interior de nuestro cerebro. ¡Perdemos literalmente la mitad de la cabeza![4]

Los grandes oradores representan una historia. Deben encarnar sus palabras. Mientras Taylor practica su presentación, elige las palabras que mejor comunican sus mensajes clave y también busca la manera más efectiva de transmitir esas palabras. En su opinión, los adolescentes no están locos, sino que existen motivos biológicos reales para su comportamiento espontáneo y agresivo. Su consejo para los chavales y para sus padres es que sobrevivan hasta cumplir los veinticinco, cuando se forma el cerebro adulto. Es un mensaje importante y confía en que millones de adolescentes y estudiantes puedan ver su presentación ahora que está online en YouTube («The Neuroanatomical Transformation of the Teenage Brain»). Sabe que no podrá llegar a la gente que necesita oír su mensaje si no lo transmite bien.

Sus presentaciones parecen naturales, auténticas, animadas y coloquiales, y para eso se necesita práctica. La doctora Jill practicó su charla no una vez, ni dos, ni siquiera veinte. ¡Lo hizo doscientas veces! A continuación veremos cómo creó su popular presentación.

Su charla de Indianápolis se gestó en Cancún. Se encontraba en un estado mental creativo mientras caminaba por la playa con un cuaderno. Escribió todo lo que le venía a la mente, un flujo continuo de palabras e ideas, y luego leyó en voz alta lo que había escrito para ver cómo encajaban las palabras y los sonidos. No lo editó. Simplemente escribió todo lo que pensaba que su público (adolescentes y padres) necesitaba saber sobre el asunto.

Cuando llegó a su habitación del hotel, pasó al ordenador las notas que había tomado a mano. Al volver a casa tras las vacaciones, tenía veinticinco páginas a espacio sencillo. El siguiente paso consistió en condensar el material en cinco puntos principales (los mensajes clave). Por último, tuvo que dilucidar cómo transmitir esos mensajes clave de manera que resultasen visuales, interesantes y entretenidos. Hablaremos sobre la presentación visual de información en el capítulo 8, pero por ahora quedémonos con que para Taylor, el componente de entretenimiento de su presentación tiene el mismo peso que el resto.

El problema con la mayoría de las charlas técnicas o científicas es que los presentadores no consiguen que su contenido sea visual, interesante y entretenido. Quienes logran estos tres objetivos destacan sobre los demás, se hacen notar e inspiran cambios positivos en los comportamientos.

Detengámonos ahora en el último componente, el del entretenimiento. Quienes se dedican a ello utilizan sus voces, sus expresiones faciales, sus gestos y sus cuerpos para hacernos sentir emociones. Una gran presentación no es muy diferente.

Desenmascarar los mitos del lenguaje corporal

Tanto la exposición verbal como la comunicación no verbal son importantes, muy importantes. Pero ¿cuánto importan exactamente? Un mito urbano que se ha aceptado como la biblia de los expertos del lenguaje corporal es que el 7 por ciento del mensaje de una persona se transmite a través de las palabras y el 93 por ciento restante se comunica de forma no verbal (el 38 por ciento a través del tono vocal y el otro 55 por ciento a través del lenguaje corporal). Puede que esta estadística nos suene. Si es así, olvidémosla. Es errónea.

Hace unos años hablé con Albert Mehrabian, el profesor de UCLA responsable de dicha estadística. Mehrabian, ahora jubilado, llevó a cabo varios estudios muy reducidos en los años sesenta en el ámbito de la comunicación interpersonal. Lo que descubrió fue simplemente que cuando la gente expresaba un mensaje con contenido emocional, este se podía malinterpretar si el tono y el lenguaje corporal del hablante no eran congruentes o consistentes con el contenido del mismo. Lo cual tiene todo el sentido del mundo, aunque, según explica el profesor, los datos se habían sacado por completo de contexto. De hecho, se estremece cada vez que oye esa estadística tan burdamente engañosa.

Dicho lo cual, estoy bastante seguro de que la exposición vocal y el lenguaje corporal sí dan cuenta de la mayor parte del impacto de un mensaje. No me baso en la investigación de Mehrabian para respaldar mi afirmación, porque, como él mismo dice, no es pertinente, pero en su lugar citaré otras investigaciones más exhaustivas y contrastadas en el ámbito del análisis conductual, los mismos datos que los interrogadores profesionales utilizan para determinar si alguien miente o dice la verdad.

Contar la verdad sobre las mentiras

Morgan Wright es un veterano de las fuerzas de seguridad con dieciocho años de experiencia. Ha formado a agentes de la CIA, el FBI y la NSA en el análisis conductual, las entrevistas y las técnicas de interrogación.

«El lenguaje corporal marca una enorme diferencia. Permite identificar las disparidades entre el engaño y la sinceridad», me contó.[5] Según Wright, la NSA (Agencia Nacional de Seguridad) llevó a cabo un estudio basado en trescientas causas penales cuyos desenlaces ya se conocían. En un experimento, a los entrevistados se les pedía que determinasen si el sospechoso decía la verdad únicamente escuchando la grabación en audio del interrogatorio; en el segundo grupo, los encuestados veían el vídeo del interrogatorio, pero no podían oír el sonido; un tercer grupo vio y escuchó la grabación; por último, el cuarto grupo tuvo acceso al vídeo, el audio y el expediente del caso.

El grupo que tuvo acceso únicamente al audio del interrogatorio logró un porcentaje de éxito del 55 por ciento. Esto significa que el comportamiento verbal del sospechoso (lo que dijo y el tono con el que comunicó la información) solo ofrecía una precisión del 55 por ciento a la hora de determinar si estaba diciendo la verdad. El grupo que no pudo escuchar el audio y solo pudo ver el lenguaje corporal del sospechoso en vídeo obtuvo mejores resultados: acertó un 65 por ciento de las veces. Quienes tuvieron la ventaja de oír y ver al sospechoso lograron un 85 por ciento de éxitos, mientras que los que dispusieron de los antecedentes (el expediente) junto con el vídeo y el audio distinguieron correctamente a quien mentía de quien decía la verdad en un 93 por ciento de los casos, un valor superior al que se obtiene mediante la prueba del polígrafo.

«Cuando veo a alguien dar una charla, lo evalúo como lo hacía durante los interrogatorios —explica Wright—. Cuando una persona transmite información en la que no cree o sobre la que está mintiendo, manifiesta los mismos comportamientos que los sospechosos en casos penales o de espionaje cuando mienten a las autoridades.»

Su consejo es el siguiente: creamos en lo que decimos (capítulo 1). «Si uno no cree en lo que dice, sus movimientos serán forzados y poco naturales. Por mucho que lo practique, a menos que sea un

agente de espionaje debidamente formado o un psicópata, no logra-
rá superar esa incongruencia entre las palabras y los actos. Si no cree
en el mensaje, no puede obligar a su cuerpo a actuar como si creyese.»

Según Wright, las personas veraces y seguras de sí mismas poseen
presencia de mando. Tienen una imagen de autoridad que comienza por su forma de vestir y su porte. El FBI llevó a cabo un estudio
sobre presos que habían disparado o atacado a agentes de policía.
Antes de decidirse a actuar, los reclusos habían evaluado lo fácil que
sería abatir a los agentes por la manera de vestir (desaliñada o pulcra)
y el porte (encorvado o erguido) de estos. «Como policía, uno puede abrir la puerta a los problemas si camina encorvado, evita el
contacto visual, utiliza un lenguaje vago e impreciso y viste generalmente de forma desaliñada.»

Evidentemente, existe una gran diferencia entre ofrecer una presentación e interactuar con un sospechoso. En el segundo caso, un
tono vocal y un lenguaje corporal pobres pueden tener consecuencias fatídicas. Pero esto recalca la idea de que la gente nos está juz-
gando continuamente, basándose en gran medida en la manera en
que caminamos y hablamos y en nuestro aspecto.

Los grandes líderes poseen un aire de confianza

En una presentación en grupo, la persona con la mejor presencia
de mando suele ser la líder. Dicha persona entiende mejor el material, lo demuestra y tiene confianza como para asumir el mando.
Suele vestir algo mejor que los demás: sus zapatos están brillantes
y su ropa bien planchada. Establece un contacto visual más intenso y no le tiembla el pulso al dar la mano. Habla con concisión y
precisión. No se pone nervioso, sino que mantiene la calma. Emplea
gestos abiertos, con las palmas hacia arriba o abiertas y las manos
separadas. Su voz tiene proyección, porque habla desde el diafrag-
ma. Su manera de caminar y de hablar y su aspecto son los de un
líder carismático.

Hace unos años tuve ocasión de conocer al comandante Matt
Eversmann, profesor de liderazgo en la universidad Johns Hopkins.

Eversmann había conducido tropas al combate en Mogadiscio (Somalia) en 1993 y escribió un libro sobre la batalla que dio pie a una película del mismo título, *Black Hawk derribado*. Desde el primer instante en que lo vi, una de las cosas que más me llamó la atención era que poseía carisma a raudales.

—¿Cuál es el papel del lenguaje corporal en el desarrollo de un líder? —le pregunté.

—Los grandes líderes poseen un aire de confianza —contestó—. Los subordinados deben tener alguien a quien admirar, alguien que permanezca firme como un roble pase lo que pase a su alrededor. Debemos transmitir la sensación de que siempre mantendremos el control, con independencia de las circunstancias, aun cuando no tengamos una solución inmediata, de que somos alguien que no pierde de vista el objetivo, que no se arruga ni se encoge. El aura de confianza debe ser palpable.

¿Poseemos nosotros ese aire de confianza en el campo de batalla empresarial? Los grandes comunicadores sí lo tienen. Un líder que no logra infundir confianza entre sus subordinados a través de cientos de acciones cotidianas perderá la lealtad de sus «tropas» cuando llegue el momento de la verdad.

Puede que nunca lleguemos a ver un escenario de TED, pero nos estamos presentando continuamente. Si somos emprendedores y hablamos con inversores, o vendedores de software tratando de darnos a conocer desde el stand de una feria de muestras, estamos dando una presentación. Si somos candidatos a un puesto de trabajo y acudimos a una entrevista con quien podría contratarnos, o directores ejecutivos que exponemos un nuevo producto a los clientes, estamos dando una presentación. Para mucha gente, una charla TED puede ser la presentación de su vida, pero nuestras conferencias profesionales de cada día son igualmente importantes para nuestra carrera y nuestra empresa. Los presentadores que triunfan en TED poseen un potente lenguaje corporal, y nosotros también deberíamos tenerlo.

Hable, camine y compórtese como un líder

Colin Powell es un líder muy juicioso. Su proceso de reflexión es riguroso y estructurado, como lo es también su historial como general del ejército y secretario de Estado entre 2001 y 2005. Cuando Powell aparece en televisión sentado frente a su entrevistador, normalmente empieza con las manos cruzadas sobre la mesa. Pero no permanece así mucho tiempo. A los pocos segundos ya está gesticulando para complementar su mensaje. Los investigadores han descubierto que a los pensadores rigurosos les cuesta dejar de gesticular, incluso cuando intentan mantener las manos entrelazadas. De hecho, hacerlo libera sus capacidades mentales, y los pensadores complejos hacen gestos complejos.

Powell gesticula con frecuencia, tanto en las entrevistas de televisión como en las charlas. En octubre de 2012 ofreció una conmovedora presentación en TED que versó sobre los niños y por qué necesitan cierto orden para empezar la vida con buen pie.

Como en sus entrevistas televisivas, comenzó la charla con las manos cruzadas. Y, de nuevo, enseguida dejaron de estarlo: a los diez segundos se separaron y no volvieron a tocarse en los diecisiete minutos siguientes. La tabla 3.1 muestra un ejemplo de la variedad natural y continua de gestos que empleó en un breve fragmento de su presentación.

LAS PALABRAS DE COLIN POWELL
CON SUS GESTOS CORRESPONDIENTES

PALABRAS	GESTOS
Todos los niños deberían tener un buen comienzo en la vida.	Manos separadas por la distancia entre sus hombros con las palmas abiertas hacia el público.
Yo tuve el privilegio de disfrutar de ese tipo de comienzo.	Hace un movimiento circular con la mano derecha, con la palma hacia su pecho.

PALABRAS	GESTOS
No fui un gran estudiante. Estudié en una escuela pública de Nueva York y no se me dio nada bien. Conservo todas mis notas del Consejo de Educación de Nueva York, desde la guardería hasta la universidad.	Extiende los brazos, más allá de la longitud del cuerpo, con las palmas enfrentadas. Utiliza las manos para subrayar las palabras «guardería» y «universidad».
Las pedí cuando estaba escribiendo mi primer libro. Quería ver si mi memoria era correcta y, Dios mío, sí que lo era. [*Risas*] Todo «suficientes».	El brazo izquierdo se relaja en el costado. Eleva la mano derecha hasta el nivel del pecho y continúa gesticulando.
Mal que bien, superé la secundaria, entré al City College de Nueva York (CCNY) con un promedio de 78,3, con el que no debería haber sido admitido, y comencé ingeniería, aunque eso solo duró seis meses [*Risas*].	La mano izquierda se eleva de nuevo e imita los gestos de la derecha, pero ambas permanecen separadas.
Después empecé a estudiar Geología, una carrera apta incluso para los deportistas. Esta era fácil. Y luego encontré el Reserve Officers' Training Corps (ROTC), el Cuerpo de Entrenamiento de Oficiales de la Reserva; di con algo que se me daba bien y que me encantaba hacer.	El brazo izquierdo se relaja en el costado mientras la mano derecha continúa gesticulando, con los tres primeros dedos juntos señalando hacia su cuerpo.
Y encontré un grupo de jóvenes como yo, que sentían lo mismo.	La mano derecha se extiende y se cierra en un puño.
Así que dediqué toda mi vida al ROTC y al ejército. Allá donde voy, les digo a los chicos que, cuando crecen y esta estructura, ese orden, se desarrolla dentro de ellos, deben	Se inclina hacia delante, alza la voz y sube la intensidad, levanta ambos puños cerrados.

PALABRAS	GESTOS
buscar siempre aquello que se les dé bien y que les guste hacer. Cuando encuentren las dos cosas juntas, ya está, ya lo tienen. Eso es lo que pasa. Y eso es lo que yo encontré. Así que, les digo a los jóvenes en todos lados, lo importante no es dónde empiezan en la vida. Lo que determina dónde uno acabará en la vida es lo que hace con ella.	
Y que tienen la suerte de vivir en un país en el que, con independencia de dónde empiece, tendrá oportunidades siempre que crea en sí mismo.	Señala hacia sí mismo.
Que crean en la sociedad y en el país.	Extiende la mano derecha a la altura del pecho con la palma orientada hacia fuera.
Y crean que pueden llegar a ser mejores y educarse a medida que progresan.	La mano derecha realiza un movimiento de saludo circular mientras la mano izquierda permanece cerrada en un puño a la altura del pecho.
Esa es la clave del éxito.	El puño izquierdo permanece a la altura del pecho; el brazo derecho está extendido, con la palma abierta.

Tabla 3.1. Las palabras de Colin Powell con sus gestos correspondientes durante su presentación en TED 2012.[6]

Powell posee presencia de mando. Camina, habla y tiene aspecto de líder. También forma a otras personas —soldados y jóvenes adultos— para que sepan cómo hacerlo. Cuando habla con un grupo de estudiantes y les hace preguntas, siempre pide que el interpelado se levante, vaya al frente de la clase, se ponga firme como un soldado, con los brazos rectos en los costados y la mirada al frente, y hable en voz alta. Los chavales se divierten al hacerlo, pero algo cambia en su interior. Se sienten diferentes, con más confianza, dispuestos a asumir un desafío. La manera en que uno se comporta cambia realmente la manera en que se siente al ofrecer una presentación.

He sido conferenciante profesional durante la mayor parte de mi vida adulta. Desde el primer día al frente de mi unidad como oficial del ejército, he tenido que hablar y formar a las tropas. Con el tiempo aprendí cómo conectar con ellos, cómo hacer que el tema del que hablaba les interesase, y cómo convencerlos de que les convenía aprender lo que les enseñaba. Como se aburrían fácilmente, era fundamental disponer de una serie de técnicas para llamar su atención. En 1966 me destinaron como instructor a la escuela de infantería de Fort Benning [...]. Allí nos enseñaban a mantener el contacto visual y cómo evitar toser, tartamudear, meter las manos en los bolsillos, hurgarnos la nariz o rascarnos los picores. Aprendíamos a recorrer el escenario a zancadas, a usar un puntero, transparencias, a hacer gestos con las manos y a elevar y bajar la voz para mantener despiertos a los alumnos.[7]

COLIN POWELL, en su libro *Principios que funcionan*

Los gestos hacen que un argumento potente lo sea aún más

Recordemos a Ernesto Sirolli, el apasionado experto en desarrollo económico al que conocimos en el primer capítulo del libro, que habló en TEDx sobre la aleccionadora experiencia que había vivido en Zambia mientras enseñaba a la población local a cultivar tomates. La tabla 3.2 recoge parte de su presentación, que en el capítulo 1 analizamos en relación a la pasión, pero ahora nos muestra los gestos que utilizó para acompañar a sus palabras. Sirolli es un italiano que, como yo, no tiene ningún inconveniente en emplear las manos para comunicar sus ideas, y lo hace de una manera efectiva y genuina en su presentación.

3.1. Ernesto Sirolli hablando en TEDxEQChCh 2012. Cortesía de Neil Macbeth, para TEDxEQChCh.

Sus persuasivas ideas lo fueron aún más gracias a los gestos que usó para reforzar cada frase. Sus ademanes son tan enérgicos que es imposible describirlos adecuadamente en el texto. Podemos visitar TED.com y buscar a Ernesto Sirolli para verlo con nuestros propios ojos. Cada gesto ayuda a dibujar las imágenes que está creando verbalmente. Ni siquiera usa transparencias. No las necesita. Sus gestos y su energía complementan las palabras. Su presencia es imponente y dinámica.

LAS PALABRAS DE ERNESTO SIROLLI CON SUS GESTOS CORRESPONDIENTES

PALABRAS	GESTOS
Conseguimos estos magníficos tomates. En Italia, un tomate crecería hasta alcanzar este tamaño; en Zambia, hasta este tamaño.	Empieza con ambas manos juntas en forma de pequeño círculo que crece a medida que las va separando.
No nos lo podíamos creer. Les estábamos diciendo a los zambianos: «Mirad qué fácil es la agricultura». Cuando los tomates estaban hermosos, maduros y rojos, de la noche a la mañana aparecieron unos doscientos hipopótamos procedentes del río y se lo comieron todo. [*Risas*]	Ambas manos extendidas y alejadas del cuerpo, las mueve hacia delante mientras describe unos hipopótamos que se mueven por el campo. Sin decir una palabra, sigue utilizando expresiones faciales (boca y ojos muy abiertos) para expresar asombro y sorpresa.
Y les dijimos a los zambianos: «Dios mío, ¡los hipopótamos!».	Se lleva las dos manos a la cabeza.
Y ellos nos respondieron: «Sí, por eso no tenemos agricultura aquí».	Asiente con la cabeza.

Tabla 3.2. Las palabras de Ernesto Sirolli con sus gestos correspondientes durante su presentación en TEDxEQChCh 2012.[8]

Los profesionales más carismáticos del mundo poseen un fantástico lenguaje corporal, una presencia imponente que refleja confianza, competencia y carisma. Presencia de mando es una expresión militar que se utiliza para describir a alguien que se presenta como una persona con autoridad, alguien a quien respetar y seguir. ¿Hasta qué punto la gente se sacrificaría para seguirnos? ¿Dejarían un trabajo bien pagado, con generosas prestaciones y un fondo de pensiones? Si es así, tenemos presencia de mando.

Si queremos dar una impresión positiva en nuestra próxima reunión, discurso de venta o entrevista de trabajo, prestemos atención a lo que nuestro cuerpo está diciendo. Caminemos, hablemos y mostrémonos como líderes a quienes los demás querrían seguir.

Lo que hay que saber sobre los gestos

¿Son necesarios los gestos? La respuesta rápida es sí. Los estudios han demostrado que los pensadores complejos usan gestos complejos, y que los gestos generan en el público confianza en el orador.

David MacNeil afirma que todo está en las manos. Este investigador de la universidad de Chicago es una de las más destacadas autoridades en el ámbito de los gestos manuales. McNeil dispone de evidencias empíricas que demuestran que los gestos, el pensamiento y el lenguaje están conectados. Hablé con él y puedo afirmar con seguridad que los oradores más populares de TED refuerzan su conclusión: los conferenciantes disciplinados, rigurosos, inteligentes y seguros de sí mismos emplean los gestos como una ventana hacia sus procesos de pensamiento.

Poco después de hablar con McNeil, tuve la oportunidad de ver en persona a John Chambers, director ejecutivo de Cisco. Chambers es un presentador deslumbrante y carismático que sabe ganarse al público como un predicador, e incluso baja del escenario para moverse entre la gente. Utiliza su voz con maestría, acelerando o ralentizando el ritmo, elevando o disminuyendo la intensidad, recalcando palabras o frases. Chambers está considerado uno de los ejecutivos más inteligentes y visionarios de las empresas tecnológicas, y se dice que posee una memoria prodigiosa. Como observó McNeil, los pensadores complejos emplean gestos complejos, y en el caso de Chambers esto se refleja en los movimientos amplios y expansivos de sus manos con los que enfatiza prácticamente cada frase.

En base a mi conversación con McNeil y a mi experiencia trabajando con líderes globales sobre sus habilidades para la comunicación, he aquí cuatro consejos que podemos aplicar desde hoy mismo para mejorar el uso de las manos:

- **Gesticulemos**. No tengamos miedo de usar las manos. La manera más sencilla de arreglar una presentación demasiado rígida consiste en sacar las manos de los bolsillos y usarlas. No mantengamos las manos cautivas al presentar: quieren ser libres.
- **Hagámoslo con moderación**. Una vez dicho que debemos gesticular, también cabe advertir que no conviene excederse. Los gestos deben ser naturales. Si tratamos de imitar a otra persona, acabaremos pareciendo la caricatura de un mal político, como los que aparecen en *Saturday Night Live*. Huyamos de los gestos enlatados y evitemos también pensar sobre qué gestos usar. Nuestra historia los irá pidiendo.
- **Gesticulemos en los momentos clave**. Reservemos los gestos más expansivos para los momentos clave de la presentación. Reforcemos los mensajes principales con gestos decididos… siempre que encajen de forma natural con nuestra personalidad y estilo.
- **Mantengamos los gestos dentro de la esfera de poder**. Imaginemos nuestra esfera de poder como un círculo que va desde los ojos hasta la punta de las manos extendidas, pasa por el ombligo y vuelve a los ojos. Tratemos de mantener los gestos (y la mirada) dentro de esta zona. Las manos que cuelgan por debajo del ombligo carecen de energía y confianza. Si

hacemos gestos complejos por encima de la cintura transmitiremos al público una sensación de confianza como líderes, nos ayudará a comunicar nuestros pensamientos con menos esfuerzo y, en general, mejorará nuestra presencia.

Jennifer Granholm, exgobernadora de Michigan, hace gestos expansivos y marcados, siempre dentro de su esfera de poder. Granholm fue quien introdujo en su estado las políticas en favor de las energías renovables, y abrió la conferencia TED de 2013 con una charla sobre cómo los gobiernos podrían y deberían utilizar las fuentes de energía alternativas. La tabla 3.3 muestra un ejemplo de los gestos que complementaron sus palabras.

En ningún momento abandonaron sus manos —ninguna de las dos— la esfera de poder. También ayudó el hecho de que mantuvo la espalda erguida, la mirada al frente, estableció contacto visual constante con el público y vestía con colores planos que destacaban sobre el fondo oscuro (pantalones negros, blusa blanca, chaqueta verde). Su postura y sus gestos le otorgaban autoridad.

LAS PALABRAS DE JENNIFER GRANHOLM CON SUS GESTOS CORRESPONDIENTES

PALABRAS	GESTOS
Me han presentado como la exgobernadora de Michigan, pero en realidad soy científica. Bueno, politóloga. En realidad esto no cuenta, pero mi laboratorio era el laboratorio de la democracia que es Michigan y, como cualquier buena científica, experimenté con las políticas para tratar de lograr el máximo beneficio para la mayor cantidad de personas.	Se inclina hacia delante, con las manos separadas y las palmas abiertas.

PALABRAS	GESTOS
Pero había tres problemas, tres enigmas, que no pude resolver.	Tiene el mando en la mano derecha; el codo derecho forma un ángulo de noventa grados; la mano izquierda está alzada con tres dedos.
Y quiero contarles cuáles son esos problemas. Pero lo más importante es que creo que encontré una posible solución.	Se inclina hacia delante, levanta el dedo índice de la mano izquierda, establece contacto visual con cada parte de la sala.

Tabla 3.3. Las palabras de Jennifer Granholm con sus gestos correspondientes durante su presentación en TED 2013.[9]

Su lenguaje corporal es un ejemplo del denominado estilo «entusiasta no verbal», que según los científicos sociales resulta persuasivo. De hecho, un desajuste o incongruencia entre la comunicación no verbal y las palabras pueden minar significativamente la efectividad de nuestro discurso.

En un revolucionario estudio publicado en el *Journal of Experimental Social Psychology*, Bob Fennis y Marielle Stel llevaron a cabo una investigación en varios supermercados urbanos. Instruyeron a actores para que se acercasen a los clientes y tratasen de convencerlos para que comprasen una caja de caramelos típicos de Navidad; descubrieron que cuando la estrategia de venta consistía en hacer que el producto resultase más atractivo (reduciendo su precio, extendiéndose sobre sus beneficios, etc.), el estilo entusiasta no verbal era el más efectivo. Dicho estilo consta de tres elementos: movimientos muy enérgicos, amplios y abiertos; movimientos de las manos abiertamente proyectados hacia fuera; y posiciones corporales inclinadas hacia delante.

3.2. Jennifer Granholm hablando en TED 2013. Cortesía de James Duncan Davidson/TED (http://duncandavidson.com).

El análisis reveló que un porcentaje mucho mayor de clientes (el 71 por ciento) accedía con más facilidad a comprar una caja de caramelos cuando tenía contacto con un vendedor que empleaba un estilo entusiasta no verbal que cuando lo hacía con otro que mostraba un estilo más reservado, caracterizado por una posición del cuerpo más retraída, movimientos corporales más limitados y lentos y un discurso también más lento. Los investigadores del estudio concluyeron que «si la estrategia está dirigida principalmente a incrementar el atractivo aparente de nuestra petición u oferta, el estilo entusiasta no verbal tiene más probabilidades de resultar efectivo».[10]

Jennifer Granholm encaja perfectamente con la teoría. Tanto su postura como sus gestos y su lenguaje corporal se pueden clasificar como entusiasta no verbal. Su objetivo es vender sus ideas —su plan— a otros estados. Su propuesta consiste en una «carrera hacia la cima de empleos relacionados con las energías limpias». Evidentemente, vende algo más importante que caramelos, pero, como

Fennis y Stel descubrieron en su investigación, su lenguaje corporal es el más adecuado para alcanzar su objetivo; esto es, para que su propuesta resulte más atractiva y, en última instancia, factible.

Sentémonos erguidos. Nos sentiremos más seguros de nosotros mismos. Un estudio publicado en 2009 en el *European Journal of Social Psychology* reveló que la postura afecta a la valoración que las personas hacen de sí mismas. A los voluntarios que rellenaron una solicitud de empleo falsa les dijeron que podían elegir entre sentarse erguidos o repantingados. Los integrantes del primer grupo se valoraron a sí mismos de manera mucho más favorable que los del segundo. Cuando practiquemos nuestra presentación, hagámoslo erguidos. Nos dará más confianza para afrontarla.

Tres soluciones sencillas para problemas habituales de lenguaje corporal

Pocos de los líderes con los que trabajo se plantean cuál es su aspecto y cómo hablan y caminan hasta que se ven grabados en vídeo. Una vez que esto sucede, la mayoría de ellos se da cuenta de que necesitan esforzarse mucho más por mostrarse naturales y coloquiales. Por suerte, es fácil identificar los problemas y solucionarlos.

He aquí tres problemas habituales que he detectado entre los líderes que ofrecen presentaciones. Corregirlos nos ayudará a desarrollar presencia de mando, tanto si nos enfrentamos a una entrevista de trabajo como si tratamos de convencer a un posible comprador, ocupamos el despacho principal o dirigimos un pequeño negocio.

Estar agitado, repiquetear y hacer tintinear algo

Son hábitos molestos en los que muchos de nosotros incurrimos durante las presentaciones y las conversaciones. Si estamos agitados parecemos inseguros, nerviosos y poco preparados. Tics como repiquetear con los dedos en la mesa o jugar con el bolígrafo tampoco ayudan. Hace poco vi comentar su proyecto a un autor que había escrito un libro sobre liderazgo. Se pasó toda la charla haciendo tintinear las monedas que llevaba en el bolsillo. Me sacó de mis casillas, a mí y a todos los demás. No vendió muchos libros ese día, y desde luego tampoco ganó puntos como líder.

La solución rápida: Moverse con propósito. Utilicemos una videocámara barata o nuestro *smartphone* para grabarnos durante los cinco primeros minutos de nuestra presentación y revisemos después la grabación. Observémonos y anotemos todos los tics que carecen de un propósito útil, como rascarnos la nariz, repiquetear con los dedos o hacer tintinear las monedas. Solo con vernos en acción tomaremos más conciencia de la imagen que damos a los demás y estaremos en mejor posición para eliminar movimientos y gestos inútiles.

Una vez trabajé para un destacado ejecutivo de una empresa tecnológica que debía informar a un importante inversor sobre un retraso en un producto. El inversor era Larry Ellison, director ejecutivo de Oracle, que tiene la reputación de ser uno de los jefes más duros de todo el mundo empresarial. El ejecutivo y su equipo tenían el problema controlado y habían aprendido valiosas lecciones del retraso. Sin embargo, su lenguaje corporal decía algo diferente. Durante la presentación, el directivo no dejaba de moverse nervioso: daba golpecitos con el pie, se tocaba la cara y repiqueteaba con los dedos sobre la mesa que tenía al lado. Sus tics comunicaban falta de competencia y de control. Al verse en vídeo, detectó por su cuenta la mayoría de estos molestos hábitos y los eliminó. Realizó la presentación con confianza, Ellison quedó satisfecho y el proyecto fue un éxito absoluto.

Permanecer rígido en un sitio

Los movimientos corporales de los grandes presentadores son vigorosos; no permanecen en un solo sitio ni parecen inmóviles. Estar completamente quietos hace que parezcamos rígidos, aburridos y desinteresados.

La solución rápida: Caminar, moverse e interactuar activamente con el público. La mayoría de los profesionales que acuden a mí para que los asesore sobre sus presentaciones creen que deben mantenerse como estatuas... o tras el atril. Pero el movimiento no solo es aceptable, sino bienvenido. Las conversaciones son fluidas, no rígidas. Algunos de los más grandes oradores profesionales se pasean entre el público en lugar de permanecer delante de él.

He aquí un truco sencillo: cuando grabemos nuestra presentación, salgámonos del plano de vez en cuando. A mis clientes les digo que están muy rígidos si no lo hacen varias veces en una presentación de cinco minutos.

Las manos en los bolsillos

La mayoría de la gente tiende a meter las manos en los bolsillos cuando se encuentra frente a un grupo. Eso hace que parezcan desinteresados o aburridos, poco entregados y, a veces, nerviosos.

La solución rápida: Este es muy fácil. ¡Solo hay que sacar las manos de los bolsillos! He visto a grandes líderes empresariales que ni una sola vez metieron las dos manos en los bolsillos durante una presentación. Una mano es aceptable siempre que la otra esté gesticulando. Eso sí, recordemos que esos gestos deben limitarse a la esfera de poder.

Fingir hasta conseguirlo

Amy Cuddy es psicóloga social en la Escuela de Negocios de Harvard. Su investigación sobre el lenguaje corporal la ha llevado hasta la revista *TIME*, la CNN y el escenario de TED. Cuddy cree que el lenguaje corporal determina quiénes somos, y explica que la manera en que usamos nuestro cuerpo —las señales no verbales— puede hacer que cambie la percepción que los demás tienen de nosotros. De hecho, va incluso más allá y afirma que el mero hecho de cambiar la posición corporal afecta a cómo nos sentimos sobre nosotros mismos y, por ende, a cómo nos ven los demás. Incluso aunque no nos sintamos seguros, actuemos como si lo estuviésemos y nuestras posibilidades de éxito aumentarán enormemente.

Todos sabemos que la mente altera el cuerpo. Una persona insegura se cierra sobre sí misma, junta las manos y los brazos al cuerpo, se encoge en su asiento y baja la mirada. Cuddy cree que lo contrario también es cierto: «El cuerpo altera la mente, y nuestra mente puede cambiar nuestro comportamiento. Y el comportamiento puede hacer que cambien los resultados».[11]

3.3. Amy Cuddy hablando en TEDGlobal 2012. Cortesía de James Duncan Davidson/TED (http://duncandavidson.com).

Cuddy señala que la postura energética incrementa los niveles de testosterona en el cerebro y reduce los de cortisol, lo que hará que nos sintamos más seguros de nosotros mismos y dominantes, y cree que, con una pequeña modificación, esto puede conducir a cambios importantes.

La postura energética funciona así: estiramos los brazos todo lo que podamos y mantenemos esa postura durante dos minutos. Podemos hacerlo en un ascensor, en la mesa de trabajo o detrás del escenario; ¡preferiblemente donde nadie nos vea!

Cuando Cuddy somete a los estudiantes a su prueba, resulta que las personas de baja energía experimentan un aumento del 15 por ciento en las hormonas que configuran el cerebro para que seamos más asertivos y para que nos sintamos más seguros de nosotros mismos y más cómodos. «Así pues, parece que nuestro comportamiento no verbal gobierna cómo pensamos y nos sentimos sobre nosotros mismos […]. El cuerpo altera la mente.»

Es natural que la gente se sienta nerviosa, pero eso no supone ningún problema. Somos seres sociales y desde el principio de los tiempos nos importa sentirnos integrados en la sociedad. Cuando nuestros antepasados vivían en cuevas, que nos expulsaran de una de ellas no era precisamente una situación deseable. Los nervios son el resultado de nuestra necesidad biológica de ser aceptados, pero para mucha gente la energía nerviosa llega a ser asfixiante. ¿Quién no ha sentido un nudo en la garganta, sudor en las palmas de las manos y el corazón disparado? A todos nos ha pasado. He perdido la cuenta de todos los líderes con los que trabajo que se ponen muy nerviosos antes de una presentación en público, y eso que son personas en la cima de sus respectivas profesiones, cuya riqueza normalmente se cifra en cientos de millones de dólares. El secreto no está en hacer desaparecer los nervios, sino en controlarlos.

Amy Cuddy ofrece una solución para los oradores nerviosos: fíngelo hasta que consigas hacerlo. De niña, Cuddy fue identificada como superdotada y su inteligencia le proporcionó una identidad en esos primeros años de formación. A los diecinueve años, salió despedida de un coche y sufrió un traumatismo craneal. Tuvo que abandonar la universidad y le dijeron que no podría volver. «Fue durísimo. Sentir que te arrancan tu identidad, la esencia de quién eres (que en mi caso consistía en ser inteligente), que te quiten eso, no hay nada que te haga sentir más impotente. Me sentí absolutamente impotente.»

Trabajó duro, volvió a la universidad y se graduó cuatro años después que la mayoría de sus compañeros. Siguió estudiando en Princeton gracias a un tutor que tenía mucha fe en su capacidad. Pero ella no creía en sí misma. Sentía que era una impostora. La noche antes de su examen oral tras el primer año, Cuddy llamó a su tutor y le dijo que pensaba dejar el doctorado. «No lo vamos a dejar, porque yo aposté por ti —le respondió el tutor—. Vas a seguir, y esto es lo que vas a hacer: vas a fingir. Vas a dar todas y cada una de las charlas que te propongan dar. Simplemente lo vas a hacer una y otra vez, aunque el miedo te paralice o tengas una experiencia extracorporal, hasta que llegue un momento en que digas: madre mía, lo estoy haciendo. En el sentido de "me he convertido en esto". Realmente lo estoy haciendo.» Y eso fue lo que hizo: fingió hasta que se lo acabó creyendo. «Por eso lo que quiero decir es que no se trata de fingir hasta conseguirlo, sino de fingir hasta serlo.»

Cómo consigue Tony Robbins alcanzar el estado ideal para dar una presentación

Tony Robbins, un conferenciante realmente motivador, tiene energía suficiente para mantener el interés de cuatro mil personas durante cincuenta horas a lo largo de cuatro días. En un programa especial de Oprah Winfrey, Robbins hizo una demostración del ritual que sigue antes de dar una charla, que incluye conjuros, afirmaciones y movimiento, mucho movimiento. Parece razonable, puesto que una de las lecciones fundamentales de Robbins es que el movimiento enérgico puede alterar nuestro estado mental. Él mismo alcanza el estado ideal para dar una charla unos diez minutos antes de salir al escenario. Salta de un lado para otro, da vueltas sobre sí mismo, cierra los puños con fuerza, extiende los brazos todo lo que puede, e incluso da saltos en una cama elástica.

No basta con practicar las palabras. Antes de salir a la palestra, una cierta preparación física elevará nuestro nivel de energía y tendrá un enorme efecto en la imagen que el público tendrá de nosotros. Evidentemente, no es necesario llegar a los extremos de Robbins —además, tendríamos un aspecto un poco ridículo si nos pusiésemos a saltar en una cama elástica antes de dar nuestro próximo discurso de ventas—, pero, habida cuenta de la relación tan estrecha que existe entre el movimiento y la energía, sí es importante incorporar algún tipo de ritual físico previo a una presentación.

Nuestra fuerza como oradores surge de nuestro interior

Janine Shepherd, esquiadora de fondo profesional, se vio involucrada en un accidente que acabó con su carrera. Un camión la arrolló mientras entrenaba y se rompió el cuello y la espalda en seis puntos. Se partió cinco costillas y sufrió un traumatismo craneal severo. Pero, como le dijo al público que la escuchó en TED 2012, un cuerpo roto no es una persona rota.

Debido a la gravedad de sus lesiones, Shepherd utilizó sobre el escenario de forma creativa su cuerpo y varios accesorios para mantener una conversación con el público. Colocó cinco sillas sobre el escenario, cada una de las cuales actuaba como la metáfora de un capítulo de su vida tras el accidente:

Primera silla (parte 1: el accidente).

Segunda silla (parte 2: diez días en el hospital).

Tercera silla (parte 3: paso de la unidad de cuidados intensivos a la planta de lesiones graves de médula).

Cuarta silla (parte 4: después de seis meses, llegó el momento de irse a casa). Cuando recordaba a su amigo que aún permanecía en la planta de lesiones graves de médula, se volvía y le hablaba a la silla de al lado.

Quinta silla (parte 5: Shepherd aprende a volar. Se sienta en la silla diciendo: «Me levantaron hasta la cabina y me sentaron dentro»).

Shepherd se puso en pie durante los últimos minutos de la charla y habló sobre su nueva carrera como instructora de vuelo acrobático. «Mi verdadera fuerza nunca provino de mi cuerpo [...]. Sigo siendo la misma de siempre. La llama piloto aún seguía viva en mi interior.»[12]

Secreto 3: Tener una conversación

Shepherd tiene razón. Aunque utiliza su cuerpo eficazmente para contar su historia, su fuerza surge del interior. Nuestra forma de exponer y nuestros gestos, que hemos llegado a dominar tras horas y horas de práctica, harán que mejore nuestro mensaje en su conjunto, pero sin pasión y práctica nuestra presencia se verá gravemente disminuida. Nuestra fuerza como oradores proviene de nuestro interior.

SEGUNDA PARTE

Originales

El reconocimiento de lo que es original es una herramienta de supervivencia que todos los humanos llevamos incorporada. Nuestro cerebro está entrenado para buscar cosas brillantes y nuevas, cosas que destacan, cosas que parecen deliciosas.

A. K. Pradeep,
autor de *The Buying Brain*

4

Contar algo nuevo

Todo lo que les voy a mostrar no aparecía en mis
libros de texto cuando fui a la escuela.

ROBERT BALLARD,
explorador del *Titanic*, TED 2008

Robert Ballard, explorador de las profundidades marinas, llevó al
público de TED en un viaje de diecisiete minutos para explorar el
72 por ciento del planeta que está sumergido bajo el mar, porque,
como él mismo dijo: «Es realmente ingenuo pensar que el conejo
de Pascua ha puesto todos los recursos sobre los continentes».[1]
Ballard disfruta enormemente con la emoción de la exploración,
en particular al perseguir misterios que amplían los límites humanos. También le encantan los retos y, según me confesó, disfrutó al
dar la charla TED porque le obligó a enfrentarse a los mejores narradores de historias.

Es uno de los exploradores más valientes de nuestra época. En
1985, a unos mil seiscientos kilómetros al este de Boston, Ballard,
que por aquel entonces era oficial de la inteligencia naval, descubrió
los restos del *Titanic* cuatro kilómetros por debajo de la superficie
del Atlántico. El descubrimiento del *Titanic* es su expedición más
famosa, pero ha realizado más de ciento veinte exploraciones sub-
marinas para aprender algo nuevo sobre la sustancia que compone

la mayor parte de nuestro mundo. Ballard me contó que su objetivo ante cualquier presentación —ya sea en TED o en un aula— es informar, educar e inspirar. «Cuando uno entra en un aula tiene ante sí dos tareas: una es enseñar, y la otra es reclutar a todos los presentes para que se unan a la búsqueda de la verdad», explica.[2]

En su presentación, desafió al público con esta pregunta: ¿Por qué seguimos ignorando los océanos? Ballard afirma que con el presupuesto anual de la NASA se podría financiar la Administración Nacional Oceánica y Atmosférica (NOAA por sus siglas en inglés) durante mil seiscientos años. Este es solo uno de los muchos y sorprendentes datos, ideas y observaciones que reveló durante su charla; otros fueron los siguientes:

- **Todo sobre lo que vamos a hablar aquí representa una décima parte del 1 por ciento de los océanos, porque eso es todo lo que hemos visto.**
- **El 50 por ciento de la superficie de Estados Unidos está sumergido en el mar.**
- **La mayor cordillera terrestre se encuentra bajo el mar.**
- **La mayor parte del planeta está en eterna oscuridad.**
- **Descubrimos una abundancia de vida en un mundo en el que no debería existir.**
- **[El océano profundo] contiene más historia que todos los museos que existen sobre la superficie terrestre juntos.**

Cuando se acercaba el final de su presentación, Ballard mostró la fotografía de una asombrada joven, boquiabierta y con los ojos como platos. «Esto es lo que queremos —explicó—. Esta muchacha no está viendo un partido de fútbol o de baloncesto, sino asistiendo en directo a la exploración desde miles de kilómetros de distancia, y empieza a darse cuenta de lo que está viendo. Cuando conseguimos asombrar, podemos también informar. Esa mente está en modo de máxima receptividad, podemos introducir en ella una enorme cantidad de información.» Ballard recibió una cerrada ovación. Su presentación en TED

2008 despierta la curiosidad, informa y motiva, porque hace que la gente vea el mundo de otra manera: no desde arriba, sino desde abajo.

Secreto 4: Contar algo nuevo

Expongamos información que sea completamente nueva para el público, que muestre una perspectiva diferente, o que ofrezca una manera fresca y novedosa de resolver un viejo problema.

Por qué funciona: Al cerebro humano le encanta la novedad. Un elemento extraño, inusual o inesperado en una presentación suscita la curiosidad del público, le sacude sus ideas preconcebidas y le ofrece rápidamente una nueva manera de ver el mundo.

La insaciable curiosidad de James Cameron

Si no hubiese sido por el descubrimiento del *Titanic* por parte de Ballard, una de las películas de mayor éxito de la historia nunca se habría filmado. «La curiosidad es lo más importante que tenemos —aseguró Cameron ante el público de TED en febrero de 2010—. La imaginación es una fuerza capaz de crear una nueva realidad.»[3]

Cameron reveló cosas que el público no esperaba oír del director de películas tan taquilleras como *Terminator*, *Titanic* o *Avatar*. Dedicó poco tiempo a hablar sobre cine y mucho más a hacerlo sobre creatividad, exploración, innovación y liderazgo.

La exploración de los océanos encendió la imaginación de Cameron desde que obtuvo su primera licencia de submarinista, cuando solo tenía quince años. Explicó que, cuando preparaba *Titanic*, les vendió la idea de la película a los estudios como si fuera la historia de «Romeo y Julieta en un barco», pero tenía intenciones ocultas:

> Lo que quería hacer era sumergirme hasta llegar a los auténticos restos del naufragio del *Titanic*. Y por eso hice la película. Esa es la verdad. Ahora bien, el estudio no sabía eso, pero los convencí. Les dije: «Vamos a sumergirnos hasta los restos del naufragio. Lo vamos

a filmar de verdad. Lo usaremos al principio de la película, será realmente importante. Será un gran gancho de marketing». Y los convencí para que financiasen la expedición. Parece una locura, pero esto nos remite a la idea de que la imaginación puede crear una realidad. Porque de hecho creamos una realidad en la que, seis meses después, me encontraba en un sumergible ruso, cuatro kilómetros por debajo de la superficie del Atlántico Norte, observando el verdadero *Titanic* a través de una ventanilla. No en una película, no en alta definición, sino de verdad.[4]

Soy seguidor devoto de las películas de Cameron, especialmente de *Titanic*. Sí, aún sigo derramando una lágrima cuando Rose lanza el diamante Hope por la borda y empieza a sonar el tema central de la banda sonora. Me encantan esas películas. Aunque conozco bastante bien la trama, Cameron me enseñó algo nuevo mediante una interesante anécdota que contenía una profunda lección para cualquiera que aspire a explorar toda la extensión de su propio potencial. Al hacerlo, inspiró a los espectadores y les dio una razón para escuchar el resto de su presentación. El director enganchó al público, como antes había hecho con el estudio cinematográfico.

Los seres humanos somos exploradores naturales. Como Cameron, la mayoría de nosotros tenemos un deseo insaciable de buscar, aprender y descubrir. Así es como estamos programados.

Según algunos estudios, la gente teme más tener que hablar en público que su propia muerte. Le pregunté a Robert Ballard qué le ponía más nervioso, sumergirse hasta cuatro kilómetros bajo la superficie del mar en un diminuto y claustrofóbico submarino o dar una presentación de dieciocho minutos. Me contestó que haber estado a punto de morir en varias ocasiones en las profundidades marinas era mucho peor. Tengamos esto en mente la próxima vez que nos pongamos nerviosos frente al público. Como dijo Jerry Seinfeld, es preferible ser quien pronuncia el elogio fúnebre que estar dentro del ataúd.

Aprender es un subidón

El músico Peter Gabriel asistió a una conferencia TED en 2006 y le contó a un cineasta: «La exposición a ideas nuevas e interesantes fue todo un subidón para mí». No bromeaba. Aprender es adictivo porque es placentero. Además de necesario para la evolución humana.

Cuando uno introduce una manera nueva u original de solucionar un viejo problema, está conectando con millones de años de adaptación. Si el hombre primitivo no hubiese sido curioso, nos habríamos extinguido hace mucho tiempo. Según John Medina, biólogo molecular del desarrollo en la facultad de Medicina de la universidad de Washington, el 99,99 por ciento de todas las especies que han existido están hoy extintas. El cerebro humano se adaptó a ambientes hostiles, lo que le permitió sobrevivir. «Hay dos maneras de vencer la crueldad del entorno: puedes hacerte más fuerte o más inteligente. Nosotros elegimos la segunda», explica.[5]

Medina afirma que somos exploradores naturales con una necesidad insaciable de saber y aprender. «Los bebés nacen con un profundo deseo de comprender el mundo que los rodea y una curiosidad constante que los impulsa a explorarlo agresivamente. Esta necesidad de explorar está tan poderosamente grabada en su experiencia que algunos científicos la describen como un impulso, igual que lo son el hambre, la sed y el sexo.»[6] Según Medina, no dejamos atrás esa sed de conocimiento al llegar a la edad adulta.

Oradores como Ballard y Cameron sacian nuestra sed con un vaso de conocimiento procedente de las profundidades marinas. Nuestro público ansía conocimiento, aun cuando tengan un interés moderado por el tema que tratamos. Si somos capaces de acercar el tema al público enseñándole algo nuevo que pueda utilizar en su vida diaria, también lo engancharemos.

En mi asesoría sobre comunicación para Intel, el mayor fabricante mundial de microprocesadores para ordenadores, los desafié a conectar su tecnología con nuestras vidas cotidianas. Por ejemplo,

Intel introdujo una tecnología llamada Turbo Boost que, según su propia definición, «permite que el procesador funcione por encima de su frecuencia de operación gracias a un control dinámico de la velocidad del reloj de la CPU». ¿Se entiende? Esta definición probablemente no nos diga nada y, casi con toda seguridad, no nos incitará a salir corriendo a comprar un nuevo portátil o un ordenador con un chip Intel en su interior. Sería muy diferente si hubiese dicho: «Turbo Boost, una tecnología exclusiva de Intel, toma nota de lo que estamos haciendo con nuestro ordenador (jugar, ver vídeos) y ajusta el rendimiento para darnos un impulso extra cuando lo necesitamos y dejar de hacerlo cuando no sea necesario, lo que alarga la duración de la batería de nuestro portátil». Esta descripción nos enseña algo nuevo al mostrarnos cómo el producto puede mejorar nuestra vida, y por este motivo funcionó. Cada vez que un portavoz de Intel utilizó esta segunda descripción —que conecta la tecnología con nuestra vida cotidiana—, se le citó en la prensa. Pocas veces sucedió lo mismo con la primera definición, si es que ocurrió alguna vez.

El «botón de guardar» de nuestro cerebro

Martha Burns, profesora adjunta en Northwestern, cree que la neurociencia está ayudando a los educadores a ser mejores profesores. Sus ideas también explican por qué el hecho de aprender nos produce un subidón. Aprender algo nuevo activa las mismas zonas de recompensa del cerebro que las drogas o las apuestas. «Una gran parte de la respuesta a la pregunta de por qué algunos de nuestros estudiantes recuerdan la información que les enseñamos y otros no tiene que ver con un pequeño compuesto químico en el cerebro que debe estar presente para que un niño (o un adulto) retenga información. Ese compuesto se llama dopamina.»[7]

La dopamina es una sustancia potente. Una nueva relación amorosa puede desencadenar la liberación de una dosis (que remite después de un tiempo, motivo por el cual los consejeros matrimoniales recomiendan encontrar maneras de mantener la llama viva tras varios años de matrimonio). Avanzar al siguiente nivel en un videojuego también puede dar lugar a la liberación de dopamina, como también puede suceder al oír el tintineo de las monedas en una máquina tragaperras, o incluso al esnifar cocaína.

Las drogas y las apuestas son desencadenantes artificiales y tienen graves consecuencias. ¿Existe alguna manera menos dañina de conseguir ese colocón mental? Por supuesto que la hay. Según Burns, también se libera dopamina cuando la persona aprende algo nuevo y emocionante (¡una manera mucho más sana de sentirse bien!). «Para muchos de nuestros alumnos y para muchos de nosotros como adultos, aprender cosas nuevas es una aventura y algo muy gratificante, y los niveles de dopamina en el cerebro aumentan para ayudarnos a retener esa nueva información —escribe Burns—. Me gusta referirme a esta sustancia como el "botón de guardar" del cerebro. Si está presente durante un evento o experiencia, lo recordamos; si no lo está, parece que no retenemos nada.»[8]

Lógicamente, la siguiente pregunta es: «¿Cómo incrementamos la dopamina?». En opinión de Burns, la respuesta es sorprendentemente simple y directa: haciendo que la información sea nueva y emocionante. Por ejemplo, los mejores profesores siempre están buscando nuevas maneras de comunicar información. «Por eso les encanta cuando en la escuela renuevan los libros de texto, porque eso genera entusiasmo tanto en ellos como en sus alumnos [...] Si introducimos novedades en el aula haremos que aumenten los niveles de dopamina de los alumnos [...]. La dopamina puede ser adictiva. Nuestro objetivo como profesores es conseguir que los alumnos se hagan adictos a aprender.»[9]

La dopamina es adictiva. Ahora sé por qué me pillo un colocón cuando escucho palabras estimulantes de inspiración y motivación. Durante varios años acompañé a mi hermano y a varios amigos a una jornada de charlas en la ciudad de Bakersfield (California). La Bakersfield Business Conference se celebraba una vez al año. Las entradas eran caras y el viaje, largo, pero los oradores hacían que cada dólar y cada minuto invertidos en ella estuviesen bien empleados.

La conferencia estaba organizada al estilo de TED: cada participante disponía de un máximo de veinte minutos. Los oradores procedían de los ámbitos de la política, los negocios y las artes. Algunos eran famosos (como Ronald Reagan, Mijaíl Gorbachov, Rudy Juliani, Steve Wynn o Wayne Gretzky) y otros no tanto, pero todos habían sido seleccionados por su capacidad para enseñarle al público algo nuevo y original: maneras frescas de afrontar viejos problemas. Durante las largas cinco horas en coche de vuelta a casa tras cada conferencia, me sentía capaz de comerme el mundo. Estaba enganchado a aprender algo nuevo. Aprender es la única adicción que no tengo inconveniente en reconocer. De hecho, la celebro.

Un estadista cambia nuestra manera de ver el mundo

Hans Rosling es una estrella entre los *TEDsters*. Su presentación en TED 2006 dio mucho que hablar y se convirtió en viral. Su vídeo de dieciocho minutos ha sido visto más de cinco millones de veces. El músico Peter Gabriel lo considera uno de sus favoritos (la charla TED más sorprendente). El actor Ben Affleck piensa lo mismo, e incluso ha afirmado lo siguiente: «¡Hans es el estadista más creativo y entretenido del planeta!». A Steve Case, antiguo director ejecutivo de AOL/Time Warner, también le gusta, y la considera una de las tres charlas más inolvidables. Cuando TED le pidió a Bill Gates que seleccionase sus presentaciones preferidas, dijo que eran demasiadas como para poder elegir, pero su clara favorita era la de Rosling. Su éxito se debe a que, como el título de su presentación da a entender, ofrece estadísticas que cambian nuestra manera de ver el mundo. Transmite información de una manera que nadie había visto nunca antes.

Rosling es profesor de salud internacional en Estocolmo (Suecia), donde estudia las tendencias en la salud y la pobreza a escala mundial. En manos de la mayoría de los investigadores, datos como estos serían ciertamente aburridos. Rosling emplea un software que él mismo contribuyó a desarrollar, bautizado como Gapminder, para insuflar vida a las estadísticas. Según el sitio web de este programa, Gapminder «pone de manifiesto la belleza de las estadísticas al transformar aburridas cifras en entretenidas animaciones que ayudan a entender el mundo».

A los tres minutos de haber comenzado su presentación, Rosling exhibe una transparencia visual con lo que parecer ser un gráfico que muestra grupos aleatorios de burbujas (unas, pequeñas; otras, mucho más grandes que las demás). Cuenta que, cuando les pidió a sus alumnos que definieran «mundo occidental» y «tercer mundo», le respondieron: «El mundo occidental tiene una mayor esperanza de vida y familias más pequeñas; en el tercer mundo, la esperanza de vida es menor y las familias son más grandes».[10] Rosling se encargó de desmontar este mito de forma muy teatral.

En el eje horizontal del gráfico, Rosling representó la tasa de fertilidad (el número de hijos por mujer, con datos de todos los países desde 1962) y en el vertical, la esperanza de vida al nacer (treinta años en el extremo inferior; setenta, en el superior). En 1962, existía una evidente agrupación de burbujas grandes cerca de la esquina superior izquierda, correspondiente a los principales países industrializados (con familias más pequeñas y una mayor esperanza de vida). En la esquina inferior derecha había también una cantidad considerable de burbujas grandes, que representaban los países en vías de desarrollo (con familias más grandes y una esperanza de vida más corta).

Lo que sucedió a continuación fue asombroso, novedoso y divertido de ver. Rosling puso en marcha la animación para mostrar la evolución que experimentó el mundo entre 1962 y 2003, el último año del que había datos disponibles. A medida que las burbujas cambiaban de tamaño y se movían rápidamente de un sitio a otro de la pantalla, iba explicando los cambios como un comentarista deportivo que retransmite un partido de hockey:

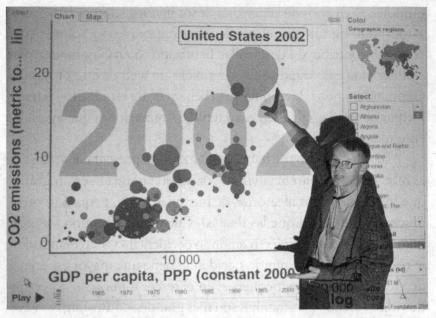

4.1. Hans Rosling, cofundador y presidente de la Fundación Gapminder, presentando datos usando Trendalyzer. Cortesía de Stefan Nilsson.

Allá vamos. ¿Ven esa burbuja de ahí? Es China, que se aleja de la mejor salud allí, pero mejora allá. Todos los países en verde de América Latina tienden a constituir familias más pequeñas. Los amarillos que ven aquí son los países árabes, con familias más numerosas, pero ellos... No, vidas más largas, pero no familias más grandes. Los africanos son los verdes de aquí abajo. Ahí siguen. Esto es India. Indonesia se mueve bastante rápido. [Risas] En la década de los ochenta Bangladesh aún está entre los países africanos. Pero Bangladesh es un milagro de los ochenta: los imanes empiezan a promover la planificación familiar y el país se desplaza hacia aquel extremo. En los noventa tenemos la terrible epidemia del VIH que reduce la esperanza de vida en los países africanos, mientras todos los demás se mueven hacia arriba, hacia la esquina, donde tenemos muchos años de vida y familias pequeñas. Y un mundo completamente nuevo.[11]

Rosling había mostrado un mundo completamente nuevo y también una manera completa nueva de entender las tendencias en la evolución de la población mundial. Su público reía, aplaudía y estaba, en última instancia, fascinado.

En 2012, la revista *TIME* incluyó a Rosling en la lista de las personas más influyentes del mundo, gracias en buena medida a la explosiva popularidad de su charla TED, que millones de personas han visto online. Según la revista, Rosling «es un hombre que está en la vanguardia de una actividad de una importancia fundamental: promover la comprensión pública de la ciencia».[12]

La mayoría de los científicos exponen sus datos en presentaciones soporíferas. Rosling es uno de los primeros en exponer estadísticas complejas de tal manera que consigue que yo quiera verlas una y otra vez, incluso aunque su presentación durase mucho más de dieciocho minutos. Si no se presentan de una forma efectiva, ni siquiera las mejores ideas conseguirán despertar el interés del público. No dejemos que nadie califique el arte de hablar en público de habilidad social. Si Rosling no hubiese presentado su contenido de una manera original, sus fríos datos habrían perdido todo su valor.

Puede que en ocasiones los datos que presentamos no sean trascendentales o completamente desconocidos para el público, pero eso no significa que no podamos exponerlos de una manera distinta. Estaba preparando a varios ejecutivos de SanDisk para su día anual del inversor (SanDisk es el mayor fabricante mundial de memorias flash, los dispositivos de almacenamiento que se usan en las cámaras digitales, reproductores de mp3, iPad o tabletas y, cada vez con mayor frecuencia, ordenadores portátiles). Los inversores constituyen uno de los públicos más duros. Quieren oír números (preferiblemente positivos), información técnica y estrategias de crecimiento. Además, están muy acostumbrados a escuchar presentaciones, la mayoría de las cuales son áridas, confusas y aburridas.

En este caso, uno de los vicepresidentes principales quería iniciar la presentación con unos datos que no eran enteramente novedosos para los analistas asistentes (sobre el crecimiento en las ventas de las tarjetas de almacenamiento de gran capacidad). Más que presentar datos completamente nuevos, lo que debía hacer era exponerlos de una forma original. Los analistas están acostumbrados a ver tediosos gráficos, por lo que este ejecutivo optó por la vía personal para inyectarle algo de emoción a su charla. Explicó que es aficionado a la fotografía digital y que en casa tiene una colección de ochenta mil imágenes digitales, casi todas ellas almacenadas en discos SanDisk. Mostró fotografías de sus hijas adolescentes haciendo deporte y explicó que no guardaría esos recuerdos en algo que no fuesen tarjetas SanDisk. También le gusta mucho hacer fotografías panorámicas de paisajes, y enseñó varias tomadas por él. Les contó a los analistas que estas imágenes panorámicas ocupan diez veces más espacio de almacenamiento que las tradicionales, «diez veces más oportunidades para SanDisk». Por su propia naturaleza, las presentaciones financieras deben incluir gráficos y tablas, pero eso no significa que no debamos presentar la información de tal manera que sacuda las ideas preconcebidas que el público tiene sobre cómo se les expondrá el material.

Nuestro ejecutivo utilizó historias muy personales para darles vida a los datos, y conectó esas historias con el tema de la presentación. Cada una de las ocho personas que hablaron ese día estructuraron sus presentaciones de manera similar: o bien les revelaban a los inversores algo que era completamente nuevo para ellos, o bien presentaban información que les era familiar de una forma completamente inusual. Cuando se les pidió que calificaran la calidad de las presentaciones en una escala del uno al cinco, desde «pobre» a «excelente», casi el cien por cien de los asistentes dijeron que habían sido «muy buenas» o «excelentes», lo que situó el evento entre los mejores de ese tipo que los inversores habían presenciado en todo el año.

Una introvertida sale de su caparazón

La introvertida Susan Cain salió de su caparazón para enseñar a millones de espectadores de TED algo nuevo sobre el poder de la soledad. TED recibe a las mejores mentes del planeta, que ofrecen la presentación de su vida, a pesar de lo cual Cain, oradora ella misma de TED, dice que existe una «correlación nula entre ser el mejor orador y tener las mejores ideas». Con esa sola afirmación, Cain obligó a muchos de los presentes entre el público ese día a cuestionarse la percepción de que las personas extrovertidas, sociales y habladoras acaparan todas las mejores ideas. «Algunos de los líderes más transformadores de la historia eran introvertidos», afirmó.[13]

Cain argumenta convincentemente que, en una sociedad que fomenta los brainstorming, las dinámicas de grupo, la colaboración masiva y otros sistemas cooperativos, la soledad es un ingrediente esencial para que florezca la creatividad. «Cuanta más libertad les demos a los introvertidos para que puedan ser ellos mismos, mayor será la probabilidad de que aporten sus propias soluciones originales para estos problemas.»

Su libro, *El poder de los introvertidos*, se convirtió en un superventas y su charla TED ha sido vista más de cuatro millones de veces. «Introvertidos, el mundo los necesita y necesita lo que pueden aportar, así que les deseo el mejor de todos los viajes posibles y el valor para hablar con sosiego.»

Cain es una oradora consagrada porque nos obliga a ver el mundo de una manera diferente. En mi carrera como periodista y, más tarde, como coach de comunicación para ejecutivos, he perdido la cuenta de cuántas veces he oído decir que «mi tema es aburrido», «lo que hago no es interesante» o «no prestan atención a mi presentación porque lo que digo ya lo han oído antes». Puede que el público ya haya oído parte de la información con anterioridad, pero no sabe lo que nosotros sabemos y quizá hayan visto una versión de los datos o la información que no les resultó sugerente. Captaremos su atención si somos capaces de enseñarles algo que no sabían antes.

Steve Case se convirtió en uno de los pioneros del moderno internet cuando cofundó AOL. Es un tipo muy inteligente. Y muy rico: aparece en el puesto 258 de la lista Forbes de las personas más ricas de Estados Unidos. Cuando le preguntaron cuáles eran sus charlas TED favoritas, dijo que la de Cain era inolvidable y estaba en su lista personal de las diez mejores. Como presidente y director ejecutivo de la firma de inversiones Revolution, Case está abierto a ideas frescas que le ayuden a tomar mejores decisiones a la hora de invertir. «Revolution invierte en personas e ideas que cambian el mundo. Se necesita talento y pasión, no solo capital, para construir grandes compañías.»[14] Y Cain le proporcionó a Case una nueva manera de ver el mundo.

Puede que estemos dando una presentación ante un acaudalado inversor de riesgo o alguien a quien consideremos más inteligente que nosotros en un determinado ámbito. No nos equivoquemos: cuanto más inteligentes son, cuanto más dinero tienen, más probable es que se dejen convencer si les ofrecemos una nueva lente a través de la que ver el mundo.

Recuerdo una conversación que tuve con uno de los primeros inversores en Google, de la famosa firma de inversiones Sequoia Capital. Me contó el momento en el que los chicos de Google, Sergey Brin y Larry Page, entraron en el despacho y dijeron una sola frase que cambió su manera de ver las cosas: «Google proporciona acceso a la información del mundo en un solo clic». Estas podrían ser perfectamente las doce palabras más lucrativas de la historia empresarial. Google no fue el primer buscador, pero sí era un sistema mejor, porque clasificaba los sitios en función de su relevancia y no solo basándose en las palabras de búsqueda. Los inversores ya habían visto a unos cuantos emprendedores que les habían presentado sus tecnologías de búsqueda, y al menos uno de ellos estaba explorando una estrategia similar, pero los chicos de Google presentaron su empresa de una forma más efectiva y obtuvieron la financiación que les permitió lanzar su marca.

Aventurémonos fuera de nuestro territorio

Seremos personas más interesantes si nos preocupamos por aprender y compartir ideas de ámbitos muy alejados del nuestro. Los grandes innovadores son capaces de conectar ideas de distintos campos. Cuando escribí *The Apple Experience* sobre las tiendas físicas de Apple, me enteré de que los ejecutivos de la compañía visitaban el hotel Ritz-Carlton para aprender más sobre atención al cliente. Por su parte, muchas otras marcas ajenas al sector tecnológico han estudiado a Apple para mejorar la experiencia de sus propios clientes. Los grandes innovadores aplican ideas de otros ámbitos distintos del suyo.

Conocí a un ejecutivo de una gran compañía de relaciones públicas que consiguió hacerse con una cuenta importante de una agencia de reconstrucción encargada de conseguir financiación de las arcas públicas para ayudar a la recuperación de Nueva Orleans tras el huracán Katrina. Yo trabajaba en otra división de la misma compañía. Como antiguo vicepresidente de formación en medios de la empresa, asistí a un montón de reuniones en las que se discutía la estrategia para presentar nuestros servicios a un posible nuevo cliente. Normalmente, esas reuniones se celebran en los entornos menos propicios para la creatividad que podamos imaginar: salas de conferencias grises y apagadas, con la luz baja para que todos puedan ver las tediosas transparencias de PowerPoint. Pero este ejecutivo tenía claro que no podía encerrar a su equipo en una sala durante dos días y esperar que de allí surgieran ideas creativas, así que organizó un recorrido por el Lower Ninth Ward, la zona de Nueva Orleans golpeada con más dureza por el huracán.

Los miembros de su equipo quedaron tan conmovidos por la pobreza y el sufrimiento que vieron que decidieron que lo mejor era olvidarse de las presentaciones en PowerPoint y hablar desde el corazón. Cada uno de ellos explicó, sin transparencias ni notas, lo que había visto y por qué quería participar en el esfuerzo de reconstrucción. Era casi como si hablaran con los zapatos todavía llenos de barro. El equipo consiguió el contrato y, tiempo después, una de las personas que intervino en esta decisión explicó que, antes de que salieran de la sala, ya se había hecho con él.

Solo si vemos nuestro propio mundo desde una perspectiva nueva seremos capaces de ofrecer al público una nueva manera de ver el mundo.

Nota TED

BOMBARDEEMOS EL CEREBRO CON NUEVAS EXPERIENCIAS. Para introducir conceptos novedosos en nuestras presentaciones se necesita una cierta creatividad y una nueva manera de ver el mundo. Una técnica para poner en marcha nuestra creatividad consiste en incorporar nuevas experiencias. El cerebro toma atajos. A fin de cuentas, tiene la misión de conservar energía. Los neurocientíficos han descubierto que únicamente mediante el bombardeo del cerebro con nuevas experiencias podemos obligar a nuestra mente a ver el mundo desde una nueva perspectiva. Esto significa que debemos salir de la oficina de vez en cuando para descubrir nuevos eventos, personas y lugares. Y, lo que es más importante, incorporar esos nuevos descubrimientos a nuestras presentaciones.

Las presentaciones que triunfan exponen ideas que nunca nos habríamos planteado

Cuando un redactor de la revista *Fast Company* le preguntó al famoso entrevistador Charlie Rose su opinión sobre las características de una gran conversación, este respondió: «Le llevan a uno de paseo, de viaje. Le agarran y siente un cierto ritmo, que va tomando consistencia. En última instancia, puede incluso que le lleven a plantearse ideas que nunca había considerado, a lugares que le permiten reinventarse a sí mismo y a su negocio».[15] Las grandes conversaciones, como las grandes presentaciones, nos llevan a ideas que no nos habríamos planteado.

El ambiente que se respira actualmente en las redes sociales es el de una algarabía de ideas, por lo general llenas de clichés, trilladas, manidas y repetitivas. ¿Cuántas veces hemos oído decir a un atleta o a un director ejecutivo que «este es un deporte de equipo»? ¿Cuántas veces hemos oído a un consultor sugerir que «los grandes líderes escuchan»? ¿Cuántas veces hemos escuchado a los consejeros matrimoniales recomendar una mejor comunicación como el secreto para una convivencia larga y feliz? Hay algo de verdad en todas estas observaciones, pero cuando escuchamos advertencias expresadas y comunicadas de la misma manera una y otra vez, pierden toda su fuerza.

Cuando el consejero matrimonial John Gray escribió *Los hombres son de Marte, las mujeres de Venus* nos hizo pensar. Era sugerente. Contenía información antigua junto a otra nueva, integrada de una manera que hacía que el contenido fuera fresco y novedoso. También salvó un montón de matrimonios, pero no habría tenido ninguna posibilidad si no hubiese sido extraordinario.

¿Somos extraordinarios?

Seth Godin es un popular bloguero y experto en marketing que ha hecho carrera gracias a su capacidad para expresar ideas inteligentes de una manera propia. En febrero de 2003, ante el público de TED, afirmó que, en una sociedad con demasiadas opciones y muy poco tiempo, nuestra inclinación natural suele ser ignorarlo casi todo.

Mi parábola es esta: vamos conduciendo por la carretera y vemos una vaca; seguimos conduciendo porque ya hemos visto vacas antes. Las vacas son invisibles. Las vacas son aburridas. ¿Quién va a parar, acercarse y decir «oh, una vaca»? Nadie. Pero si la vaca fuera púrpura, nos asombraríamos durante un rato. O sea, si todas las vacas fueran púrpura, nos aburriríamos igualmente. Lo que hará que se hable de una cosa o no, que se haga, que se cambie, que se compre o se construya algo o no es: ¿es esto extraordinario? «Extraordinario» es una palabra interesante porque significa «llamativo», pero también significa «algo digno de mención».[16]

Godin publicó ese mismo año un libro titulado *La vaca púrpura*. Su idea central —que él mismo ha llegado a dominar— es que proporcionar la misma información repetitiva de la misma manera aburrida en que la ofrece todo el mundo nos impedirá destacar. Tendremos una vaca marrón en lugar de púrpura. Démosle un giro diferente a nuestro contenido, introduzcamos un gancho, como se dice en el argot periodístico, y los oyentes serán mucho más receptivos a nuestro mensaje.

Según el neurocientífico Gregory Berns, el cerebro no es más que «un perezoso pedazo de carne». Para obligarlo a ver las cosas de otra forma, debemos encontrar nuevas y originales maneras de ayudarle a percibir la información de un modo diferente. «El cerebro debe recibir algo que no haya procesado nunca antes para obligarlo a salir de las percepciones predecibles.»[17]

Esta sed de conocimiento, esta ansia por obligar al cerebro a evitar las percepciones predecibles es la razón por la que Edi Rama cautivó al público de TEDx con su solución para poner freno a la corrupción y reducir la delincuencia en su Albania natal. Durante alrededor de diez años, Rama fue alcalde de Tirana, la capital de ese diminuto país.

En otra época, Tirana estaba considerada como una de las ciudades más corruptas del mundo. Era la ciudad del barro, la basura, los edificios en ruinas y el gris… muchísimo gris. Era un lugar deprimente y desmoralizador. En el año 2000, Rama llevó a cabo una serie de reformas que incluían la demolición de construcciones antiguas y, lo más notable, pintar el exterior de los edificios de Tirana de colores brillantes. Rama, que había sido pintor antes de entrar en política, tenía conocimientos artísticos, y trató el exterior de los edificios de la ciudad como si fueran un lienzo. «A las pocas semanas de acceder al ayuntamiento en el año 2000, Rama comenzó a contratar pintores para cubrir las fachadas grises y apagadas de Tirana con colores deslumbrantes, más propios de lugares como Marsella o Ciudad de México. Hoy en día, parte de Tirana, una ciudad de unos seiscientos cincuenta mil habitantes, se asemeja a un cuadro de Mondrian, y sus azules, amarillos y rosas son la constatación de una profunda ruptura con los cuarenta y cinco años de sombrío aislamiento bajo la dictadura comunista.»[18]

Mientras el gris daba paso al color, la delincuencia se redujo y surgieron nuevos parques. La gente se sentía más segura y más orgullosa de su ciudad. Un día, Rama paseaba por una calle recién coloreada y se cruzó con un tendero que estaba desmontando las antiguas persianas de su escaparate para sustituirlas por una cristalera.

—¿Por qué quita las persianas? —le preguntó.

—Porque la calle ahora es más segura —respondió el tendero.

—¿Más segura? ¿Por qué? ¿Hay más presencia policial?

—¡Pero qué dice, hombre! ¿Qué policías? Usted mismo lo puede ver. Hay colores, farolas, un nuevo pavimento sin baches, árboles. Está bonito; es seguro.

La pasión de Rama por el arte, unida a su curiosidad innata, le permitió resolver un problema que la mayoría pensaba que nunca se solucionaría. Hizo exactamente lo que Gregory Berns recomienda: percibió la información de una manera distinta.

A cualquier tipo de público, hable el idioma que hable, le encanta que le cuenten maneras nuevas y originales de resolver problemas. Al fin y al cabo, ¡estamos programados así!

Algunos oradores adoptan una actitud derrotista. Creen que no tienen nada nuevo que enseñar a los demás. Pero seguro que no es así. Todos tenemos cosas que compartir. Todos tenemos historias originales que contar. Puede que no tengamos las mismas experiencias que los conferenciantes que aparecen en este capítulo, pero tenemos historias igualmente interesantes y valiosas sobre nuestro propio viaje de descubrimiento. Prestemos atención a las historias de nuestra vida. Si aprendemos algo nuevo y valioso de ellas, es muy probable que los demás quieran que se lo contemos.

El sexo vende, incluso en TED

Los *TEDsters* poseen un voraz apetito de conocimiento en un amplio abanico de categorías. Y el sexo no es una excepción. Algunos oradores han ofrecido sugerentes respuestas —o al menos la promesa de una respuesta— a cuestiones íntimas.

En febrero de 2009, la periodista científica Mary Roach contó las «Diez cosas que no sabías sobre el orgasmo» y acumuló más de tres millones de visionados.

Helen Fisher logró dos millones y medio de reproducciones con su presentación «Por qué amamos, por qué somos infieles». En TEDMED, en abril de 2012, Diane Kelly reveló lo que la gente no sabe sobre el órgano sexual masculino. Jenny McCarthy habló sobre lo que ignoramos sobre el matrimonio y Amy Lockwood ilustró al público de TED sobre lo que no sabemos acerca de la distribución de condones para reducir el VIH en África. Parece que, en lo que se refiere al sexo, la gente tiene mucha más curiosidad por lo que no sabe que por lo que sabe a ciencia cierta.

TED hace que nuestro cerebro se ejercite continuamente

James Flynn, profesor de ciencias políticas en la universidad de Otago (Nueva Zelanda), cree que la población mundial es cada día más inteligente. Y no solo un poco, sino muchísimo más inteligente. Es tal el grado de aceptación de su teoría en ambientes académicos que se la conoce como efecto Flynn. Él la describe así: «Si comparamos a las personas que hoy tienen dieciocho años con quienes los tenían hace diez, veinte, treinta, cuarenta o incluso cincuenta años, vemos que los primeros obtienen unos resultados muy superiores en las pruebas para determinar el cociente intelectual».[19]

Flynn descubrió que estos resultados habían ido mejorando con cada generación, no solo en unos pocos lugares, sino en todos los países de los que había datos disponibles. Las discusiones en torno al efecto Flynn no se centran necesariamente en el resultado en sí, sino en las razones para que este se produzca. La respuesta más lógica y ampliamente aceptada parece ser el mayor acceso a la educación. Los habitantes de la mayoría de los países pasan más tiempo aprendiendo, tanto en entornos de educación formal como online, a través de sitios como TED.com. Según un artículo publicado en *The New York Times*, «Flynn afirma que el cociente intelectual está aumentando porque en las sociedades industrializadas sometemos a nuestros cerebros a continuas sesiones de ejercicio mental que refuerzan lo que podríamos considerar los tendones cerebrales».[20]

Puede que el éxito de TED radique en parte en nuestro creciente cociente intelectual y en el hecho de que la gente sienta la necesidad de ese ejercicio mental. Los vídeos de TED.com se han visto más de mil millones de veces. Una cifra extraordinaria, si tenemos en cuenta que esos vídeos de dieciocho minutos son, en esencia, presentaciones. Pensemos en la mayoría de las presentaciones empresariales que vemos. ¿Son estimulantes? ¿Interesantes? ¿Sugerentes? Lo más probable es que no. Los oradores simplemente no han aprendido a hablar como en TED, no han aprendido que al cerebro le encantan las novedades ni cómo comunicarlas.

Lo que TED celebra es el don de la imaginación humana.

SIR KEN ROBINSON, TED 2006

El titular pensado para Twitter

En julio de 2009, Dan Pink, autor del superventas *La sorprendente verdad sobre qué nos motiva*, desentrañó el enigma de la motivación en una presentación en TED que ha sido vista más de cinco millones de veces. Cuando le pedí a Pink que describiera su charla, lo hizo en una frase: «El conjunto de elementos motivadores en los que nos basamos no funciona ni remotamente tan bien como creemos». Dicha frase consta de ciento ocho caracteres, lo cual se ajusta holgadamente a las restricciones de un tuit, cuyo límite máximo es de ciento cuarenta caracteres.

Si no somos capaces de explicar nuestra gran idea en ciento cuarenta caracteres o menos, aún debemos pulir nuestro mensaje. La disciplina le aporta claridad a nuestra presentación y ayuda a que el público recuerde la gran idea central que estamos tratando de transmitirle.

Antes de ser escritor y orador, Pink fue redactor de discursos para líderes políticos, y se dedicaba a pensar y trabajar con las palabras. «Antes de una presentación, me pregunto: ¿cuál es la idea con la que quiero que la gente se quede? El momento de la verdad llega cuando a alguien que acaba de escuchar la presentación le preguntan: "¿De qué habló esa persona?". Quiero ser lo suficientemente bueno como para que tengan una respuesta clara a esa pregunta.» Esa respuesta, explica Pink, no es una acumulación de pequeños detalles, sino una sola gran idea. «Los ejecutivos y los expertos suelen perderse en los detalles y no siempre son capaces de ver las cosas con ojos de principiante y desde el punto de vista del público.»[21]

No es tan fácil perderse en los detalles con ciento cuarenta caracteres.

El primer paso para dar una presentación del nivel de las TED consiste en preguntarnos: ¿cuál es la idea con la que quiero que se quede mi público? Y en asegurarnos de que cabe en un tuit. Es lo que llamo «un titular pensado para Twitter».

Tras revisar los títulos de cada una de las más de mil quinientas charlas TED disponibles públicamente en TED.com, me resulta llamativo no haber sido capaz de encontrar ni uno solo que superase los ciento cuarenta caracteres. Uno de los títulos más largos, «Tres predicciones sobre el futuro de Irán y el razonamiento matemático que las respalda» (ochenta y siete caracteres), contiene una figura retórica para que sea más fácil memorizarlo: la regla de tres (véase capítulo 7).

He aquí una muestra de los títulos de las presentaciones más vistas en TED.com. Fijémonos en que todas ellas prometen enseñarnos algo nuevo:

- «Las escuelas matan la creatividad» (Sir Ken Robinson).
- «Cómo los grandes líderes incitan a la acción» (Simon Sinek).
- «Nuestro genio esquivo y creativo» (Elizabeth Gilbert).
- «La sorprendente ciencia de la felicidad» (Dan Gilbert).
- «El poder de los introvertidos» (Susan Cain).
- «Ocho secretos del éxito» (Richard St. John).
- «Cómo vivir antes de morir» (Steve Jobs).

El titular para Twitter funciona por dos motivos: primero, nos impone una gran disciplina al obligarnos a identificar y aclarar el único mensaje clave que queremos que nuestro público recuerde, y segundo, hace que sea más fácil para el público procesar el contenido de la charla.

Los estudios cognitivos han demostrado que nuestros cerebros necesitan tener una visión de conjunto antes de conocer los detalles. John Medina me lo explicó así: «Carmine, cuando el hombre primitivo se topaba con un tigre, no se preguntaba: "¿Cuántos dientes tiene el tigre?" sino "¿Me comerá?"».[22] El público necesita tener esa visión general antes de entrar en detalles. Si no podemos explicar nuestro producto o idea en ciento cuarenta caracteres, tendremos que seguir trabajando hasta conseguirlo.

«Las ideas extraordinarias proceden de cualquier ámbito del

conocimiento —afirma Chris Anderson, organizador de TED—. Cada cierto tiempo parece razonable salir de las profundas trincheras que estamos cavando durante toda nuestra vida profesional y levantar la cabeza para tener una visión de conjunto de cómo las trincheras están interconectadas. Es muy estimulante.»[23] Puede que tengamos una de esas ideas extraordinarias, pero es imprescindible que le mostremos a nuestro público la visión de conjunto, cómo están interconectadas las trincheras.

Nota TED

CREEMOS UN TITULAR PENSADO PARA TWITTER. Cuando estemos preparando nuestra próxima presentación, preguntémonos: «¿Cuál es la idea más importante sobre nuestra compañía, producto, servicio o concepto con la que queremos que se quede el público?». No olvidemos que el titular debe ser específico y claro. A veces, mis clientes crean lo que en realidad es un eslogan, más que un titular, pero aun así no me dice cuál es esa cosa que debo saber. A partir de un titular bien redactado debo ser capaz de identificar qué es el producto, servicio o causa, así como qué es lo que hace que sea diferente o único. Debemos asegurarnos de que encaja en el límite de 140 caracteres de un tuit. No es solo un buen ejercicio, sino algo esencial para el marketing. Twitter es una plataforma de promoción tan potente que es fundamental crear una descripción «tuiteable» que pueda recordarse y compartirse con facilidad en las distintas redes sociales.

Somos adictos a la exploración

Según su perfil en Twitter, Ben Saunders «arrastra cosas pesadas por lugares fríos». Fue el hombre más joven en llegar esquiando sin acompañamiento al Polo Norte. Es un aventurero, un explorador ártico. Durante diez semanas, arrastró ciento ochenta kilos de comida, otros víveres y un ordenador para escribir en su blog. No era raro que la temperatura alcanzase los cuarenta y cinco grados bajo cero. Hubo momentos en que Saunders era el único ser humano en trece millones de kilómetros cuadrados.

¿Por qué lo hizo? No tenía mucho que ganar: no había mapas que trazar, oro o carbón que extraer o comida que encontrar. La exploración alimentaba su adicción. «Creo que las expediciones polares quizá no son tan distintas de la adicción al crack —explicó Saunders al público de TED en Londres—. Según mi experiencia, hay algo adictivo en disfrutar de la vida al límite de lo que es humanamente posible.»[24]

Tengamos en cuenta que nuestro público está compuesto por personas programadas de forma innata para explorar. Según Saunders, la gente no quiere solo observar y maravillarse. Quiere «experimentar, participar, esforzarse. […] Ahí es donde se encuentra la verdadera esencia de la vida».

Saunders señala que la inspiración y el crecimiento vienen de «abandonar lo que nos resulta cómodo […]. En la vida todos tenemos tempestades a las que enfrentarnos y polos hacia los que caminar, y creo que, al menos metafóricamente, todos podríamos beneficiarnos de salir de casa un poco más a menudo, si conseguimos reunir el coraje para hacerlo».

Los vídeos de TED.com nos permiten salir de casa metafóricamente y lanzarnos en esos viajes de exploración con las mejores mentes de todo el mundo. Abramos la puerta. Echemos un vistazo a lo que hay fuera. Descubriremos un mundo de magníficas presentaciones que nos ayudarán a mejorar nuestras habilidades como oradores y nos proporcionarán las herramientas para tener más éxito en cualquiera de nuestros roles en la vida.

Secreto 4: Contar algo nuevo

Expongamos información que sea completamente nueva para nuestro público, que se aborde desde una perspectiva diferente o que ofrezca una manera fresca y original de resolver un problema antiguo.

Oliver Uberti, diseñador y participante en TEDx, dijo una vez: «Todo superhéroe tiene una historia acerca de su origen. Usted también. No siga la de otra persona. Cree su propia obra maestra». En mi opinión, la mayoría de los comunicadores son mucho más creativos de lo que piensan. Cuando se les anima a dar rienda suelta a su creatividad y a adoptar un enfoque innovador a la hora de presentar sus ideas, están a la altura del reto.

5

Crear momentos de asombro

> No usarás una y otra vez el mismo truco de siempre.
>
> Mandamiento TED

Brian Williams, presentador de las noticias en la cadena NBC, cubre guerras, política y economía. Pero no cubre presentaciones. ¿Por qué habría de hacerlo? Cada día se presentan millones de PowerPoints, por lo que las presentaciones, incluso cuando las protagonizan directores ejecutivos u otros líderes famosos, no tienen la categoría de noticias de última hora. Pero Williams hizo una excepción cuando el multimillonario Bill Gates habló en TED en febrero de 2009.

Gates quiere resolver grandes problemas relacionados con la pobreza global y la mortalidad infantil, pero no puede hacerlo solo, sino que necesita involucrar al público. Como ya sabemos, el cerebro no presta atención a las cosas aburridas. Gates lo sabe, y por eso ideó un gancho original para captar la atención del auditorio. También sorprendió a Williams, que lo explicaba así:

Bill Gates, el multimillonario fundador de Microsoft, quería dejar bien clara una idea cuando apareció en la conferencia que congregó a algunos de los principales líderes de la industria tecnológica. Sobre el escenario, abrió un tarro de cristal y dijo: «Los mosquitos transmiten la malaria. Traje algunos aquí para que puedan experimentarlo. Vamos a dejarlos vagar un poco por el auditorio. No hay motivo para que solo la gente pobre deba infectarse». Nos cuentan que el público se quedó atónito, como nos quedaríamos cualquiera de nosotros. Unos instantes después tranquilizó a los asistentes al explicarles que los mosquitos que había traído no estaban infectados con malaria. Pero pretendía demostrar algo, y vaya si lo hizo. Gates y Melinda, su mujer, han dedicado su vida y su fortuna a multitud de causas benéficas […] entre las que se cuentan la erradicación de la malaria de los países pobres en África y Asia, donde cada año se contabilizan hasta quinientos millones de casos nuevos.[1]

Sé que esto puede resultar sorprendente, pero los informativos de televisión a menudo cometen errores. Así sucedió en este caso. Gates no dijo que no hubiese motivo para que solo la gente pobre se infectase, sino que afirmó lo siguiente: «Los mosquitos transmiten la malaria. Traje algunos aquí para que puedan experimentarlo. Vamos a dejarlos vagar un poco por el auditorio. No hay motivo para que solo la gente pobre deba pasar por esta experiencia».[2] Además, el público no permaneció atónito en silencio, sino que estalló en carcajadas, vítores y aplausos. Gates había conseguido demostrar de manera efectiva el:

Secreto 5. Crear momentos de asombro

El instante de asombro en una presentación se produce cuando el presentador propicia un momento impactante, impresionante o sorprendente, tan conmovedor y memorable que atrapa la atención del oyente y se sigue recordando mucho tiempo después de que la presentación finalice.

Por qué funciona: Los momentos de asombro generan lo que los neurocientíficos denominan un suceso con carga emocional, un estado de intensa emoción que incrementa la probabilidad de que el público recuerde el mensaje que queremos transmitirle y actúe en consecuencia.

5.1. Bill Gates suelta mosquitos durante su presentación en TED 2009. Cortesía de James Duncan Davidson/TED (http://duncandavidson.com).

Gates no estaba en modo alguno siendo frívolo. Unas pocas frases antes, había explicado cómo se estaba consiguiendo salvar la vida a muchos niños gracias a los avances en los medicamentos y las vacunas. «Cada una de esas vidas es de gran importancia», proclamó. Ofreció una presentación cargada de empatía, y afirmó que cada año mueren millones de personas a causa de la malaria. Gates usó el humor y un momento impactante para recalcar su idea principal.

Un conocido bloguero que escribe sobre tecnología redactó el siguiente titular: «Gates libera una nube de mosquitos entre el público». Aunque no era exactamente una nube (el pequeño tarro solo contenía unos pocos mosquitos), la presentación se hizo viral. Una búsqueda en Google devuelve medio millón de enlaces al evento. El vídeo original en el sitio web de TED.com ha atraído dos millones y medio de visionados, y esa cifra no tiene en cuenta los demás sitios que enlazan con él.

Dave Morin, emprendedor y director ejecutivo de Path, fue el primero en anunciarlo en Twitter: «Bill Gates acaba de soltar mosquitos entre el público de TED y ha dicho: "Los pobres no deberían ser los únicos en experimentar esto"». Pierre Omidyar, fundador de eBay, tuiteó: «Es la última vez que me siento en primera fila». Un momento memorable se comparte, lo cual difunde el mensaje mucho más allá de su público inmediato y a menudo hace que dé la vuelta al mundo.

Gates habló durante dieciocho minutos. A pesar de que el truco de los mosquitos ocupó menos del 5 por ciento de ese tiempo, hoy en día es la parte de la presentación que más se recuerda. La mayoría de las conversaciones de oficina duran el tiempo que se tarda en llenar el vaso con agua en la máquina antes de volver a nuestro despacho. Cinco años después, el momento cumbre de Gates aún continúa llamando la atención y se sigue comentando y compartiendo.

En periodismo, el truco de los mosquitos es lo que se llama un gancho. Es el momento de asombro, el clímax, un recurso retórico que capta la atención e incita a leer o compartir la historia («Tienes que ver a Bill Gates soltando los mosquitos», le diríamos a un amigo al enviarle el enlace).

No estoy proponiendo que llevemos un tarro con mosquitos a nuestra próxima presentación, sino que revisemos nuestro contenido e identifiquemos las ideas principales que necesitamos transmitir. A continuación, busquemos una forma memorable de comunicar esos mensajes. En ocasiones es necesario sorprender al público para conseguir que se interese por lo que contamos.

¿Qué es lo primero que deberíamos hacer al crear una presentación de PowerPoint? La mayoría de la gente diría «abrir el PowerPoint», pero esa es una respuesta errónea. Antes deberíamos planificar la historia. Igual que el director de una película representa las escenas en una secuencia de viñetas antes de empezar a rodar, nosotros también deberíamos crear la historia antes de abrir la herramienta. Tendremos tiempo de sobra para diseñar bonitas transparencias una vez que hayamos completado la historia, pero si esta es aburrida nos habremos quedado sin público antes incluso de pronunciar una sola palabra.

Cuando estoy planificando la historia, me gusta recurrir a varios sentidos (vista, tacto…). Pongámonos en pie y acerquémonos a una pizarra, tomemos un bolígrafo o un cuaderno de notas, utilicemos una aplicación para dibujar en nuestra tableta, o simplemente pensemos mientras damos un paseo: todo vale si activa varias zonas del cerebro. Sobre todo, con independencia del software que utilicemos (PowerPoint, Keynote, Prezi, etc.), es importante que el primer paso no consista en abrirlo. Si lo hacemos, nuestra presentación carecerá de interés y no será nada estimulante.

PowerPoint tiene mala reputación, pero no es una mala herramienta. Puede utilizarse para crear presentaciones asombrosas, y de hecho con frecuencia es así. Pero si no tenemos una historia en la que basarnos, nuestras magníficas transparencias serán lo de menos. Toda historia, película o presentación memorable contiene una escena o un instante tan impactantes que todo el mundo los recuerda. Se trata de un recurso psicológico tan conocido que los investigadores incluso tienen una expresión para describirlo.

Propiciemos un suceso con carga emocional

Cuando Gates soltó su nube de mosquitos, enganchó al público precisamente porque hizo algo impactante, inesperado y diferente. Era lo que quienes estudian el cerebro humano denominan un suceso con carga emocional. Como sucede con todas las técnicas que se comentan en este libro, esta funciona porque el cerebro está programado para ello.

«Un suceso con carga emocional (que normalmente se conoce como ECS, las siglas en inglés para *Emotionally Competent Stimulus*) es el estímulo externo mejor elaborado que se ha medido jamás —argumenta el científico molecular John Medina—. Los sucesos con carga emocional persisten durante más tiempo en nuestra memoria y se evocan con mayor precisión que los recuerdos neutros.»[3]

Medina explica que todo está relacionado con la amígdala, localizada en el córtex prefrontal. «La amígdala está llena a rebosar del neurotransmisor dopamina, y lo usa como un administrativo utiliza las notas adhesivas. Cuando el cerebro detecta un suceso con carga emocional, la amígdala libera dopamina en el sistema. Como esta sustancia mejora en buena medida la memoria y el procesamiento de información, podríamos decir que en la nota adhesiva está escrito "¡Recuerda esto!". Si el cerebro le coloca una nota química a un determinado fragmento de información, eso significa que este se procesará con mayor intensidad.»[4]

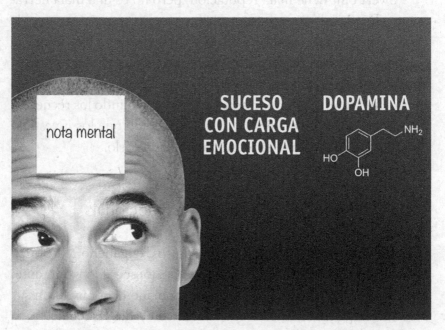

5.2. Ilustración de la influencia de la dopamina en el cerebro. Creada por Empowered Presentations @empoweredpres.

Es más probable que recordemos los sucesos que estimulan nuestras emociones que aquellos que suscitan una respuesta neutra. Algunos científicos se refieren a dichos sucesos como recuerdos destello. Resulta que existe una razón por la cual recordamos dónde estábamos el 11 de septiembre de 2001 pero olvidamos dónde pusimos las llaves esta mañana. Y entender la diferencia nos puede ayudar a crear presentaciones más memorables y asombrosas.

Recordar el 11-S y olvidar las llaves

Cuando experimentamos un suceso con carga emocional (conmoción, sorpresa, miedo, tristeza, alegría, asombro), esto afecta al grado de intensidad con el que lo recordamos. Probablemente seamos capaces de acordarnos no solo de dónde estábamos el 11 de septiembre de 2001, cuando unos terroristas secuestraron varios aviones y los estrellaron contra el World Trade Center, sino que también recordaremos con claridad qué estábamos haciendo, con quién estábamos, las expresiones de sus caras, lo que dijeron o no y otros pequeños detalles de nuestro entorno a los que en otras circunstancias no les habríamos prestado atención. Las personas recordamos los sucesos intensos; olvidamos los cotidianos.

Rebecca Todd, profesora de psicología en la universidad de Toronto, descubrió que la intensidad con la que una persona experimenta un suceso influye en la facilidad con la que puede recordar más tarde dicho suceso o la información relacionada con él. Todd publicó sus resultados en el *Journal of Neuroscience*. «Hemos descubierto que vemos las cosas que nos resultan más estimulantes emocionalmente con mayor claridad que aquellas que son más cotidianas —explica Todd—. Tanto si son positivas —por ejemplo, un primer beso, el nacimiento de un hijo, recibir un premio— o negativas, como sucesos traumáticos, rupturas sentimentales o ese momento doloroso o humillante de la infancia que todos llevamos a cuestas; el efecto es el mismo. No solo eso, sino que también descubrimos que la intensidad con la que percibimos algo inicialmente permite predecir la intensidad con la que lo recordaremos más adelante. Lo llamamos "intensidad realzada por la emoción" y es como el destello de un flash que ilumina un evento mientras este se incorpora a la memoria.»[5]

Todd y sus colegas descubrieron que la región del cerebro responsable de clasificar los recuerdos, la amígdala, estaba más activa mientras experimentaba un suceso intenso. Los investigadores les mostraron a los participantes en el estudio fotografías que eran emocionalmente estimulantes y negativas, como escenas de tiburones enseñando los dientes, emocionalmente estimulantes y positivas, como imágenes moderadamente eróticas, y escenas neutrales, por ejemplo de personas dentro de un ascensor. A continuación llevaron a cabo dos estudios distintos para medir con qué grado de detalle los participantes recordaban lo que habían visto. El primero de ellos tenía lugar cuarenta y cinco minutos después de que hubiesen visto las fotografías; el segundo, una semana más tarde. «En ambos estudios descubrimos que se recordaban con mayor claridad las imágenes más emocionantes», explica Todd.

—¿Por qué recordó el público el momento en que Bill Gates soltó los mosquitos? —le pregunté durante una entrevista para este libro.

—Es memorable precisamente porque es emocionalmente estimulante, tanto si resulta agradable como desagradable —me respondió, y añadió—: En el cerebro, cuando experimentamos esa estimulación emocional, generamos niveles más elevados de norepinefrina, así como hormonas del estrés. Desde hace tiempo sabemos que la estimulación emocional mejora la memoria. Nuestro estudio fue el primero en demostrar que otro efecto de la estimulación emocional es que la persona de hecho percibe los sucesos con mayor intensidad en el momento en que se producen, y que eso también incrementa la probabilidad de que los recuerde. Los mosquitos de Bill Gates debieron de suscitar sorpresa y miedo entre los asistentes a su presentación, puesto que desconocían que no estaban infectados con malaria. Tanto la sorpresa como el miedo son emociones que provocan una fuerte estimulación.[6]

Todd descubrió que codificamos los sucesos importantes de una manera mucho más rica que los ordinarios.

—Es como si el suceso quedase marcado más intensamente en nuestra conciencia perceptual —me explicó—. Esto se debe en parte a que la amígdala, la región del cerebro clave para marcar la importancia emocional de las cosas, habla con el córtex visual (la zona que hace posible el sentido de la vista) e incrementa su actividad de tal manera que en la práctica percibimos dichos sucesos más activamente.

—En pocas palabras, ¿qué es lo que pueden aprender de esta investigación quienes dan presentaciones o comunican información que debe ser recordada? —le pregunté.

—Si conectamos con las respuestas emocionales del público, este percibirá la información más intensamente, se distraerá menos y será más probable que la recuerde. Es recomendable elegir ejemplos significativos para ilustrar las ideas abstractas y utilizar las imágenes con criterio, tanto si estas son hermosas, sorprendentes o desagradables.

El cerebro no está diseñado para procesar conceptos abstractos. Mencioné antes mi experiencia preparando junto con los ejecutivos de Toshiba America Medical Systems la presentación de un nuevo aparato para realizar escáneres cerebrales mediante tomografía computarizada (TC). Me dijeron que la máquina era «la primera TC dinámica y de alto volumen que utiliza trescientas veinte filas de detectores de resolución ultraelevada para generar la imagen de un órgano completo en una sola rotación de plataforma». Les respondí que era demasiado abstracto. «¿Pueden hacerlo más concreto? ¿Por qué debería importarme?», les pregunté. «Si alguien llega al hospital tras sufrir un derrame cerebral o un ataque al corazón, los médicos podrán hacer un diagnóstico mucho más preciso en mucho menos tiempo, lo cual podría salvarle la vida. Digámoslo así: nuestro producto podría ser lo que marcase la diferencia entre que la persona vuelva a casa y viva una vida plena o que no vuelva a ser capaz de reconocer a su familia.»

Los mensajes más claros necesitan explicaciones específicas y tangibles. No conseguiremos asombrar al público si no nos entiende.

La presentación más asquerosa

Recordemos a la doctora Jill Bolte Taylor, la neuroanatomista cuya charla en TED ha conseguido más de diez millones de visionados. Su presentación fue también la más asquerosa. Si alguien tiene el estómago delicado, quizá prefiera evitar verla; quien se atreva a hacerlo verá un cerebro humano real unido a una médula vertebral de más de cuarenta centímetros.

A los dos minutos de comenzar su charla, Taylor dijo: «Si alguna vez han visto el cerebro humano, es obvio que los dos hemisferios están completamente separados entre sí. He traído para ustedes un cerebro humano real. Aquí lo tienen».[7] A continuación, se volvió hacia un ayudante que portaba una bandeja con el cerebro. Taylor se puso unos guantes, levantó el cerebro y dejó que el tronco cerebral y la médula espinal colgasen sobre la bandeja. Entre el público se oyeron expresiones sonoras de asco. «Esta es la parte frontal del cerebro, la parte posterior con la médula espinal colgando y esta es la ubicación en el interior de la cabeza», dijo mientras sostenía el órgano para que todos lo vieran.

Taylor explicó cómo están situados los hemisferios cerebrales, cómo se comunican y qué papeles desempeñan. Muchos en el público se retorcieron, se revolvieron incómodos y chasquearon los labios en señal de repugnancia. Pero si uno se fijaba cuidadosamente en sus expresiones faciales observaba algo llamativo: la gente se inclinaba hacia delante, literalmente al borde de sus asientos. Algunas personas se tapaban la boca con las manos; otras tenían el dedo índice apoyado en la mejilla, completamente inmersas en la presentación. Estaban profundamente involucradas. Asqueadas, quizá, pero emocionalmente estimuladas e interesadas, prestando plena atención.

Si un mayor número de profesores diese presentaciones «asquerosas» —con carga emocional— los alumnos retendrían más de lo que aprenden en el instituto y en la universidad.

Taylor volvió a sacar a relucir su cerebro humano real en 2013 para una presentación en TEDxYouth. «Este es un cerebro humano real. Cuando lo miro, recuerdo que somos neurocircuitería. [...] Sabemos más que nunca sobre el cerebro humano, y en los últimos diez o veinte años —la mayor parte de vuestras vidas— hemos aprendido cosas que han alterado por completo la manera en que los neurocientíficos ven este órgano y nuestra relación con él.»[8] Al sostener el cerebro mientras comienza su charla, consigue que el público quede fascinado y se concentre más intensamente en sus palabras, no solo en lo que tiene en las manos, y que esté por lo tanto receptivo a su tema fundamental y a su lección clave: los cerebros de los adolescentes son vulnerables, pero los jóvenes también tienen la capacidad de elegir sus pensamientos, lo que a su vez desencadena una respuesta emocional positiva o negativa. «Este es vuestro cerebro, vuestro instrumento, vuestra herramienta. Y vuestro poder», concluyó. En dieciséis minutos, Taylor ofreció a los adolescentes presentes en el auditorio una de las presentaciones más profundas y memorables de todas las que verían durante sus años en el instituto.

Volvamos a la cuestión que nos planteábamos unas páginas atrás: ¿por qué recordamos detalles de acontecimientos como el 11-S pero solemos olvidar dónde hemos dejado las llaves? ¿Por qué recordamos la presentación de la doctora Taylor o los mosquitos de Gates pero olvidamos el 99 por ciento de las presentaciones de PowerPoint que vemos? El cerebro está programado para recordar los sucesos emocionalmente intensos y para ignorar lo ordinario, lo cotidiano. Si queremos destacar en un mar de presentaciones mediocres, debemos asumir el control emocional de nuestro público.

> El cerebro recuerda los componentes emocionales de una experiencia mejor que cualquier otro aspecto.
>
> JOHN MEDINA, biólogo molecular
> y autor de *Exprime tus neuronas*

El indiscutible rey del asombro

Steve Jobs era el rey del suceso con carga emocional, del momento de asombro. En cada una de sus presentaciones, informaba, educaba y entretenía. Jobs transformó la presentación en un espectáculo digno de una producción de Broadway. Sus conferencias tenían héroes, villanos, atrezo, personajes y ese memorable momento álgido cuando uno tomaba conciencia de que el precio de la entrada estaba más que justificado.

Años antes de que programas como PowerPoint o Keynote se hubiesen siquiera inventado, y años antes también de la irrupción de TED, Steve Jobs ya ofrecía presentaciones que mantenían al público agarrado a sus butacas.

En 1984, más de dos mil quinientos empleados, analistas y periodistas llenaban el Flint Center del De Anza College para el lanzamiento de un producto que revolucionaría el modo en el que utilizamos los ordenadores: el Macintosh. El paso del tiempo ha confirmado que los dieciséis minutos siguientes constituyeron una de las presentaciones más espectaculares ofrecida jamás por un titán empresarial.

En primer lugar, acompañándose de imágenes, Jobs describió la capacidad y las características del nuevo ordenador. «Toda esta potencia cabe en una caja que ocupa y pesa una tercera parte que un PC de IBM», afirmó.[9] La mayoría de los presentadores lo habrían dejado ahí, informando al público de cuándo saldría a la venta el producto y a qué precio, pero Jobs asombró al auditorio con una inesperada sorpresa más.

«Han visto fotografías del Macintosh. Ahora me gustaría mostrárselo en persona. Todas las imágenes que verán en la pantalla grande las está generando lo que hay dentro de la caja.» Jobs se acercó a una pequeña mesa en mitad del escenario sobre la que no había más que una bolsa de tela negra. Lentamente, sin pronunciar palabra durante casi un minuto, Jobs sacó el Macintosh de la bolsa, lo colocó sobre la mesa, se sacó un disquete del bolsillo, lo introdujo cuidadosamente en el ordenador y se alejó de él. Las luces se atenuaron, empezó a sonar la canción de *Carros de fuego* y una serie de imágenes llenaron la pantalla, con textos y dibujos que nunca antes se habían visto en un ordenador personal.

El público lo ovacionó, gritó y aplaudió. Aunque no hubiese continuado, habría sido una de las presentaciones más memorables de su época. Pero Steve Jobs no llegó a ser quien fue gracias precisamente a su mesura. Se sacó otro momento de asombro de la chistera al afirmar que «el Macintosh hablaría con voz propia por primera vez». En ese instante, el ordenador dijo con una voz digitalizada: «Hola, soy Macintosh. Cuánto me alegro de haber salido de la bolsa. Aunque tengo poca costumbre de hablar en público, me gustaría compartir con ustedes una máxima que se me ocurrió la primera vez que me topé con un *mainframe* de IBM: "Nunca confíes en un ordenador que no puedes levantar"».

El vídeo del evento se ha visto más de tres millones de veces en YouTube. Fue un momento especial —inesperado y único—, un suceso con carga emocional que dejó una huella indeleble en el público que llenaba la sala ese día y en los millones que desde entonces han podido ver el vídeo online.

La presentación del Macintosh en 1984 no fue ni mucho menos la única presentación que dio Steve Jobs a lo largo de su vida. Por suerte para los oradores de todo el mundo, continuó refinando su estilo y ofreciendo momentos de asombro con cada presentación de algún producto importante, la mayoría de los cuales han quedado inmortalizados en YouTube. A continuación veremos unos cuantos ejemplos de cómo Jobs introducía momentos de asombro en sus presentaciones. Deberíamos ser capaces de extraer algunas ideas para las nuestras.

«Vemos genialidad»

En 1997, Jobs volvió a Apple después de doce años de ausencia. Cuando restaban unos dos minutos para finalizar su primera presentación en público desde su retorno, empezó a hablar más pausadamente, bajó la voz y dijo: «Creo que hay que ser un poco diferente para comprar un ordenador Apple. [...] Creo que la gente no busca únicamente cumplir con su trabajo, sino que aspira a cambiar el mundo, y para ello utiliza todas las herramientas que tiene a su alcance. Nosotros creamos herramientas para ese tipo de personas. [...] Mucha gente cree que están locos, pero en esa locura nosotros vemos genialidad. Es para esas personas para quienes creamos nuestras herramientas».[10]

Un momento álgido puede ser algo tan sencillo como hablarle al público con el corazón: sin transparencias, sin artilugios, sin vídeo, simplemente nosotros. Como vimos en el capítulo 1, muchas veces es tan fácil como completar esta frase: «Lo que hace latir nuestro corazón es…».

Mil canciones en nuestro bolsillo

En 2001, Apple presentó el iPod. Este reproductor de música en formato mp3 no era el primero en llegar al mercado (recordemos el Walkman de Sony). Aunque transfería música más rápido desde el ordenador, ese no fue el momento de asombro. Para su instante álgido, Jobs decidió centrarse en el tamaño del dispositivo.

«¿Qué hace que el iPod sea tan especial? —le preguntó al público—. Es ultraportátil. El iPod tiene el tamaño de una baraja de cartas. Es minúsculo. Y también más ligero que la mayoría de los teléfonos móviles que llevamos en el bolsillo. Pero no nos detuvimos ahí… Este asombroso dispositivo almacena mil canciones, y cabe perfectamente en el bolsillo. De hecho, aquí tengo uno.»[11] Buscó en sus vaqueros y sacó el primer aparato capaz de almacenar tal cantidad de música que cabía en un bolsillo.

Jobs era un genio a la hora de utilizar las estadísticas para crear momentos álgidos. Los ejecutivos de Apple siguen haciéndolo, y las presentan de tal manera que las propias estadísticas se convierten en algo memorable. Al presentar por primera vez el iPad Mini, Phil Schiller, vicepresidente de marketing de Apple, afirmó que la tableta tenía «un grosor de 7,2 milímetros, es aproximadamente una cuarta parte más fino que un iPad de cuarta generación». Schiller sabía que las estadísticas por sí solas no bastarían para crear algo memorable, así que optó por una manera novedosa de presentar los datos. «Para ponerlo en contexto, es tan fino como un lápiz», dijo mientras en la transparencia que estaba mostrando aparecía un lapicero junto al iPad Mini. «Pesa solo 308 gramos. Es más de un 50 por ciento más ligero que el anterior iPad. Es tan ligero como un cuaderno. Íbamos a decir como un libro, ¡pero los libros pesan mucho más!» He hablado con varios blogueros que cubrieron el evento. La mayoría de ellos no recuerda las especificaciones exactas de la tableta, pero todos ellos se acuerdan del lapicero y el cuaderno. La original estrategia de Schiller al presentar las cifras creó un suceso con carga emocional.

Tres productos en uno

En 2007, Steve Jobs presentó el iPhone. Recordemos que un suceso con carga emocional puede incluir el elemento de sorpresa. Eso fue precisamente lo que hizo Jobs. Explicó que Apple presentaría tres nuevos productos. «El primero es un iPod de pantalla panorámica con controles táctiles; el segundo es un revolucionario teléfono móvil, y el tercero es un innovador dispositivo de comunicaciones a través de internet.»[12] A continuación, repitió la descripción de los tres productos, y añadió: «Un iPod, un teléfono y un dispositivo de comunicación por internet. Un iPod, un teléfono… ¿Lo entienden? No son tres aparatos distintos, sino uno solo. Lo hemos llamado iPhone».

El público estalló en risas, vítores y aplausos. Este es uno de mis ejemplos favoritos de suceso con carga emocional, porque demuestra que no es necesario ser extravagante ni utilizar ningún atrezo complicado para propiciar un momento memorable. A veces basta con darle un giro sorprendente y creativo a nuestro mensaje.

Creemos un momento de llevarse las manos a la cabeza

Yo me refiero al suceso con carga emocional —que algunos denominan momento de asombro— como el momento de llevarse las manos a la cabeza. Es ese momento en una presentación cuando recalcamos una idea importante, dejamos a nuestros oyentes boquiabiertos, y estos se llevan las manos a la cabeza y piensan: «¡Ahora lo entiendo!». Es lo primero que recuerdan sobre la presentación y también lo primero que le cuentan a otra persona que no la ha visto pero quiere saber de qué trata. Un momento de llevarse las manos a la cabeza no tiene por qué ser nada sofisticado, puede ser algo tan sencillo como una breve anécdota personal. A continuación veremos cinco maneras (todas ellas utilizadas en charlas TED) de crear un momento de llevarse las manos a la cabeza en nuestra próxima presentación.

Atrezo y demostraciones

Mark Shaw creó Ultra-Ever Dry, un invento con una característica asombrosa: repele los líquidos y permanece seco. En TED 2013 hizo una demostración de su revestimiento superhidrófobo creado mediante nanotecnología que, según afirmó, actúa como un escudo contra la mayoría de los líquidos.

Shaw tomó un cubo de pintura roja y lo lanzó contra una pizarra blanca. A medida que la pintura se escurría por la superficie y caía al suelo, empezaron a aparecer enormes letras mayúsculas allí donde se había usado Ultra-Ever Dry. Lentamente, los asistentes pudieron ver una T, seguida de una E y, por último, una D: TED. El público se puso en pie y comenzó a aplaudir. Shaw había creado una demostración memorable que conectó de una forma original con su público y con la propia conferencia. Desde luego, nadie la olvidaría jamás.

Cuando trabajé con un grupo de científicos nucleares en uno de los principales laboratorios estadounidenses, gestionado por el Departamento de Energía, aprendí dos cosas sobre física nuclear. La primera es que no hay nada más complejo que la tecnología nuclear, por lo que no podemos poner como excusa que nuestro contenido es demasiado complicado o técnico como para que se pueda explicar de forma sencilla. La segunda es que los laboratorios nucleares estadounidenses se dedican a muchas otras cosas aparte de proteger la estabilidad de nuestros recursos nucleares. Llevan a cabo importantes investigaciones y obtienen datos esenciales en ámbitos como el cambio climático global, la no proliferación nuclear, las energías renovables y la lucha contra el terrorismo.

Dentro de la organización, este grupo en particular tenía encomendada la tarea de desarrollar material para las presentaciones que los científicos usarían para solicitar ante el Congreso financiación para sus proyectos. Uno de estos proyectos estaba relacionado con armamento de nueva generación. Por ejemplo, una bomba que podía guiarse de forma remota hasta una habitación llena de malos y era capaz de destrozarla pero dejaba intactas el resto de las habitaciones y casas a su alrededor.

Entiendo que esto es algo controvertido, pero la tecnología puede salvar vidas al eliminar a los malos —los terroristas— sin dañar a los inocentes.

Los científicos decidieron incluir un suceso con carga emocional en su charla. En la sala donde hablarían, marcaron el suelo con dos cintas de colores. Durante la presentación, señalaron al suelo: «Todos aquellos situados a menos de x metros serían eliminados [nunca me dijeron a cuántos metros]. Quienes estén más allá de la segunda cinta sobrevivirían sin un rasguño». Yo no estaba presente cuando dieron la charla, pero estoy seguro de que todos los legisladores en la sala experimentaron un momento de asombro.

Baste con decir que obtuvieron la financiación que buscaban.

Nota TED

¿NECESITA ATREZO NUESTRA PRESENTACIÓN? Me voy a permitir exponer con un ejemplo por qué puede que sí lo necesite. Trabajo con muchos clientes procedentes del sector agroindustrial y, gracias a toda la experiencia que he acumulado con quienes cultivan la mayoría de la producción agrícola del país, sé más que mucha gente sobre sostenibilidad y protección contra enfermedades transmitidas por los alimentos. Un cliente iba a lanzar un sistema para ayudar a los agricultores a hacer un seguimiento de las cajas con sus productos desde el origen. La tecnología de dicho sistema estaba contenida en una caja verde que contenía todas las herramientas necesarias para llevar a cabo el seguimiento. Mientras le ayudaba a preparar una presentación importante que introduciría su producto a una comunidad agrícola más amplia, me di cuenta de que allí faltaba algo y pregunté al grupo: «¿Piensan incorporar la caja en la presentación de alguna manera?». «No. No lo habíamos pensado. Solo íbamos a utilizar transparencias de PowerPoint», me contestaron.

Es muy habitual que los presentadores «no lo piensen». Es muy posible que nuestra presentación mejore si utilizamos algún tipo de atrezo para recalcar alguna de las ideas clave. A veces hace falta que alguien lo vea desde fuera para conseguir resolverlo, por lo que no debemos dudar a la hora de mostrarle nuestro contenido a un amigo o colega para que nos dé su opinión. Varias mentes trabajando juntas pueden dar con la idea perfecta.

Estadísticas sorprendentes e impactantes

Prácticamente todas las presentaciones más populares de TED contienen datos, estadísticas o cifras para reforzar el tema central de la charla. Toda presentación que pretenda influir sobre una decisión debería hacer lo mismo. Sin embargo, es bien sabido que algunos de los mejores oradores de TED emplean estadísticas bastante impactantes. Entre ellas:

- **Este país es muy diferente hoy en día de cómo era hace cuaren-ta años. En 1972 había trescientas mil personas en las cárceles y prisiones. Hoy, esa cifra es de 2,3 millones. Estados Unidos posee actualmente el mayor porcentaje de población reclusa del mundo.**

  BRYAN STEVENSON

- **¿Por qué estamos ignorando los océanos? Con el presupuesto anual del que dispone la NASA para explorar el firmamento se podría financiar a la NOAA para que explorase los océanos du-rante mil seiscientos años.**

  ROBERT BALLARD

- **Una de cada cien personas es un psicópata. Puesto que en este auditorio hay mil quinientas personas, hay entre ustedes quin-ce psicópatas.**

  JON RONSON

Trabajo con muchos ejecutivos para ayudarles a dar forma a sus historias. Exponer estadísticas de maneras nuevas y originales a menudo permite crear momentos de asombro. Recuerdo una reunión con un ejecutivo que representaba a la industria de la fresa de California (la misma persona de la que hablé en el primer capítulo). La mayoría de los californianos, incluso de los que viven en los condados donde se produce, no son conscientes de que la fresa es un cultivo importante para su estado.

Un 90 por ciento de todas las fresas que se consumen en Estados Unidos se producen en California. Es importante señalar que las fresas enriquecen a las comunidades donde se cultivan. En mi conversación con dicho representante, aprendí que, a pesar de que solo se dedica a la fresa el 0,5 por ciento del terreno cultivable en California, se pueden atribuir a esta el 10 por ciento de todos los empleos agrícolas del estado. También me enteré de que los impuestos sobre los salarios que se pagan en un solo condado de California equivalen a la suma de los sueldos de todos los profesores de educación primaria en dicho condado, y que, por norma general, un trabajador agrícola de la fresa gana más dinero que un empleado de una tienda minorista. Con estas estadísticas se pretendía explicar la importancia de la industria para la economía californiana, pero, fuera de su contexto, las cifras por sí solas habrían perdido toda su fuerza. Las estadísticas no eran nuevas para el ejecutivo, pero sí para la mayoría de las personas sobre las que quería influir (consumidores, prensa, compradores al por menor y socios).

Nota TED

LAS ESTADÍSTICAS PUEDEN SER LA LECHE. La persuasión se produce cuando llegamos hasta el corazón y la cabeza de una persona: lógica y emoción. Necesitaremos pruebas, datos y estadísticas para respaldar nuestro argumento. Hagamos que las cifras sean significativas, memorables y asombrosas situándolas en un contexto con el que el público pueda sentirse identificado. Una estadística no tiene por qué ser aburrida. Mi consejo: no dejemos nunca los datos colgando. El contexto es importante. Si nuestra presentación contiene una cifra o un dato que es revolucionario o fundamental, pensemos cómo podríamos presentarlo para que le resulte interesante al oyente. Pidamos ayuda a alguna otra persona del equipo. En ocasiones, un brainstorming puede ser muy útil para encontrar la manera mejor y más memorable de presentar una determinada estadística.

Dibujos, imágenes y vídeos

Raghava KK es un artista que utiliza las ondas cerebrales para manipular su obra en tiempo real. Cuando habló ante el público de TED, llevaba puesto un casco de biorretroalimentación que registraba su actividad cerebral y estaba conectado a un ordenador en el que se mostraban las imágenes.

El público vio una foto del rostro de una mujer mayor, a la que él se refería afectuosamente como Mona Lisa 2.0. Los bordes de la transparencia revelaban la actividad de sus ondas cerebrales. En la demostración en directo, Raghava explicó que el público no solo podría ver su estado mental (atento, reflexivo, concentrado), sino que también lo vería proyectado sobre la cara de la mujer: «Cuando estoy tranquilo, ella está tranquila; cuando me estreso, ella también se estresa», afirmó.[13] Y así fue. Cuando sus ondas cerebrales o su estado mental cambiaban, también lo hacía la sonrisa de la mujer. Esta fruncía el ceño de forma cada vez más pronunciada antes de acabar mudando el gesto por una sonrisa.

Los recursos visuales tienen fuerza. Una transparencia evocadora, un videoclip gracioso o inteligente, una demostración emocionante: todos ellos son elementos originales que pueden tener un efecto importante sobre nuestro público.

Titulares memorables

Stewart Brand es un futurista que hizo una audaz predicción ante el público de TED 2013 en Long Beach. Brand explicó que la biotecnología avanza a un ritmo cuatro veces superior que el de la tecnología digital y que, en su opinión, esto significa que podemos revivir animales extintos. «Volveremos a tener mamuts lanudos», afirmó. Volveremos a tener mamuts lanudos. En el mundillo de los medios de comunicación, esto es lo que llamamos una cita jugosa: una frase breve, provocativa y memorable que probablemente acabe retuiteándose, publicándose en Facebook y repitiéndose a lo largo del ciclo informativo. A estas alturas de mi carrera, reconozco una frase jugosa en cuanto la veo. Y, efectivamente, la predicción de Brand se volvió viral en las redes sociales (incluido Twitter, gracias a un retuit de National Geographic).

Cuando empecé a formar a ejecutivos para que supiesen manejarse ante los medios, la frase jugosa era fundamental para que la historia tuviese repercusión en periódicos e informativos de televisión. Hoy en día, las redes sociales hacen que su importancia sea incluso mayor. La clave para ser un gran portavoz consiste también en crear un mensaje conciso que transmita nuestra idea central.

Cuando la gente comparte citas a través de Twitter, Facebook, Linked-In y otras redes sociales, es aún más importante alimentar dichas redes con frases pegadizas y memorables.

La frase jugosa es tan importante que TED tiene un sitio web y un perfil en Twitter dedicados exclusivamente a publicar las mejores citas de sus conferenciantes (@TEDQuote). Estas son algunas de las más populares:

- **Si no estamos dispuestos a equivocarnos, nunca se nos ocurrirá nada original.**

  SIR KEN ROBINSON

- **La correlación entre ser el mejor orador y tener las mejores ideas es inexistente.**

  SUSAN CAIN

- **No finjas hasta hacerte pasar por ello; finge hasta llegar a serlo.**

  AMY CUDDY

- **Detrás de casi todas las niñas afganas que logran triunfar hay un padre consciente de que el éxito de su hija es el suyo propio.**

  SHABANA BASIJ-RASIKH

- **Los números son las notas musicales con las que está escrita la sinfonía del universo.**

  ADAM SPENCER

Para leer más citas, podemos visitar TED.com/quotes, donde encontraremos más de dos mil frases pronunciadas por los presentadores en la conferencia. Pueden buscarse todas las citas, leer las más populares o curiosear por categorías. Las citas memorables son tan importantes a la hora de difundir un mensaje que TED busca las más destacadas de cada charla como manera de captar la atención de quienes visitan su web.

Enganchemos a nuestros oyentes. Creemos y comuniquemos frases memorables. Nuestras ideas merecen ser recordadas.

Anécdotas personales

Ya he dedicado un capítulo entero al arte de contar historias, pero no puedo dejar de mencionarlo de nuevo aquí, porque las anécdotas personales suelen estar en el origen de los momentos de asombro en una presentación. Freeman Hrabowski, rector de la universidad de Maryland en Baltimore, cuenta anécdotas para conseguir publicidad para su causa. Ha aparecido en *60 Minutes*, y la revista *TIME* lo incluyó en la lista de las personas más influyentes por su trabajo para conseguir que un mayor número de estudiantes pertenecientes a minorías o procedentes de familias con bajos ingresos accediese a estudios de doctorado en disciplinas científicas o de ingeniería.

En febrero de 2013, Hrabowski fascinó al público de TED con sus relatos, historias de éxitos protagonizadas por sus alumnos, así como anécdotas sobre su transformación personal. Comenzó la charla contando una historia sobre una experiencia transformadora que tuvo lugar cuando él tenía doce años:

> Una semana, estaba en la iglesia —aunque lo cierto es que yo no quería estar allí—, sentado al fondo de la sala resolviendo problemas de matemáticas, cuando escuché a un hombre decir: «Si pudiéramos lograr que los niños participaran en una manifestación pacífica aquí, en Birmingham, demostraríamos que en Estados Unidos hasta los niños entienden la diferencia entre el bien y el mal, y que realmente desean tener la mejor educación posible». Levanté la vista y pregunté: «¿Quién es ese hombre?». Me explicaron que era el reverendo Martin Luther King, y les dije a mis padres: «Tengo que ir. Quiero ir. Quiero formar parte de eso». «No, de ninguna manera», fue su respuesta. Pasamos un mal rato. En momentos así, lo cierto es que nadie replica a sus padres. Pero, por alguna razón, yo les dije: «Sois unos hipócritas. Me hacéis venir aquí, queréis que

preste atención, y ahora que este señor quiere que vaya a su marcha, no me dejáis». Se pasaron la noche en vela discutiéndolo y a la mañana siguiente entraron en mi habitación. Habían estado llorando, rezando y pensando. «¿Debemos dejar que nuestro hijo de doce años participe en esa marcha y probablemente acabe en la cárcel?». Decidieron dejarme ir […] Cuando estaba en la cárcel, llegó el reverendo King y nos dijo: «Muchachos, lo que hagáis hoy afectará a las vidas de niños que todavía no han nacido».[14]

Los grandes comunicadores son buenos narradores. Las historias crean momentos impactantes. No solo tienen un efecto emocional, sino que, como aprendimos en el capítulo 2, las historias bien contadas refuerzan el asunto que estamos tratando y despiertan el interés de nuestro público.

Siempre desafío a los ejecutivos a que se atrevan a bajar la guardia, a derribar la barrera que existe entre ellos y el público, y a enseñarnos algo sobre ellos mismos que ayude al auditorio a verlos desde otra perspectiva. Las anécdotas que cuentan suelen ser muy emotivas. Trabajé con una mujer que ocupaba un puesto destacado en una de las compañías tecnológicas más grandes y admiradas del mundo, Intel, y se había criado en una familia pobre afroamericana con seis hijos. Esa niñita se había enamorado de la ciencia y las matemáticas y había llegado a ser ingeniera, pero la historia no acababa ahí. Sus cinco hermanos también habían conseguido ser ingenieros de éxito. Cuando esta ingeniera de Intel terminó de contar su historia, sus colegas la escuchaban con lágrimas en los ojos y realmente emocionados por esta nueva información. La historia no era nueva para ella, pero sí para todos los demás.

Acabar con una nota positiva

Cuando estaba escribiendo este libro, decidí tomarme un descanso y acompañé a mi mujer a un concierto de Pink, una cantante de música pop. Me gustan algunas de sus canciones y esperaba pasar un buen rato, sin más. Pero, como en una gran presentación de TED, Pink no se limitó a ofrecer un concierto de pop al uso.

Cuando el espectáculo se aproximaba a su final, Pink, vestida con unas ajustadas mallas doradas, se colocó un arnés que la propulsó hacia las alturas como si fuera Campanilla y la llevó de un extremo a otro del estadio, que diecisiete mil personas llenaban a rebosar. En distintos puntos de su recorrido había varias plataformas en las que Pink se posaba durante un instante, más cerca de sus seguidores, para enseguida salir disparada hacia la otra punta del estadio mientras cantaba a pleno pulmón uno de sus himnos. Para el autor de una reseña en el *Hollywood Reporter*, este fue el momento cumbre del concierto. «Empezaba a parecer que sería otro concierto de pop más, con sus coreografías, pero se soltó la melena en el bis de *So What* [...]. La maniobra fue tan alucinante que la mayoría del público trató de grabarla con sus teléfonos, mientras el resto la contemplaba asombrado.»

Ese momento alucinante de Pink estaba pensado para que la artista —y el público— terminase el concierto con una nota positiva. Todo el mundo necesita un momento álgido: músicos, actores e intérpretes de todo tipo, incluidos los presentadores y los conferenciantes. Ese instante de clímax remata la función y graba para siempre el mensaje en nuestra mente.

Como ya hemos comentado, un momento de este tipo puede ser algo tan sencillo como una breve anécdota personal. Por ejemplo, una vez estuve en una sala de conferencias con un ejecutivo encargado de desarrollo de negocio en una de las principales empresas petroleras y de energía del mundo. Sus ayudantes y yo habíamos elaborado una historia para su presentación en la reunión anual global de los empleados de la compañía. Tenía información concreta sobre los resultados del año anterior y un mensaje positivo sobre el futuro. Estructuramos la presentación de manera que fuese concisa, clara y memorable, pero le faltaba un momento de asombro.

Me volví hacia el ejecutivo y le pregunté: «¿Qué es lo que

verdaderamente le apasiona de esta empresa? Olvidemos por un momento las frases ensayadas y el PowerPoint. Simplemente, dígamelo con el corazón».

Lo que sucedió a continuación supuso una deslumbrante lección sobre cómo crear un suceso con carga emocional. El ejecutivo hizo una pausa, meditó un momento, rebuscó en su bolsillo y sacó su tarjeta de presentación de su cartera. «Carmine, esta tarjeta me permite tener acceso a primeros ministros y presidentes, me abre la puerta. Pero lo que hace que la puerta no se cierre es nuestro compromiso con la protección de sus recursos más preciados.» Mientras hablaba, sus ojos empezaron a empañarse y su voz se quebró, pero siguió diciendo: «Cuando Rusia nos concedió un contrato para la exploración del Báltico [valorado en treinta y dos mil millones de dólares], el presidente ruso me dijo: "Os hemos dado acceso a nuestro recurso más valioso porque confiamos en que sabréis protegerlo". Nuestros socios confían en nosotros porque nuestra gente hace negocios con integridad. Nunca me he sentido más orgulloso de trabajar para una organización en toda mi vida».

Todos los que estábamos sentados a la mesa nos miramos unos a otros, un poco incómodos porque el ejecutivo estaba visiblemente emocionado, y nosotros también. Tras una breve pausa, pregunté en voz baja:

—¿Alguna vez ha contado esto en una presentación?

—No, nunca lo he hecho.

—Pues ha llegado el momento —le contesté.

El ejecutivo dio su presentación ante miles de empleados y la terminó sacando la tarjeta de su cartera y repitiendo lo mismo que nos había contado en la sala de conferencias. No pensé que volviera a emocionarse al contarlo en público, pero así sucedió. Los empleados vieron una faceta distinta de su líder y le dedicaron una ovación cerrada. Se pudo ver a algunos de ellos enjugándose las lágrimas, y al menos una persona se le acercó y le dijo: «Nunca me he sentido más orgulloso de trabajar para esta empresa».

Varias semanas más tarde revisamos las encuestas que se les había pedido que rellenasen a los empleados. El ejecutivo en cuestión recibió la nota más alta de cualquier líder en la larga historia de la compañía. Ahora, incluye un momento álgido en todas sus presentaciones. Normalmente se trata de una historia, un vídeo, una demostración, un invitado sorpresa o simplemente de una anécdota personal. Cualquiera de estas tácticas da buenos resultados.

Secreto 5: Crear momentos de asombro

Cualquier intérprete provoca al menos un momento de asombro, un suceso con carga emocional del que su público seguirá hablando al día siguiente. Toda presentación lo necesita. Creémoslo y usémoslo. El contenido de nuestra presentación tendrá mayor impacto si conseguimos que quede grabado en la mente de nuestros oyentes.

6

Relajarse

A lo largo del último siglo, el sentido del humor se
ha convertido en una muy apreciada característica
de la personalidad.

ROD A. MARTIN,
psicólogo

El premio a la charla más popular de todas tiene un inesperado
ganador: sir Ken Robinson hablando sobre por qué las escuelas matan la creatividad. Ya comenté antes que su presentación es la más
popular de todos los tiempos, pero ¿cómo ha podido esta charla de
dieciocho minutos sobre la reforma educativa concitar más de quince millones de visionados? Gente mucho más famosa que él —como
Conan O'Brien, Stephen Colbert, J. K. Rowling y Oprah Winfrey—
han dado discursos y los han subido a YouTube, pero sus vídeos no
se aproximan ni remotamente a la popularidad del de Robinson.

Su vídeo se hizo viral porque nuestro cerebro no puede ignorar
la novedad, y además le encanta el humor. Si combinamos humor y
novedad, habremos encontrado oro en nuestra presentación. Robinson empleó una estrategia novedosa para tratar un problema
antiguo. El problema: cómo educar mejor a nuestros hijos; la novedad: el humor.

«Si estamos en una cena de gala y decimos que nos dedicamos
a la educación… En realidad, si uno trabaja en educación, no va a

muchas cenas de gala», empezó diciendo Robinson al comienzo de su charla. Las risas comenzaron de inmediato y continuaron cuando, tras esa primera observación, añadió: «Pero cuando te invitan [a una cena], y alguien te pregunta: "¿En qué trabajas?", y dices que trabajas en educación, puedes ver cómo se ponen pálidos y piensan: "Dios mío, ¿por qué a mí? Es la única noche que salgo en toda la semana…"».[1]

Secreto 6: Relajarse

Evitemos tomarnos (a nosotros mismos y el tema de nuestra presentación) demasiado en serio. Al cerebro le encanta el humor. Démosle a nuestro público motivos para sonreír.

Por qué funciona: El humor baja las defensas, lo cual hace que el público sea más receptivo a nuestro mensaje. Además, también consigue que resultemos más simpáticos, y la gente está más predispuesta a hacer negocios con las personas que le caen bien.

Sir Ken Robinson combinó ingeniosamente anécdotas, historias y humor en una narración que remachó su idea principal: el sistema educativo estadounidense recompensa a quienes estudian para aprobar los exámenes y ahoga la creatividad, la asunción de riesgos y la innovación. He aquí algunos otros ejemplos de cómo Robinson consiguió que su público reflexionase y se riese al mismo tiempo:

- Me encanta contar una historia estupenda que oí hace poco sobre una niña en clase de dibujo. Tenía seis años y estaba en la parte de atrás, dibujando, y la profesora contó que esta niña casi nunca prestaba atención, pero que en esta clase de dibujo sí estaba atenta. Intrigada, la profesora se acercó a ella y le preguntó:

    —¿Qué estás dibujando?

    —Estoy dibujando a Dios —contestó la niña.

—Pero nadie sabe cómo es Dios —le dijo la profesora.
A lo que la niña respondió:
—Lo van a saber en un minuto.

- Viví en Stratford-on-Avon hasta hace cinco años. Nos mudamos de Stratford a Los Ángeles. Se pueden imaginar lo suave que fue ese cambio. [*Risas*] De hecho, vivíamos en un lugar llamado Snitterfield, a las afueras de Stratford, donde nació el padre de Shakespeare. ¿Se les acaba de ocurrir algo? A mí sí. Nunca habían pensado que Shakespeare tuviera un padre, ¿verdad? Porque nunca pensaron en él de niño, ¿verdad? ¿Se lo imaginan a los siete años? Yo nunca lo había pensado. Pero, evidentemente, en algún momento tuvo siete años. Y estaba en la clase de inglés de algún profesor. [*Risas*] ¿Se imaginan lo incómodo que sería tenerlo como alumno? Y su padre lo mandaría a dormir: «A la cama ahora mismo. Deja el lápiz, y deja de hablar así. Nos tienes a todos confundidos».

- En fin, que nos mudamos de Stratford a Los Ángeles, y solo les quiero comentar algo sobre la transición. Mi hijo no quería venir. Tengo dos hijos. El mayor tiene ahora veintiún años, y la pequeña dieciséis. Él no quería venir a Los Ángeles. Le encantaba la idea, pero tenía una novia en Inglaterra: el amor de su vida, Sarah. La conocía desde hacía un mes. Imagínense, habían celebrado su cuarto aniversario, porque el tiempo pasa muy despacio a los dieciséis. Bueno, el caso es que mi hijo estaba muy enfadado en el avión, y me dijo: «Nunca voy a encontrar a otra chica como Sarah». Y lo cierto es que eso nos hacía muy felices, porque ella era el motivo principal para que nos fuésemos de Inglaterra.

- Me gustan los profesores universitarios, pero no deberíamos considerarlos el logro más grande de la humanidad. No son más que una forma de vida, otra forma de vida más. Pero lo cierto es que son bastante extraños, dicho sea con cariño. Según mi experiencia, tengo que decir algo que me llama la atención en los profesores: no todos, pero sí la mayoría, viven en sus cabezas. Viven ahí arriba y un poco hacia un lado. Están fuera de su cuerpo, de manera casi literal. Ven sus cuerpos como una forma de transporte para sus cabezas. [*Risas*] Como una manera de llevar sus cabezas a las reuniones.

Robinson recibió una larga ovación cerrada. Había fascinado a un público de mil doscientas personas en directo (entre las que había multimillonarios, filántropos, científicos, pensadores y líderes de opinión) y a millones más online.

Me dedico a estudiar a los comunicadores estimulantes: quiénes son, cómo lo hacen y cómo podemos los demás serlo también. Si Robinson se hubiese basado únicamente en su contenido, pocas personas habrían prestado atención a su presentación, porque los datos y el contenido literal, por sí solos, no consiguen emocionar. Como ya sabemos del capítulo 5, las estadísticas son aburridas a menos que se ofrezcan en un envoltorio emocionalmente sugerente. Cuando un comunicador competente les insufla vida, los datos tienen la capacidad de emocionarnos, inspirarnos e incitarnos a actuar.

El humor ocupa un lugar clave entre las herramientas de los oradores más estimulantes del mundo. A Robinson le funcionó. Y a nosotros nos funcionará también, pero antes debemos aprender a incorporarlo de forma creativa y natural a nuestras presentaciones. Repetir bromas manidas o, aún peor, vulgares o picantes, no nos ayudará mucho. De hecho, puede que haga que el público desconecte. ¡Los oradores más populares en TED no cuentan bromas! A menos que seamos cómicos profesionales, las bromas no resultan auténticas. Pensémoslo. Cuando conocemos a un cliente, ¿abrimos la conversación con la última broma que hemos leído en internet?

¿No? Entonces ¿por qué nos sentimos impelidos a hacerlo en una presentación? Sin embargo, un comentario divertido sí es perfectamente apropiado y muy efectivo. En este capítulo veremos cinco alternativas divertidas para evitar contar bromas.

Una broma mal contada o —lo que es peor— bien contada pero de mal gusto, puede minar nuestra reputación ante el público a gran velocidad. Una vez organicé un taller práctico para un grupo de agentes de ventas en una gran empresa multinacional de viajes. Cada uno de ellos realizó una breve presentación ante el resto del grupo. La persona —un hombre— que dio una de las presentaciones mejor diseñadas terminó su discurso con una broma de mal gusto sobre las mujeres.

Las bromas sexistas no son aceptables en ninguna presentación profesional. Además, en este caso la mayoría del público estaba compuesto por vendedoras de éxito, por lo que su fracaso fue aún mayor. Cuando, uno tras otro, fuimos comentando su presentación, casi todo el mundo se quejó de la broma, que distrajo al público de la historia tan potente que había contado sobre el producto. Un cómico como Chris Rock puede bromear sobre hombres y mujeres y salir bien parado. De hecho, cobra mucho dinero por hacerlo y es lo que el público espera de él. Nuestro público no espera que seamos Chris Rock, así que es mejor no intentarlo siquiera.

Al cerebro le encanta el humor

A. K. Pradeep es el fundador de NeuroFocus, una empresa con sede en Berkeley que utiliza la investigación neurológica para determinar por qué los consumidores ven lo que ven y compran lo que compran. «En su núcleo emocional, los cerebros de los humanos modernos son notablemente parecidos entre sí», escribe Pradeep en su libro *The Buying Human*. Según parece, el humor es una de esas herramientas a las que el cerebro está programado para reaccionar, y es esencial para que un mensaje resulte nuevo y original.[2]

Cuando me reuní con Pradeep en las instalaciones donde lleva a cabo su investigación, me enteré de que sus experimentos confirman otros estudios previos según los cuales es más probable que las conversaciones breves, claras e interesantes resuenen en los oyentes, y también es más probable que estos las recuerden y las lleven a la práctica. ¿Cómo conseguimos que nuestros mensajes sean interesantes? Según Pradeep, debemos utilizar el humor para que resulten novedosos. «Al cerebro le encanta», afirma.

Rod A. Martin, profesor de psicología en la universidad de Ontario Occidental, explica que las personas utilizan el humor «para reforzar su estatus dentro de la jerarquía del grupo. Por ejemplo, es más probable que alguien gaste bromas y divierta a los demás en un grupo en el que es el líder, o donde ocupa un posición de predominio, que en otro donde su estatus es inferior y posee menos poder sobre los demás».[3]

En *Psicología del humor*, Martin argumenta que el humor se utiliza como una «táctica de congraciamiento» para facilitar la integración del individuo en el grupo. Esto explica por qué muchos cómicos famosos han tenido infancias difíciles o han atravesado un período durante el que se sintieron marginados. Utilizaron el humor para congraciarse con el grupo, y lo hicieron tan a menudo que acabaron refinándolo hasta el punto de que pudieron ganarse la vida con él. Según Martin:

> Cuando conocemos a alguna persona nueva, tendemos a formarnos rápidamente una impresión y a hacer juicios sobre rasgos de su personalidad tales como, entre otros, su simpatía, el grado de confianza que nos inspira o cuáles son sus motivos. De hecho, la capacidad de formarse impresiones relativamente certeras de los demás

con rapidez y eficiencia puede haber sido un factor importante para la supervivencia a lo largo de nuestra historia evolutiva. Una fuente de información que contribuye a nuestra impresión inicial de los demás es la manera en que expresan su sentido del humor. El humor es una forma de comunicación interpersonal, y un buen sentido del humor es por lo tanto una importante habilidad social que normalmente admiramos en los demás.[4]

Martin afirma que la risa también desempeña un papel importante a la hora de fortalecer la cohesión del grupo. El humor y la risa son dos ejemplos de lo que él denomina inducción de afectos: «Un método de comunicación diseñado para captar la atención de los demás, transmitirles información emocional importante y activar en ellos emociones similares. […] La risa no solo comunica información cognitiva, sino que también cumple la función de inducir y acentuar emociones positivas en los demás, para así poder influir sobre su comportamiento y propiciar una actitud más favorable hacia la persona que ríe».[5]

Según Martin, los estudios demuestran que cuando conocemos a personas con buen sentido del humor tenemos una mayor propensión a atribuir a sus personalidades otros rasgos deseables. Los estudios demuestran también que a las personas jocosas se las ve como simpáticas, extrovertidas, consideradas, amables, interesantes, imaginativas, inteligentes, perceptivas y emocionalmente estables.

Cuando los sitios web de citas online populares en Estados Unidos preguntan a sus miembros cuál es el rasgo más deseable en un compañero, más del 80 por ciento responden que «el sentido del humor». A la hora de encontrar pareja, encuesta tras encuesta se demuestra que el humor es más importante que el nivel educativo, el éxito profesional o la atracción física. A menos que nos estemos presentando a una ronda de citas rápidas, probablemente no estaremos buscando pareja cuando demos una presentación, pero sí que trataremos de conseguir la atención y el respeto del público. Y a este el humor le pone. Estimulémoslo. Su devoción nos ayudará a lograr un éxito mucho mayor.

Cobrar por reír

Tener sentido del humor es importante sobre el escenario de TED, para las relaciones personales y en cualquier escenario empresarial. En un estudio publicado en la *Harvard Business Review* («Laughing All the Way to the Bank»), Fabio Sala hizo balance de más de cuatro décadas de investigaciones sobre el humor y llegó a la conclusión de que «El humor, si se emplea con destreza, engrasa los engranajes de la gestión empresarial: reduce la hostilidad, permite desviar las críticas, relaja las tensiones, mejora la moral y ayuda a comunicar mensajes difíciles».[6]

Sala también llevó a cabo su propia investigación. Escogió a veinte ejecutivos de una empresa de bebida y comida, la mitad de los cuales había recibido una calificación media por parte de sus colegas en cuanto a su rendimiento, mientras que la otra mitad había obtenido una calificación excelente. Todos ellos participaron en una entrevista de dos horas centrada en el tema del rendimiento del liderazgo. Dos observadores clasificaron el contenido de las entrevistas y tomaron nota de las referencias jocosas. El humor que suponía menosprecio de otras personas se codificó como negativo, mientras que el que se utilizaba para hacer notar cosas graciosas o absurdas se consideró positivo.

Según Sala, «los ejecutivos que habían obtenido calificaciones excelentes utilizaron el humor con una frecuencia más del doble que los directivos mediocres, una media de 17,8 veces por hora, frente a las 7,5 veces del segundo grupo. […] Cuando analicé el sueldo anual de los ejecutivos, pude observar que existía una correlación positiva entre la cuantía de sus bonificaciones y el uso que habían hecho del humor durante las entrevistas. Dicho de otro modo, cuanto más graciosos eran los ejecutivos, mayores eran sus bonificaciones».

Sala señala que simplemente ser gracioso no era el ingrediente clave, sino que esto reflejaba lo importante que es para el éxito el componente de la inteligencia emocional. «En mis estudios, los ejecutivos excelentes usaban todo tipo de humor más que los mediocres, aunque tendían al humor positivo o neutro. Pero lo más importante no es que más humor sea siempre mejor, o que el humor positivo es siempre preferible al negativo y denigrante. En los negocios, como en la vida, la clave para el uso efectivo del humor está en cómo se despliega. No hay que intentar ser graciosos, pero sí conviene prestar más atención a cómo usamos el humor, cómo responden los demás a él y qué mensajes transmitimos. Todo depende de cómo lo hagamos.»

Si todo depende de cómo lo hagamos, ¿cómo decir algo gracioso en una presentación? El primer paso parece contradictorio, pero puedo asegurar que es fundamental: evitemos intentar ser graciosos. Evitemos gastar bromas. En cuanto empecemos a contar el chiste de la rubia, o ese otro sobre el rabino y el cura, no tendremos salvación. Los chistes solo les funcionan a los cómicos profesionales en plenitud de facultades.

No somos Jerry Seinfeld. Cuando Seinfeld trabaja en una nueva función, dos tercios de sus bromas son una basura y en su inmensa mayoría fracasan ante el público. Trabaja en sus bromas durante años hasta llegar a la versión definitiva.

En un vídeo para el sitio web del *New York Times*, Seinfeld diseccionó minuciosamente la anatomía de una broma. Explicó que llevaba dos años trabajando en la broma sobre el Pop-Tart. «Es mucho tiempo para dedicarlo a algo que no tiene absolutamente ningún sentido, pero a eso es a lo que me dedico, y eso es lo que la gente quiere que haga», explicó.[7] A continuación analizó el chiste en el que estaba trabajando: «Me gusta que la primera frase sea directamente graciosa. "Cuando era niño e inventaron el Pop-Tart, me estalló la parte trasera de la cabeza." Eso hace que arranque [el chiste]: me estalló una parte específica de la cabeza, no simplemente toda entera…». Durante los cinco minutos siguientes, Seinfeld diseccionó cada componente —cada frase— del resto del chiste. Si una frase era demasiado larga, pulía las palabras y contaba las sílabas hasta alcanzar la longitud perfecta.

Del vídeo de Jerry Seinfeld, que ofrece una visión fascinante de la mente de un cómico brillante, yo aprendí dos cosas: primero, que la comedia es un trabajo duro, y segundo, que debemos prestar mucha atención al humor que usamos en las presentaciones y a cómo lo desplegamos.

¿Cómo podemos ser graciosos sin contar chistes? Si me pagasen por cada vez que un cliente me ha dicho «No tengo gracia» ya me habría hecho rico. No hay que ser gracioso para ser jocoso, simplemente debemos estar dispuestos a trabajar para que nuestra presentación sea entretenida. A continuación veremos cinco maneras de añadir la cantidad adecuada de humor a nuestro discurso o presentación sin tener que dedicar dos años a perfeccionar un chiste.

1. Anécdotas, observaciones e historias personales

La mayoría de los oradores de TED que consiguen hacer reír al público suelen contar anécdotas —tanto propias como de personas que conocen—, observaciones sobre el mundo o historias personales. Si nos ha sucedido algo que nos parece divertido, es probable que a los demás también se lo parezca. La mayor parte del humor de Ken Robinson eran anécdotas e historias sobre él mismo, su hijo, su mujer, etc.

Este es el tipo de humor que mejor funciona en presentaciones empresariales. Las anécdotas y las observaciones son historias breves o ejemplos que no pretenden provocar una carcajada, sino poner una sonrisa en los rostros de quienes nos escuchan y congraciarnos con el público. Por ejemplo, en TED 2013, Dan Pallotta, el fundador de las AIDSRides, hizo esta observación sobre su papel: «Además resulta que soy gay. Ser gay y padre de trillizos es, con mucha diferencia, la cosa más innovadora y emprendedora desde un punto de vista social que he hecho en mi vida».[8]

Jill Bolte Taylor consiguió una gran risotada cuando hizo una broma sobre sí misma rememorando el momento en que sufrió un derrame cerebral. Como ya vimos, esto fue lo que dijo: «Pensé: "¡Dios mío, estoy teniendo un derrame!". Lo siguiente que mi cerebro me dijo fue: "¡Uau! ¡Esto es alucinante! ¿Cuántos neurólogos tienen la oportunidad de estudiar su propio cerebro desde el interior?"». Con el ritmo perfecto de un cómico, enseguida añadió: «Y entonces me dije: "Pero yo soy una mujer muy ocupada, ¡no tengo tiempo para un derrame!"».[9]

La mejor elección es abrir una presentación con un toque de humor costumbrista. No se trata de conseguir directamente una gran carcajada. Eso puede llegar más adelante, pero si nos esforzamos demasiado por conseguirlo nada más subir al escenario o empezar la presentación, es posible que fracasemos y, aunque ningún momento es bueno para hundirse, si sucede muy pronto es posible que no logremos recuperarnos.

Nota TED

RECORDEMOS QUÉ ES LO QUE HA FUNCIONADO. Pensemos en anécdotas, historias, observaciones o ideas que en el pasado nos han hecho sonreír, a nosotros o a nuestros colegas. Si funcionaron entonces y son apropiadas para nuestra presentación, incorporémoslas a la narración y a la preparación previa.

2. Analogías y metáforas

Una analogía es una comparación que pone de manifiesto semejanzas entre dos cosas diferentes. Es un excelente recurso retórico que ayuda a explicar asuntos complejos. En mi trabajo con Intel utilizamos la clásica analogía tecnológica según la cual un semiconductor (un chip de ordenador) es como el cerebro de nuestro ordenador. Cuando Intel lanzó su primer chip de doble núcleo, simplemente dijimos: «Es como tener dos cerebros en un ordenador». Recuerdo trabajar con la directora de computación para el almacenamiento de esa misma compañía, quien me aseguró: «En 2020, en el mundo habrá cuarenta zetabytes de datos; es decir, cincuenta y siete veces más datos que granos de arena en todo el mundo. Carmine, ¿dónde diablos vamos a almacenar toda esa información?».

Al comparar los datos y la arena, la experta en almacenamiento puso la gigantesca estadística en perspectiva y se divirtió al contarlo. Le aconsejé que empezase así su presentación, lo hizo y tuvo una excelente acogida, tanto cuando el público estaba formado por personal interno como cuando eran personas ajenas a la empresa quienes la escuchaban. Como vemos, no podemos decirle a alguien que sea divertido o que cuente un chiste. Si les pedimos que hagan sobre el escenario algo que normalmente no suelen hacer en una conversación cotidiana, los estamos abocando al fracaso. A menudo, una mera analogía basta para conseguir una sonrisa de nuestros oyentes.

Muchos presentadores populares de TED consiguen risas usando analogías. Por ejemplo:

- **Chris Anderson me preguntó si podría condensar los últimos veinticinco años de campañas de lucha contra la pobreza en diez minutos para TED. He aquí un inglés pidiéndole a un irlandés que sea conciso.**

Bono

- **Si oyen a un experto hablar sobre internet y afirma que la red hace tal cosa o que hará tal otra, deberían tomarse su opinión con el mismo escepticismo con el que tratarían los comentarios de un economista sobre la economía o de un hombre del tiempo sobre el tiempo.**

Danny Hillis,
inventor, TED 2013

- **Tratar de gestionar el Congreso sin tener en cuenta las relaciones humanas es como intentar poner en marcha un coche sin**

aceite en el motor. ¿Deberíamos sorprendernos si la cosa se queda completamente parada?

JONATHAN HAIDT,
psicólogo social, TED 2012

• **Si los estadounidenses quieren vivir el sueño americano, deberían irse a Dinamarca.**

RICHARD WILKINSON, profesor
de la universidad de Nottingham,
TEDGlobal 2011

3. Citas

Una manera fácil de conseguir que el público se ría sin necesidad de ser cómicos ni de contar un chiste consiste en citar a otra persona que haya dicho algo gracioso. Las citas pueden ser de gente famosa, de personas anónimas o de familiares y amigos. Los oradores de TED lo hacen continuamente. Por ejemplo, Carmen Agra Deedy citó a su madre, que había dicho: «Dejé de sentir vergüenza cuando dejé de usar medias; tanto una como las otras oprimen demasiado». Algunos de los conferenciantes citan a otras personas y añaden una lacónica observación para poner de manifiesto el humor que subyace a la frase. «En 2006, el presidente de la asociación estadounidense de banqueros hipotecarios afirmó que: "Como podemos ver claramente, ningún terremoto está a punto de sacudir la economía estadounidense". Eso es un hombre que está al loro de lo que pasa...», comentó Rory Bremner. (Dos años más tarde, la crisis de las hipotecas *subprime* provocó el hundimiento de varias de las principales instituciones financieras, en lo que supuso el comienzo de uno de los peores períodos de recesión en Estados Unidos desde la Gran Depresión.)

En TED 2013, John McWhorter, lingüista de la universidad de Columbia, le enseñó al público algo novedoso al proporcionarle una nueva lente a través de la cual ver los veintidós millones de mensajes de texto que se envían cada día. McWhorter argumentó que, en lugar de lamentar el lenguaje abreviado característico de los mensajes que se mandan los adolescentes, deberíamos entenderlo como un «milagro lingüístico» en la evolución del lenguaje hablado.

McWhorter mostró una serie de cinco transparencias, cada una de las cuales contenía una cita de alguien que criticaba la manera en que los jóvenes hablaban. En este caso, las citas en sí no eran graciosas, pero la manera en que McWhorter utilizó las transparencias para remachar su mensaje hizo reír al público.

Comenzó con una cita de un profesor inglés en 1956: «Muchos desconocen el alfabeto o la tabla de multiplicar, son incapaces de escribir correctamente según las reglas de la gramática…».[10] El público no se rio, ni McWhorter esperaba que lo hiciera. Pasó a la segunda transparencia, con una cita de un maestro de Connecticut en 1917: «Todos los institutos de secundaria están desesperados ante el grado de ignorancia de los más básicos rudimentos que muestran sus pupilos». Tampoco hubo risas aún. «Podemos remontarnos más atrás», explicó McWhorter, y en su tercera transparencia mostró una cita de Charles Eliot, rector de Harvard, fechada en 1871: «Las faltas de ortografía, la incorrección, así como la ausencia de elegancia en la expresión escrita […] distan mucho de ser poco habituales entre los jóvenes de dieciocho años, que por lo demás están adecuadamente preparados para iniciar sus estudios universitarios». El público empezó a entender la idea y se oyeron las primeras risas.

McWhorter prosiguió, mostrando citas cada vez más antiguas, hasta que llegó a una del año 63 antes de Cristo, en la que un hombre expresaba su pesar por la manera en que la gente hablaba latín y su disgusto ante el idioma que acabaría convirtiéndose en el francés. Después de varias citas, los asistentes entendieron la premisa y se reían tanto de las citas como de ellos mismos por no ver la evolución del lenguaje desde el punto de vista de McWhorter. La gente siempre se ha quejado del uso que los jóvenes hacen del lenguaje, pero «el mundo no deja de girar», concluyó McWhorter.

Incorporar citas a la presentación de una manera creativa divide las transparencias de una forma muy adecuada y permite que el público se tome un descanso mental. No obstante, conviene evitar usar citas muy comunes o trilladas. También es preferible no limitarse a visitar una web de recopilación de citas en internet y elegir una aleatoriamente dentro de una categoría. Dediquemos un tiempo a pensar sobre el humor y las citas que vamos a usar. Asegurémonos de que son relevantes. Cuando doy discursos de presentación para una asociación o una conferencia corporativa, suelo usar citas de los miembros o fundadores de la asociación, o de los directores ejecutivos de las empresas ante las que estoy hablando. Consiguen que la gente se ría y me ayudan a conectar con el público. Utilizar una cita famosa sería más fácil, pero mucho menos creativo y efectivo. Seamos diligentes.

Nota TED

SEAMOS DILIGENTES CON LAS CITAS. Busquemos citas de terceros que relajen el ambiente de nuestra presentación o permitan abordar la complejidad del tema que estemos tratando. No tenemos por qué limitarnos a citas famosas. Evitemos el camino más trillado. En muchos casos, las citas de gente que conocemos personalmente pueden ser muy graciosas e interesantes.

4. Vídeos

En TEDxYouth en 2011, Kevin Allocca, director de tendencias en YouTube, consiguió que su público riese a carcajadas con tres breves vídeos de YouTube: un hombre en éxtasis al ver un arcoíris, una adolescente cantando una cancioncilla boba y pegadiza titulada *Friday* y una animación muy bobalicona llamada *Nyan Cat*. Pero el tema del que hablaba Allocca no era nada tonto. En una perspicaz presentación, reveló las tres razones por las que los vídeos se hacían virales (es decir, conseguían cientos de millones de visionados): «Creadores de tendencias, comunidades y efecto sorpresa». Entre vídeo y vídeo mostró gráficos y estadísticas sobre el contenido de cada uno de ellos. Por sí solas, las estadísticas habrían resultado bastante áridas, pero Allocca añadió esos vídeos bobos para hacer que el público se riera.

Muy pocas personas utilizan vídeos en sus presentaciones, incluso en las charlas TED. Sin embargo, el vídeo es una herramienta muy efectiva para introducir humor en una presentación: nos permite sacudirnos la presión de tener que ser graciosos.

En uno de mis discursos de presentación sobre las tiendas de Apple y la atención al cliente, muestro dos vídeos. En uno de los fragmentos, un cómico comprueba hasta dónde puede llegar en una tienda de Apple: entra con una cabra, pide que le lleven una pizza a la tienda e incluso contrata a un pequeño grupo de música para que le cante una serenata a su mujer mientras bailan. En el segundo fragmento, el público ve a una joven bailando en una tienda de Apple mientras los empleados continúan trabajando. Ambos vídeos pretenden poner de manifiesto la idea de que a los empleados de las tiendas de Apple se les ha formado no para vender cosas sino para enriquecer vidas, y para asegurarse de que la gente está contenta cuando está en la tienda. Los vídeos siempre consiguen unas buenas risas, y lo mejor de todo es que yo no tengo que asumir el papel de cómico, sino que dejo que otros lo hagan por mí.

5. Fotos

Si recordamos nuestra clase favorita en la universidad, es muy probable que al profesor con el que más disfrutábamos le gustase incorporar una buena dosis de humor en sus presentaciones. Si tuviese que adivinarlo, diría que es probable que la de economía no fuese la clase en la que piensa la mayoría de la gente cuando se le pregunta por sus profesores más jocosos. Eso es porque no les dio clase el economista y orador de TED Juan Enriquez, pues si lo hubiesen tenido como profesor seguro que habrían disfrutado yendo a clase.

Enriquez, que ha dado cuatro charlas en TED, le quita a la economía su complejidad incorporando humor, normalmente en forma de fotografías. Los temas que trata son complejos, pero el humor los hace más asequibles, porque las fotos los sitúan en un contexto que todo el mundo puede entender.

En TED 2009, abrió su charla diciendo: «Hay un asunto muy importante del que nadie habla, llamado economía. Así que empecemos hablando de eso. Me gustaría ofrecerles una imagen actual de la economía».[11] La imagen era una transparencia donde se podía leer LA ECONOMÍA sobre un fondo completamente negro. En el año 2009, Estados Unidos estaba en plena recesión, por lo que sobraban las explicaciones. La transparencia negra lo decía todo y provocó una gran carcajada ya desde el principio.

En lo que se refiere a la economía, prosiguió Enriquez, «hay un par de problemas realmente graves que aún están por resolver. El primero es el apalancamiento. Y el problema con el apalancamiento es que hace que el sistema financiero estadounidense tenga este aspecto». Pasó a la siguiente transparencia, en la que se veía una fotografía de varias personas en una piscina, que reían mientras su radio permanecía sobre una mesilla en mitad del agua, con el cable de la corriente parcialmente sumergido y conectado a un enchufe que colgaba al borde la piscina. De nuevo, Enriquez no tuvo que explicar la transparencia. La fotografía actuaba como una metáfora del problema de tomar prestado dinero usando activos como garantía. Todo son juegos y diversión mientras el dinero sigue entrando, pero las consecuencias pueden ser letales. La definición técnica de apalancamiento económico es: volatilidad del capital dividida entre la volatilidad de una inversión no apalancada en los mismos activos. Enriquez nunca la mencionó. Al público esa definición lo habría dejado indiferente, cuando no directamente dormido, así que lo que hizo, en un gesto de creatividad, fue elegir una fotografía que actuase como metáfora de los problemas que provoca el apalancamiento. Y así consiguió que su público se divirtiese… y pensase.

Mientras muestra otra serie de fotografías, Enriquez continúa: «El gobierno, mientras tanto, se ha comportado como Papá Noel. A todos nos encanta Papá Noel, ¿no es cierto?». En ese momento, muestra una fotografía de archivo de lo que parece ser el típico Santa Claus que podríamos encontrarnos en un centro comercial. Y prosigue: «Pero el problema con Papá Noel es que, si nos fijamos en el gasto obligatorio asociado a lo que estos tipos han estado haciendo y lo que han prometido a la gente (prestaciones sociales), ahora que llega el momento de pagar la cuenta resulta que Papá Noel no nos gusta tanto». La siguiente transparencia muestra a un hombre grueso con barba sentado en un carrito de golf… y desnudo (con sus partes íntimas pixeladas). El público suelta una carcajada y entiende la idea: nos encanta el dinero público si lo recibimos, pero nos sentimos incómodos al saber a qué se dedica el gasto público.

Los cómicos trabajan sus bromas con distintos públicos para ver qué es lo que resuena; yo utilizo fotos e historias de la misma manera. En una sección del discurso de presentación sobre atención al cliente y comunicación, utilizo una serie de fotos de los hoteles Ritz-Carlton. La historia dice algo así:

> Cuando a los empleados se les da la capacidad de hacer lo que sea mejor para el cliente, suceden cosas mágicas. Una familia se hospedó en el Ritz-Carlton de Amelia Island. Al volver a casa se dieron cuenta de que se habían dejado allí a Joshi, un animal de peluche por el que el hijo pequeño sentía mucho apego. El padre llamó al hotel, el personal del hotel encontró el juguete en la habitación y le ofrecieron enviárselo por correo. «¿Me pueden hacer un favor? —preguntó el padre del niño—. ¿Podrían hacerle una foto para que pueda demostrarle a mi hijo que Joshi está bien?» Hicieron algo aún mejor y le enviaron varias fotografías en las que se veía a Joshi disfrutando del complejo: Joshi junto a la piscina; Joshi en la playa; Joshi en un carrito de golf; Joshi recibiendo un masaje facial…

Si uno simplemente lee mi historia, podrá valorar la atención al cliente, aunque probablemente no se ría. Pero puedo asegurar que las fotos son graciosísimas. Ver un animal de peluche tumbado en una camilla de masajes con rodajas de pepino sobre los ojos mientras alguien le masajea los hombros es algo gracioso. El humor ayuda a que la gente recuerde las fotos y, lo que es más importante, las imágenes refuerzan mi mensaje clave: cuando se les da poder a los empleados, estos generan momentos memorables para sus clientes.

Recordemos que, en el ejemplo de la cadena Ritz-Carlton, son las fotos las que provocan la risa. No estoy intentando que el público se ría forzando ninguna broma. Es humor auténtico y natural. No trato de ser quien no soy. Puede que no tengamos ningún futuro como cómicos profesionales, pero eso no debería impedirnos dar una presentación que sea al mismo tiempo informativa y entretenida.

Nota TED

ALIGEREMOS NUESTRAS PRESENTACIONES CON VÍDEOS Y FOTOS. La mayoría de las presentaciones de PowerPoint son espantosas porque su impacto emocional es mínimo (si es que lo tienen). Incorporemos una fotografía o vídeo jocoso para quitarles hierro.

Yo empleo estas cinco técnicas en mis presentaciones. Nunca fui el gracioso del grupo. Me encanta la comedia, disfruto viendo las funciones de los cómicos, pero rara vez recuerdo o cuento chistes. Eso sí, me río con facilidad (y a menudo) y encuentro humor prácticamente en cualquier situación. Mi mujer y yo nos reímos mucho. Durante mi desarrollo como orador, me di cuenta de que no tenía que hacer que el público se riese, sino que bastaba con que revelase el humor que existía en una determinada situación. No conviene tratar de buscar la carcajada continuamente, pero sí deberíamos tratar de conseguir al menos una sonrisa.

Existe un placer mental que viene seguido de la respuesta física de la risa y que, no por casualidad, libera endorfinas en el cerebro. Simplemente con eso ya han conseguido que adoptemos una manera diferente de mirar lo que sea, porque las endorfinas han conseguido que bajemos las defensas. Esta es la situación exactamente opuesta a la manera en que operan la ira, el miedo y el pánico, todas ellas respuestas caracterizadas por el dilema entre huir o pelear. Las respuestas de este tipo liberan adrenalina, lo que hace que nuestros muros de protección se eleven hasta el cielo. Mientras que, por su parte, la comedia llega y, aunque se mueve en esos mismos ámbitos en los que nuestras defensas son más fuertes —raza, religión, política, sexualidad—, por el mero hecho de abordarlos desde el humor en lugar de a través de la adrenalina lo que nos proporciona son endorfinas y la química de la risa, que convierte los muros en ventanas, lo cual a su vez nos proporciona un refrescante e inesperado punto de vista.[12]

CHRIS BLISS, TEDx

Hablemos sucio

Siempre conviene inyectar algo de humor cuando estamos intentando ayudar a la gente a entender algún asunto complejo, especialmente si es nuevo para ellos o saben muy poco al respecto. El humor también es una herramienta útil para esquivar las controversias o para tranquilizar al público tras acontecimientos traumáticos. Millones de personas recurrieron a *Saturday Night Live* tras el 11-S tratando de escapar del continuo bombardeo de imágenes horripilantes en la televisión, los periódicos e internet. Cuando, en una de las primeras escenas, el cómico Will Ferrell apareció llevando únicamente un tanga con la bandera estadounidense que dejaba ver sus nalgas, el mundo supo que estaba permitido volver a reír (no para olvidar, sino para permitir que nuestros cerebros se tomasen un respiro entre tanto drama).

Rose George encuentra el humor en la caca. Un día, esta periodista británica fue al baño y se preguntó: «¿Adónde va esto?». Como periodista, le intrigaba cuál sería la respuesta. Durante los diez años siguientes, profundizó —por así decir— en el mundo del saneamiento y escribió artículos, e incluso un libro, sobre cómo un buen saneamiento salva vidas en los países del tercer mundo.

George se toma muy en serio su trabajo, pero no se toma a sí misma demasiado en serio, y es consciente de que el público necesita tomarse un descanso mental de las desoladoras imágenes que muestra en la pantalla. Su combinación de humor y seriedad le permitió ganarse los corazones —y las mentes— del público de TED 2013.

Es perfectamente consciente de que la defecación al aire libre no es un tema agradable. Su solución consiste en ofrecer una mezcla delicada y creativa de humor y conmoción. Su primera transparencia mostraba una foto de una bella modelo junto a un inodoro de alta tecnología en una conferencia de la Organización Mundial del Inodoro.

Explica que creció pensando que «tenía derecho a un inodoro como ese. Pero estaba equivocada: es un privilegio. Dos mil quinientos millones de personas en todo el mundo carecen de un inodoro adecuado».[13] Pasó a la segunda transparencia, en la que se ve a un niño «haciendo popó» en la cuneta de una carretera mientras varias personas pasan por delante, algo muy habitual en muchos países del tercer mundo.

George afirma que el problema es que las heces contienen patógenos que causan muchos problemas, como la diarrea. «La diarrea tiene su parte graciosa —comenta mientras pasa a la siguiente transparencia, de tono jocoso—. Si buscamos una foto asociada a la diarrea en el archivo de una conocida agencia, esto es lo que obtenemos.» El público ve una foto de una mujer en biquini esperando junto a un inodoro con los ojos y los puños cerrados, haciendo gestos evidentes de que se está aguantando las ganas. La foto es graciosa y el público ríe. Entonces cambia de tercio: «He aquí otra imagen de la diarrea. Esta es Maria Salie. Tiene nueve meses de edad. [El público ve una fotografía de un hombre llorando en un campo.] No la podemos ver porque está enterrada bajo un campo verde en una aldea de Liberia. Murió de diarrea en tres días. No fue la única: ese día otros cuatro mil niños murieron por la misma causa... Es una potentísima arma de destrucción masiva».

A estas alturas ya vemos cómo funciona su fórmula: humor, conmoción y estadísticas. Estas últimas por sí solas conseguirían que el público se durmiese. Una presentación excesivamente dura haría que la gente desconectase. Usar demasiado humor iría contra las graves consecuencias del asunto que trata. George combina hábilmente los tres en una fórmula mágica de persuasión.

Si Rose George es capaz de incorporar el humor al asunto que aborda, seguro que nosotros también podemos hacerlo con el nuestro. Procuremos no tomarnos el tema —ni a nosotros mismos— demasiado en serio. Al famoso físico teórico Stephen Hawking le diagnosticaron esclerosis lateral amiotrófica (ELA) cuando tenía dos años. Cumplidos los setenta, Hawking ha pasado en silla de ruedas buena parte de su vida, y desde 1985 necesita utilizar un ordenador para comunicarse.

A pesar de sus circunstancias, posee un llamativo y arrollador sentido del humor. Su ingenio consigue que el público se sienta más cómodo en su presencia. En 2003, Jim Carrey estaba promocionando la película *Dos tontos muy tontos*. Durante una entrevista en el programa de Conan O'Brien, Carrey recibió una llamada de Hawking y ambos se enredaron en un *sketch* cómico. «Solo quería decirte lo contento que estoy de que estés tan ilusionado con la teoría del universo ecpirótico»,[14] le dijo Hawking a Carrey mientras ambos se alababan mutuamente por su genialidad. Cuando le preguntaron después sobre la escena, Hawking explicó que se había prestado a ello porque le había parecido algo divertido. No se toma a sí mismo demasiado en serio.

Hawking traslada el humor a las presentaciones. Sabe que los cerebros de sus oyentes acabarán hechos papilla si deben esforzarse demasiado para entender sus teorías. Su ligereza añade una risa muy bienvenida a su discurso.

En febrero de 2008, Hawking subió al escenario de TED para reflexionar sobre las grandes preguntas: «¿De dónde venimos? ¿Cómo surgió el universo? ¿Estamos solos en él? ¿Existe vida extraterrestre? ¿Cuál es el futuro de la humanidad?». Cosas muy serias. Entre las teorías que se encargó de desmontar estaba la de que nos hayan visitado los extraterrestres.

No parece que los extraterrestres nos hayan visitado. No tengo en cuenta las informaciones sobre ovnis. ¿Por qué se les aparecen solamente a los chiflados y los bichos raros? Si hay una conspiración gubernamental para ocultar información y no difundir los conocimientos científicos que traen consigo los extraterrestres, parece que ha sido extraordinariamente poco efectiva hasta ahora. Además, a pesar de la intensa búsqueda por parte del proyecto SETI, no hemos escuchado ningún concurso televisivo extraterrestre. Probablemente, lo que esto indica es que no hay civilizaciones extraterrestres en el mismo estadio de evolución que nosotros dentro de un radio de unos pocos cientos de años luz. Emitir una póliza de seguros contra la abducción por extraterrestres parece una apuesta bastante segura.[15]

Secreto 6: Relajarse

El humor implica un cierto riesgo, y la mayoría de la gente no se atreve con él, razón por la cual casi todas las presentaciones empresariales son espantosamente áridas y aburridas. Hay que tener valor para mostrarse vulnerable, para reírnos de buena gana de nosotros mismos y del tema de nuestra charla. La clave está en ser auténtico, en no intentar ser quien no somos. Pero si algo nos hace gracia, es muy posible que también se la haga a alguien más.

Si aún no estamos convencidos de que el humor nos puede ayudar a ganarnos al público, veámoslo así: los estudios demuestran que el humor es bueno para la salud. La risa reduce la presión arterial, refuerza el sistema inmune, mejora la respiración, incrementa nuestra energía y, simplemente, hace que nos sintamos mejor. Si nos sentimos bien, daremos una buena presentación, y esto es algo por lo que merece la pena sonreír.

Tercera parte

Memorables

Debemos ser verdaderamente valientes a la hora de seguir nuestros instintos e ideas, pues de lo contrario nos dejaremos someter y cosas que podrían haber sido memorables nunca verán la luz.

Francis Ford Coppola

7

Ceñirse a la regla
de los dieciocho minutos

> Lo vivo al mismo tiempo con ilusión y como un
> desafío. La ilusión se debe a que tengo la oportuni-
> dad de devolver parte de todo lo que he recibido;
> el desafío, a que el seminario más breve que impar-
> to suele durar cincuenta horas.
>
> TONY ROBBINS, TED 2006

Las clases de Larry Smith, profesor de economía en la universidad de Waterloo, duran tres horas. En noviembre de 2011 dio una charla de quince minutos ante el público de TEDx. No tenía ni idea de que se vería casi un millón y medio de veces.

—Condensar mi contenido en dieciocho minutos supuso todo un reto personal —me contó—. Creo que mis alumnos me pidieron que lo hiciera porque pensaban que acabaría conmigo.[1]

—¿Por qué cree que la regla de los dieciocho minutos es tan efectiva? —le pregunté.

—Pensar cuesta mucho esfuerzo. En dieciocho minutos se puede construir un argumento potente y captar la atención de la gente.

Sí, pensar cuesta mucho esfuerzo, y por eso la regla de los dieciocho minutos es esencial para la transferencia de ideas. La duración de una presentación de TED no debe superar los dieciocho minutos. Es una regla fundamental que rige para todos los oradores de TED. Da igual que uno sea Larry Smith, Bill Gates o Tony Robbins: nadie dispone de más de dieciocho minutos.

Secreto 7: Ceñirse a la regla de los dieciocho minutos

Dieciocho minutos es la duración ideal para una presentación. Si nos vemos obligados a preparar una de mayor duración, introduzcamos pausas suaves (anécdotas, vídeos, demostraciones) cada diez minutos.

Por qué funciona: Los investigadores han descubierto que el atraso cognitivo, el exceso de información, impide la transmisión efectiva de ideas. Chris Anderson, comisario de TED, lo explica mejor:

> [Los dieciocho minutos] es un tiempo lo bastante largo como para que parezca algo serio y lo bastante corto como para mantener la atención de la gente. Y además, esta duración también funciona muy bien online. Es el tiempo que dura una pausa para un café. Uno ve una gran charla y les envía el enlace a dos o tres personas. Así puede hacerse viral con facilidad. La longitud de dieciocho minutos también funciona de manera muy similar a como Twitter nos obliga a una cierta disciplina al escribir. Al constreñir a los oradores, acostumbrados a disponer de cuarenta y cinco minutos, a solo dieciocho, los obligamos a pensar detenidamente sobre lo que quieren contar. ¿Cuál es la idea clave que quieren comunicar? Tiene un efecto clarificador. Impone disciplina.[2]

Escuchar es agotador

Durante los últimos treinta años, Paul King, de la universidad cristiana de Texas, ha sido un influyente académico en el campo de los estudios de la comunicación. Hablé con él sobre sus investigaciones acerca de la ansiedad del oyente. La mayoría pensamos que la ansiedad afecta únicamente a la persona que pronuncia el discurso o la presentación, pero King ha descubierto que el público también la siente.

«Hemos estudiado a sujetos —estudiantes universitarios— que escuchaban información sabiendo que después les harían preguntas al respecto. A medida que pasaba el tiempo, el estado de sus niveles de ansiedad fueron elevándose sin cesar hasta después de haber terminado la prueba, momento a partir del cual descendieron», explicó King.[3] En su opinión, la acumulación de información se traduce en un atraso cognitivo que, como si se fuese apilando lastre, hace que la carga mental sea cada vez más pesada. «A medida que se van amontonando cada vez más cosas que debemos recordar, va creciendo la presión hasta que enseguida acabaremos por dejarlo caer todo.»

King afirma que el procesamiento cognitivo —pensar, hablar y escuchar— es una actividad físicamente exigente. «En el instituto formé parte del equipo de debate, y también jugaba al baloncesto. Era capaz de correr de un extremo a otro de la cancha todo el día. Llegué a la final del primer torneo de debate en el que participé, donde mantuve tres debates seguidos. Al finalizar apenas era capaz de moverme. Me subí a un viejo autobús escolar amarillo, me quedé dormido y no me desperté hasta llegar a casa. Eso era algo extraño en mí. Si uno está realmente concentrado, la escucha crítica es una experiencia físicamente extenuante. Escuchar como miembro del público es más agotador de lo que solemos reconocer.»

King explica que escuchar es una actividad extenuante porque quien está aprendiendo va añadiendo continuamente material nuevo que recordar —y recuperar— más adelante. A esto es a lo que se refiere con la expresión «atraso cognitivo». En pocas palabras, cuanto más larga es la tarea o mayor la cantidad de información recibida, mayor es también la carga cognitiva. Escuchar una presentación de cinco minutos genera una cantidad relativamente pequeña de atraso cognitivo; si dura dieciocho minutos, esa cantidad es algo mayor, mientras que una charla de sesenta minutos produce tal cantidad de atraso que nos arriesgamos a incomodar gravemente al público, a menos que creemos una presentación muy estimulante con pausas suaves (anécdotas, vídeos, demostraciones u otros oradores).

Cuanto más larga es la presentación, mayor es la cantidad de información que el oyente debe organizar, comprender y recordar.

Junto con la carga aumenta también la ansiedad del oyente. Crece su frustración, que puede incluso transformarse en enfado. El grueso de las investigaciones actuales sobre el procesamiento de los recuerdos indica que es preferible estudiar un contenido dos o tres veces durante un breve período de tiempo que dedicar una noche entera a tratar de engullir la máxima cantidad de información posible. «Lo que intento decir es que, una vez que exponemos una idea, si insistimos en ella hasta la extenuación no estamos ayudando a que la gente la procese mejor y la almacene en la memoria a largo plazo.»

King aplica los resultados a su curso de doctorado sobre métodos de investigación. Cuando se les plantea la posibilidad, la mayoría de los estudiantes de doctorado preferirían asistir a una única clase de tres horas que a tres de cincuenta minutos. Cuando impartía su clase una vez a la semana, comprobó que, de una semana a la siguiente, sus alumnos habían olvidado la mayoría de la información que habían aprendido la semana anterior, y descubrió que la mejor práctica consistía en repetir el mismo contenido en tres ocasiones diferentes (por ejemplo, lunes, miércoles y viernes). King explica que, a pesar de las objeciones, cuando hizo que su clase fuese obligatoria en tres segmentos más breves, sus alumnos obtuvieron mejores resultados y demostraron una mayor retención del material complejo.

El cerebro es un acaparador de energía

Tanto Smith como King aluden a la cantidad de energía que se necesita para escuchar y aprender. El cerebro se cansa con facilidad. Basta con que recordemos lo exhaustos que nos sentíamos después del primer día en un trabajo nuevo o tras varias horas estudiando un material complicado por primera vez. Los alumnos de secundaria se refieren al agotamiento que sienten tras someterse a los exámenes de acceso a la universidad como la resaca de selectividad. Se necesita energía para procesar información nueva.

Aprender puede ser agotador. El cerebro humano adulto medio pesa solo unos mil trescientos gramos, pero es un acaparador de energía y consume una cantidad exorbitante de glucosa, oxígeno y flujo sanguíneo. Cuando el cerebro recibe información nueva, millones de neuronas se activan al unísono, con el consiguiente gasto de energía que termina en fatiga y agotamiento.

En *Willpower*, Roy Baumeister explica que cada día disponemos de una cantidad finita de fuerza de voluntad, que se va agotando a medida que nuestro cerebro va consumiendo energía. Baumeister descubrió que actividades sin relación alguna entre sí (resistir la tentación de comer chocolate, resolver rompecabezas matemáticos o escuchar una presentación) utilizaban la misma fuente de energía, lo cual explica por qué estamos tan cansados, en particular al final del día, después de haber estado tomando decisiones toda la mañana o tratando de reprimir las distracciones (como un tentador trozo de pastel en la comida).

La culpable es la glucosa, o la carencia de la misma. La glucosa es un azúcar sencillo que se produce en el cuerpo a partir de todo tipo de comida. Se incorpora al torrente sanguíneo y actúa como combustible para los músculos, el corazón, el hígado y el cerebro. Llega al cerebro tras haberse transformado en neurotransmisores, sustancias químicas que las neuronas utilizan para enviarse señales.

Baumeister habla de una serie de experimentos diseñados para medir los niveles de glucosa de varias personas antes y después de realizar tareas sencillas, como ver un vídeo mientras se proyectan fugazmente palabras en la parte inferior de la pantalla. «A varios de los sujetos se les pidió que ignorasen esas palabras; los demás podían relajarse y ver el vídeo como quisiesen. Después se volvieron a medir los niveles de glucosa y se vio que existía una gran diferencia. En los espectadores relajados, los niveles se mantuvieron constantes, mientras que descendieron de forma significativa en quienes habían intentado ignorar las palabras. Este aparentemente pequeño ejercicio de autocontrol estaba relacionado con una gran caída del nivel del combustible glucosa en el cerebro.»[4]

Una presentación larga, confusa y enrevesada obliga al cerebro de los oyentes a trabajar intensamente y a consumir energía. Las neuronas necesitan el doble de energía que otras células del cuerpo. La actividad mental acaba rápidamente con las reservas de glucosa. Esta es la razón por la que una presentación de dieciocho minutos es tan efectiva, pues permite que al público aún le quede algo de capacidad intelectual y de glucosa para reflexionar sobre lo que hemos contado, compartir nuestras ideas y actuar en consecuencia. Si nos extendemos en exceso al hablar, los espectadores encontrarán maneras de distraerse de nuestro contenido. ¿Cuándo fue la última vez que vimos a alumnos universitarios tan motivados por una clase de tres horas que al acabar salieron disparados hacia sus habitaciones para estudiar la materia en mayor profundidad? Nunca. Lo que hacen es dirigirse a la pizzería o al bar más cercano para compadecerse por la desdicha que comparten y cambiar de tercio. Dieciocho minutos es estimulante; tres horas es aburridísimo.

He dedicado un tiempo considerable en este capítulo a explicar el fundamento científico de la regla de los dieciocho minutos. Sentía que necesitaba hacerlo. Las presentaciones breves generan las reacciones más positivas entre muchos de los directores ejecutivos y profesionales con los que he trabajado. Cuántas veces habré oído decir: «Pero, Carmine, ¡tenemos demasiada información que comunicar!». Una vez que la gente entiende la ciencia y la lógica en las que se sustenta la regla de los dieciocho minutos y el concepto de las pausas suaves, está mucho más dispuesta a plantearse recortar sus presentaciones, y en cuanto lo hacen, comprueban que eso permite dar rienda suelta a su creatividad. Y es que las limitaciones fomentan la creatividad.

Las limitaciones fomentan la creatividad

Las restricciones son esenciales para una presentación creativa. A menudo me preguntan: «¿Cuál debería ser la duración de mi presentación?». Creo que lo ideal es que dure entre dieciocho y veinte minutos, muy en la línea de TED. Ni demasiado breve, ni demasiado larga: la duración adecuada en la que convencer a nuestro público. Si es más breve, parte de la audiencia (en particular, los inversores, compradores y clientes) podría sentir que no ha recibido información suficiente. Pero, si es más larga, nos arriesgamos a que dejen de prestarnos atención.

Suelo utilizar el discurso inaugural de John F. Kennedy como referencia para la duración de una presentación. Puesto que él consiguió inspirar a todo un país con un discurso de quince minutos, nosotros deberíamos ser perfectamente capaces de presentar nuestro producto o idea en ese mismo tiempo. Kennedy le pidió a Ted Sorensen, autor de su disertación, que esta fuese breve porque «no quiero que la gente piense que soy un charlatán». El resultado fue uno de los discursos inaugurales más breves que se habían pronunciado hasta la fecha: 1.355 palabras. Kennedy era consciente de que para cautivar la imaginación de su público necesitaría una exposición convincente, frases cuidadosamente redactadas y un discurso razonablemente breve (la extensión media de los discursos inaugurales de los presidentes estadounidenses es de 2.300 palabras).

Su discurso es un excelente ejemplo de mensaje breve y sugerente. Un caso más instructivo es otra charla influyente pero menos conocida que Kennedy pronunció en la universidad Rice el 12 de septiembre de 1962. Fue allí donde expuso su visión sobre la exploración de la Luna. Cuando Kennedy retó al país a ir a la Luna antes de que finalizase la década de los sesenta, estimuló la imaginación colectiva de millones de estadounidenses, así como a miles de sus mejores científicos, para que dedicasen tiempo y energía al proyecto. Fue uno de los discursos más importantes de la historia de Estados Unidos y, con sus diecisiete minutos y cuarenta segundos, habría sido la charla TED perfecta.

Hay quien arguye que «tengo demasiadas cosas que contar; no puedo transmitir toda mi información en solo veinte minutos».

Tratemos de hacerlo igualmente. Simplemente por hacer ese esfuerzo, conseguiremos que nuestra presentación sea mucho más potente y creativa.

En *The Laws of Subtraction*, Matthew May explica el fundamento científico. «La creatividad eclosiona cuando se la somete a restricciones inteligentes», afirma.[5] May argumenta convincentemente que, al establecer un contorno o límite para nuestra presentación, nos dotamos de un marco de referencia dentro del cual florece la creatividad. «Contra la creencia popular, estudios recientes han constatado que el evento principal de la imaginación —la creatividad— no requiere una libertad ilimitada, sino que prefiere límites y obstáculos.»

Está convencido de que la ley de la resta tiene efectos positivos en casi cualquier faceta de nuestras vidas, no solo en el diseño de presentaciones o al hablar en público. A menudo, lo que falta es superior a lo que hay. «Cuando quitamos el elemento preciso de la manera adecuada, normalmente sucede algo bueno», afirma.

> La creatividad es muy a menudo mal interpretada. Mucha gente piensa en ella en relación con el trabajo artístico: un esfuerzo desbocado y sin dirección que produce resultados hermosos. Pero si profundizamos más, veremos que algunas de las formas de arte más evocadoras —haikus, sonatas, cuadros religiosos— están plagadas de limitaciones.
>
> MARISSA MAYER,
> directora ejecutiva de Yahoo!

Las charlas TED se han visto más de mil millones de veces, lo que demuestra que una presentación constreñida es a menudo más evocadora, creativa y estimulante que las más largas y cargadas de digresiones, que son aburridas, confusas y enrevesadas.

La historia del mundo en dieciocho minutos

Una explicación sencilla de un tema complejo genera en el público confianza en que el orador domina el asunto. Albert Einstein dijo una vez: «Si no podemos explicarlo con sencillez es que no lo entendemos lo suficientemente bien». Se habría sentido orgulloso de David Christian, quien, en marzo de 2011, narró la historia completa del universo ante el público de TED y tardó dieciocho minutos en hacerlo (diecisiete minutos y cuarenta segundos, para ser más exactos).

Christian me contó que imparte un curso de historia del mundo que recorre toda la historia del universo, desde el Big Bang —hace trece mil millones de años— hasta nuestros días. The Teaching Company ofrece dicho curso, titulado *La gran historia*, como una serie de cuarenta y ocho clases de media hora cada una. Su profundo conocimiento del tema le permitió condensar el contenido en el tiempo justo para cautivar la atención del público e incitarlo a poner más empeño en el cuidado de nuestro frágil planeta. «Llevo impartiendo este curso más de veinte años, por lo que tengo ya una visión general de la historia y eso significa que puedo contarla en muchas versiones diferentes», me dijo Christian.[6]

E. F. Schumacher, economista y autor de *Lo pequeño es hermoso*, dijo una vez: «Cualquier tonto inteligente puede hacer las cosas más grandes y más complejas. Hace falta un toque de genialidad y mucho valor para moverse en la dirección contraria». «Valor» es la palabra clave. Hace falta valor para hacer sencillas las cosas. Hace falta valor para poner una sola imagen en una transparencia de PowerPoint, en lugar de llenarla de texto diminuto que la mayoría de la gente en el público ni siquiera será capaz de leer. Hace falta valor para reducir el número de transparencias en una presentación. Hace falta valor para hablar durante dieciocho minutos en lugar de divagar durante mucho más tiempo. Leonardo da Vinci dijo: «La sencillez es la máxima sofisticación». Seamos sofisticados. Hagamos que nuestras presentaciones y discursos sean breves y sencillos.

> Se nos va la vida en los detalles. Simplifiquemos, simplifiquemos.
>
> HENRY DAVID THOREAU

La regla del tres

Todo el fundamento científico sobre la importancia de la concisión es interesante, pero no significa gran cosa a menos que podamos aplicarla para mejorar el impacto de nuestro discurso o presentación. ¿Cómo podemos condensar nuestro conocimiento en una presentación de dieciocho minutos? Entender la regla del tres nos ayudará a conseguirlo. Esta regla simplemente afirma que las personas son capaces de recordar tres datos realmente bien, pero si añadimos más elementos la retención se resiente de manera considerable. Es uno de los conceptos más potentes a la hora de escribir y comunicar. Yo lo he utilizado con muy buenos resultados con comunicadores pertenecientes prácticamente a todos los sectores. Me funciona cada vez que lo uso, y funciona en algunas de las charlas TED más populares.

El blog de Neil Pasricha trata un amplio espectro de temas. Está dedicado a mil cosas asombrosas, como una nevada en Navidad, el hecho de que nuestro cumpleaños caiga en fin de semana, que alguien le ponga nuestro nombre a su hijo, etc. Esta sencilla idea para un blog le permitió lograr un contrato con una editorial, veinticinco mil seguidores en Twitter y una charla TEDx en Toronto que ha acumulado más de un millón de visionados. En esta presentación, Pasricha no intentó cubrir las mil pequeñas cosas que hacen que la vida merezca la pena, sino que se centró en tres secretos (todos comienzan con la letra «a») para llevar una vida verdaderamente satisfactoria. La tituló «Las tres aes alucinantes».

Las tres aes alucinantes

En una charla profundamente personal, Pasricha contó una anécdota sobre su vida en 2008. Las cosas no le iban bien. Su mujer lo
sentó un día y le dijo: «Ya no te quiero».[7] Era lo más descorazonador
que había oído nunca, hasta que un mes después recibió más malas
noticias: «Mi amigo Chris, que había estaba luchando contra una
enfermedad mental durante un tiempo, […] se quitó la vida».

Rodeado de nubes negras, Pasricha se conectó a un ordenador y
creó un blog para obligarse a pensar en cosas positivas. Ese ejercicio
lo puso de mejor humor, pero no le dio mayor importancia, porque
cada día se crean cincuenta mil nuevos blogs. Sin embargo, el suyo,
1000awesomethings.com, enseguida se hizo popular y un día recibió
la llamada de alguien que le anunció: «Acaba usted de recibir el
premio al mejor blog del mundo». «Me sonó completamente falso»,
siguió diciendo entre las risas del público. Pero no lo era, y Pasricha
aceptó el premio Webby al mejor blog. Cuando volvió a Toronto,
diez agentes literarios estaban deseando representarlo. El libro que
acabó escribiendo, *The Book of Awesome*, se mantuvo en las listas
de los más vendidos durante veinte semanas consecutivas.

Las tres aes alucinantes que Pasricha expuso ante el público de
TEDx aquel día eran: actitud, atención y autenticidad. Habló brevemente de cada una de ellas. Sobre la actitud, Pasricha dijo que
todos nos encontramos obstáculos en el camino, pero tenemos dos
opciones a la hora de hacerles frente: «La primera consiste en sumergirse en la melancolía y la fatalidad; la segunda pasa primero por
llorar para luego afrontar el futuro con una mirada nueva. Tener una
actitud excelente es elegir la segunda opción; optar, por difícil que
sea, por mucho que sea el dolor que sintamos, por seguir adelante
y avanzar dando pequeños pasos hacia el futuro».

En cuanto a la atención, Pasricha animó a sus oyentes a sacar a
relucir al niño de tres años que llevaban dentro. «Ese niño de tres
años, esa niña de tres años, siguen formando parte de quien somos.
Están allí. Estar atentos consiste simplemente en recordar que hubo
una vez que fue la primera que vimos todo lo que conocemos.»

Sobre la autenticidad, esto es lo que tenía que decir: «Se trata simplemente de ser uno mismo y de estar a gusto en nuestra propia piel. Creo que cuando uno es auténtico termina dejándose guiar por su corazón y se pone en lugares, situaciones y conversaciones que le encantan y que disfruta, conoce gente con la que le gusta hablar, va a lugares con los que soñó y termina siguiendo a su corazón y sintiéndose plenamente realizado».

El mágico número siete, más o menos dos

La regla del tres. Intuitivamente, Pasricha había entendido esta potente técnica de comunicación y había sabido sacarle provecho. En pocas palabras, la mente humana únicamente es capaz de digerir aproximadamente tres «pedazos» de información en la memoria a corto plazo, o memoria de trabajo. A medida que se van añadiendo nuevos elementos a esa lista, una persona normal va perdiendo la capacidad de retenerlos. Es un poco más difícil recordar cuatro cosas que tres, y lo es aún más recordar cinco. Una vez que el número de elementos alcanza los ocho, la mayoría de las personas tienen pocas posibilidades de recordar la secuencia completa.

En 1956, los Bell Labs pidieron ayuda a George Miller, un profesor de Harvard que había publicado un artículo clásico titulado «The magical number seven, plus or minus two» («El mágico número siete, más o menos dos»). Miller había llegado a la conclusión de que la mayoría de las personas tenían dificultades para recordar más de siete elementos de información nueva. Ahora ya sabemos por qué los números de teléfono en Estados Unidos tienen siete dígitos. Sin embargo, actualmente los científicos creen que el número de elementos que podemos recordar fácilmente a corto plazo está más cerca de tres o cuatro que de los siete de Miller. Pensémoslo un momento con calma. Cuando alguien deja su número de teléfono en el buzón de voz, es probable que lo recordemos troceándolo en dos partes: la primera, compuesta por los tres primeros dígitos, y la segunda, por los cuatro restantes.

La regla del tres está por todas partes en nuestro día a día

Cada Cuatro de Julio, Estados Unidos celebra tres derechos inalienables reconocidos en la Declaración de Independencia: derecho a la vida, a la libertad y la búsqueda de la felicidad. Vida, libertad y felicidad bien pueden ser las tres palabras más importantes de la historia de Estados Unidos. Son tan significativas y trascendentales que se merecen su propia página en Wikipedia, donde nos enteramos de que hay quien considera que esta es una de las frases «mejor redactadas y más influyentes de la historia de la lengua inglesa». Estas tres palabras sirvieron de inspiración para que otros países, en particular Francia, luchasen por sus propias libertades frente a la opresión y estableciesen los derechos de sus ciudadanos en grupos de tres. El lema «libertad, igualdad y fraternidad» se remonta a la Revolución francesa. La lista de países que se inspiraron directamente en la Declaración de Independencia estadounidense es tan larga que no creo que sea exagerado decir que esas tres palabras bien pueden considerarse las más importantes en la historia de la humanidad.

¿Por qué escogió Jefferson esos tres derechos en lugar de, por ejemplo, doce? Jefferson era un escritor con talento, y su famosa frase refleja un recurso cuyos orígenes se remontan a la antigua Grecia, una figura retórica consistente en utilizar tres palabras para expresar una idea.

La regla del tres llega a todos los ámbitos de nuestra vida social y profesional. En literatura tenemos los tres cerditos, los tres mosqueteros y los tres deseos que se le conceden al ambicioso Aladino. Los pintores conocen bien los tres colores primarios (y los tres secundarios también). En ciencia, Newton descubrió tres leyes y los científicos descubrieron tres elementos que componen el átomo. Al sentarnos a la mesa para cenar, nos encontraremos tres cubiertos: cuchara, cuchillo y tenedor. La bandera de Estados Unidos tiene tres colores, cosa que también sucede con las de Reino Unido, Francia, Italia, Argentina, la Federación Rusa, Nepal y muchos otros países. Hay tres medallas en los Juegos Olímpicos. Tres reyes magos aparecieron con tres regalos para Jesús recién nacido. El propio

Jesús forma parte de la Santísima Trinidad, junto al Padre y al Espíritu Santo. La regla del tres contribuyó a que resultase elegido el presidente estadounidense Barack Obama: «Yes we can», coreaban los votantes. Algunas de las marcas más famosas del mundo son: ING, UPS, IBM, SAP, CNN y la BBC. El tres está por todas partes.

Al hablar y al escribir, tres es más satisfactorio que cualquier otro número. No es casualidad que haya treses a todo nuestro alrededor. Le funcionó a Jefferson, les funcionó a los mejores escritores del mundo y les funciona a muchos oradores de TED. Jill Bolte Taylor, que dio la segunda charla más popular de la historia de TED, «El poderoso derrame de iluminación de Jill Bolte Taylor», la dividió en tres partes, cada una de las cuales duraba seis minutos. Así, a ella le resultaba más fácil recordar y dar su presentación, y también era más sencillo para el público seguir el hilo. A continuación veremos varios ejemplos de la regla del tres en presentaciones de TED.

Oradores de TED que hablan de tres en tres

Seguro que recordamos a Kevin Allocca, el director de tendencias en YouTube que conocimos en el capítulo 6, a quien le pagan por ver vídeos. De hecho, estudia la naturaleza viral de los vídeos más populares. Allocca afirma que cada minuto se suben a YouTube cuarenta y ocho horas de vídeo, de las que solo un minúsculo porcentaje se hacen virales y generan millones de visionados en un breve período de tiempo.

«¿Cómo sucede eso? Hay tres elementos: los creadores de tendencias, las comunidades de participación y el factor sorpresa», empezó diciendo Allocca.[8] En los diez minutos que duró su presentación, proporcionó información valiosa a los comerciantes y, al dividirla en tres ámbitos, hizo que el material fuese fácil de recordar.

Allocca no es el único orador de TED que divide el contenido en tres partes: Don Norman explicó tres maneras en que el diseño nos hace felices; Tom Wujec habló de las tres formas que tiene el cerebro de crear significado; V. S. Ramachandran expuso las tres claves para comprender nuestro cerebro; Tim Leberecht discutió las tres maneras en que las marcas pierden el control de su identidad; Ric Elias habló de las tres cosas que aprendió cuando su avión se estrelló; Mikko Hypponen reveló los tres métodos mediante los que los delincuentes pueden robarnos la información digital; Dan Ariely ofreció tres lecciones irracionales extraídas del escándalo de Bernie Madoff. Existe incluso una charla TED de tres minutos —titulada «TED en tres minutos»— que consta de breves perlas de inspiración por parte de Arianna Huffington, David Pogue, columnista sobre tecnología en *The New York Times*, y Terry Moore, quien dio la primera charla TED de tres minutos, en la que le mostró al público cómo atarse mejor los zapatos. La charla de los zapatos ha sido vista más de un millón y medio de veces. La gente anhela que le enseñen algo nuevo y no quiere esperar mucho para aprenderlo.

La estructura de las tres historias

Según el espíritu de la regla del tres, muchos presentadores de TED efectivos, y otros que bien podrían aparecer en TED, utilizan tres historias como esquema sobre el que crear sus presentaciones. Aquí veremos un ejemplo, seguido de una explicación detallada de cómo pergeñar un esquema para nuestra presentación.

Tres historias de ecoactivismo

Majora Carter explica que le gusta crear un entorno en el que todos los sueños puedan florecer. Carter se ha labrado una reputación como experta en infraestructura verde y en cómo revitalizar centros urbanos como los de South Bronx, South Chicago o el Ninth Ward de Nueva Orleans. La charla que ofreció en TED 2006, titulada «Un recorrido por la renovación urbana de la mano de Majora Carter», fue una de las primeras en publicarse online. Cuatro años después, la invitaron a dar una presentación en TEDx Midwest sobre el ecoactivismo. Puesto que solo disponía de dieciocho minutos, decidió contar tres historias, de tres personas que no se conocían entre sí pero que «tenían muchísimo en común».[9]

Primero contó la historia de Brenda Palms-Farber, que creó una empresa que fabrica productos para el cuidado de la piel a base de miel. Contrató a hombres y mujeres aparentemente no aptos para trabajar, muchos de los cuales habían estado en prisión, para cuidar de las abejas y recolectar la miel. Sus productos se venden ahora en Whole Foods, y lo mejor de todo es que menos del 4 por ciento de las personas que contrata vuelven a pasar por la cárcel.

Su segunda historia trataba sobre Andy Lipkis, de Los Ángeles, que convenció al ayuntamiento para que dedicase varios millones de dólares a sustituir parte del asfalto por césped y árboles para mejorar las escuelas de los barrios. Lipkis «estableció vínculos entre los árboles, las personas y la tecnología para crear una ciudad más habitable».

La protagonista de la última historia de Carter era la hija de un minero del carbón —pero no se llamaba Loretta Lynn, sino Judy Bonds— que llevó la energía eólica como fuente de electricidad a su pueblo natal en Virginia Occidental. Tras explicar el plan de Bonds, Carter hizo una pausa y dio la mala noticia: «Hace unos meses, a Judy Bonds le diagnosticaron un cáncer de pulmón en fase tres, que desde entonces se ha extendido a los huesos y el cerebro. Me resulta raro que esté sufriendo precisamente aquello de lo que con tanto empeño trató de proteger a otras personas. Pero su sueño del Coal River Mountain Wind es su legado. Puede que no llegue a ver la cumbre, pero en lugar de escribir algún tipo de manifiesto o algo así, lo que Judy dejará escrito será un plan de negocio para que se haga realidad».

Carter enlazó las tres historias a través de un tema central: «Todos ellos saben cómo canalizar el dinero de forma productiva a través de nuestras economías locales para satisfacer la demanda existente en el mercado, reducir los problemas sociales que padecemos actualmente y evitar otros nuevos en el futuro».

Tres historias. Tres ejemplos. Tres lecciones que refuerzan el tema fundamental de Carter.

Cómo crear un mapa de mensajes en tres pasos sencillos

Escribí una popular columna en *Forbes* titulada «How to Pitch Anything in Fifteen Seconds» («Cómo vender cualquier cosa en quince segundos»)[10] en la que les presentaba a los lectores una efectiva herramienta denominada mapa de mensajes, que es perfecta para un discurso de ventas o una presentación. La técnica nos ayuda a mantener el contenido claro y conciso, pero no funciona a menos que entendamos la regla del tres.

Un mapa de mensajes es una representación visual de nuestra idea en una página. Es una herramienta potente que debería formar parte de nuestro arsenal de comunicación. Crear un mapa de mensajes nos puede ayudar a vender cualquier cosa (un producto, un servicio, una compañía o una idea) en tan solo quince segundos, o servir como marco conceptual para una presentación de dieciocho minutos. Ahora veremos los tres pasos del proceso para utilizarlo en el desarrollo de un discurso exitoso. Para este ejercicio necesitaremos un cuaderno, un documento de Word, una trasparencia de PowerPoint o una pizarra.

Primer paso: Redactar un titular pensado para Twitter

Como recordaremos del capítulo 4, el titular es el mensaje global con el que queremos que nuestros clientes se queden al finalizar nuestra presentación. Preguntémonos: «¿Qué es lo más importante que quiero que mi interlocutor conozca sobre mi producto, servicio, marca o idea?». Tracemos un círculo en la parte superior del mapa de mensajes (o página) e introduzcamos en él la respuesta a esta pregunta. Ese será nuestro titular. Recordemos que debe caber en un solo tuit (cuyo límite es de ciento cuarenta caracteres). Si no podemos explicar nuestro producto o idea en ciento cuarenta caracteres, tendremos que volver a empezar desde el principio.

Segundo paso: Reforzar el titular con tres mensajes clave

Como ya hemos visto en este capítulo, la mente humana solo puede procesar alrededor de tres porciones de información en la memoria a corto plazo. Cuando estamos diseñando el esquema de una presentación, incluyamos los tres mensajes secundarios que refuercen el tema principal. Recordemos cómo Jill Bolte Taylor dividió su popular charla TED, «El poderoso derrame de iluminación de Jill Bolte Taylor», en tres secciones, cada una de las cuales duraba seis minutos: la circuitería del cerebro, el día del derrame y lo que la experiencia le permitió aprender sobre la vida, el mundo y su lugar en él.

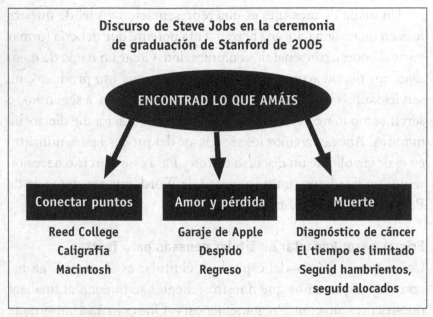

7.1. Ejemplo de mapa de mensajes: discurso de Steve Jobs en la ceremonia de graduación de Stanford de 2005. Creado por Gallo Communications Group (www.carminegallo.com).

Tercer paso: Reforzar los tres mensajes con anécdotas, estadísticas y ejemplos

Añadamos una lista con varias ideas de apoyo para cada uno de los mensajes secundarios. No tenemos que escribir la historia completa; basta con unas pocas palabras que nos sirvan como guía. Recordemos que el mapa completo debe caber en una página.

Para ilustrar el proceso, la figura 7.1 representa el aspecto de un mapa de mensajes del famoso discurso que Steve Jobs pronunció en la ceremonia de graduación de la universidad de Stanford en 2005. Su duración, de quince minutos, es muy apropiada para TED. Tiene un tema, el titular «Encontrad lo que amáis», perfecto para Twitter. Está dividido en tres partes (conectar puntos, amor y pérdida, y muerte) con tres ideas de apoyo para cada una de ellas. El resultado es una representación clara de lo que el oyente debe saber de un vistazo. Crear un mapa de mensajes para el contenido de nuestra presentación es una manera sumamente eficiente y efectiva de asegurarnos de que nuestra presentación no es demasiado larga o desorganizada.

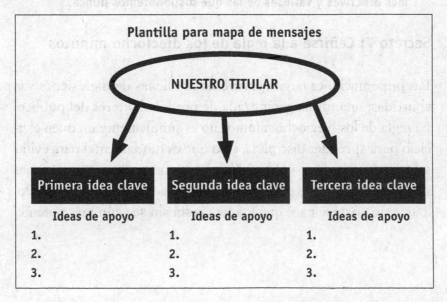

7.2. Plantilla para mapa de mensajes. Creada por Gallo Communications Group (www.carminegallo.com).

Nota TED

VAMOS A CREAR NUESTRO PROPIO MAPA DE MENSAJES. Utilizando la plantilla de la figura 7.2, introduzcamos en la burbuja de la parte superior el titular que redactamos en el capítulo 4. A continuación, pensemos cuál es nuestra regla del tres. Tomemos el producto, servicio, marca o idea para el que hemos pensado el titular y desarrollemos tres ideas para reforzarlo. Si tenemos más de tres mensajes clave, dividamos el contenido en tres categorías e insertémoslas en tres burbujas por debajo de la del titular. Por último, ¿podemos crear ideas de apoyo de tres en tres dentro de cada categoría? Pueden ser historias, ejemplos, anécdotas o estadísticas relevantes, como ya hemos comentado en los capítulos anteriores. Podemos utilizar el mapa de mensajes para presentar cualquier idea, producto, servicio o compañía. Es una de las herramientas más efectivas y valiosas de las que dispondremos nunca.

Secreto 7: Ceñirse a la regla de los dieciocho minutos

Las presentaciones largas, enrevesadas y llenas de digresiones son aburridas: una forma garantizada de perder el interés del público. La regla de los dieciocho minutos no es simplemente un buen ejercicio para aprender disciplina, sino que es fundamental para evitar sobrecargar a nuestro público. No olvidemos que las presentaciones sujetas a restricciones exigen más creatividad. Dicho de otro modo, lo que no aparece hace que lo que sí está ahí sea aún más potente.

8

Pintar un cuadro mental mediante experiencias multisensoriales

> Es mejor dar una explicación con palabras e imágenes que únicamente con palabras.
>
> RICHARD MAYER, psicólogo, universidad
> de California en Santa Bárbara

El agua no es algo en lo que pensemos mucho a menos que no la tengamos. Entonces se convierte en la única cosa en la que podemos pensar. Tras el tsunami que sacudió el océano Índico en 2004 y el huracán Katrina en 2005, Michael Pritchard tuvo la inspiración de inventar un sistema portátil de filtrado de agua. En esas catástrofes, la gente murió o se puso gravemente enferma por falta de agua potable. Pritchard inventó el filtro portátil LIFESAVER, que obtiene agua potable a partir de agua sucia. En 2009, Pritchard ofreció una charla en TED sobre su invento que ha sido vista más de tres millones de veces y ha recibido una atención que es la envidia de cualquier emprendedor.

Pritchard abre su presentación con la fotografía de un niño harapiento recogiendo agua sucia y maloliente en un campo embarrado. «Veo que han disfrutado del agua que les han proporcionado en la conferencia durante los últimos días. Estoy seguro de que confían en que proviene de una fuente segura —empezó diciendo—. Pero ¿y si no es así? ¿Y si viene de una fuente como esta? Las estadísticas indican que la mitad de ustedes podrían sufrir de diarrea.» Había captado la atención del público desde el principio (un momento de asombro) con una fotografía sobria pero sugerente y una estadística que hizo que los espectadores se revolviesen en sus asientos. Y no había hecho más que empezar.

A los tres minutos de comenzar la presentación, Pritchard se acercó a un acuario lleno en sus tres cuartas partes con agua tomada del cercano Támesis. Estaba bastante limpia, solo ligeramente turbia. «Pero me puse a pensar que, si estuviéramos en mitad de una zona inundada de Bangladesh, el agua no tendría este aspecto. Así que he traído algunas cosas para agregarle.» Dicho lo cual, empezó a añadir más líquido: agua de su estanque, del drenaje de una granja y, en un gesto que elevó realmente la intensidad emocional de la demostración, «un regalo del conejo de un amigo mío».[1]

Pritchard recogió un poco de agua con su aparato, la bombeó brevemente y, ya potable, la vertió en un vaso y se la bebió, como también hizo Chris Anderson, comisario de TED, que estaba sentado junto al escenario. La demostración entera no duró más de tres minutos.

La presentación de Pritchard estuvo compuesta de fotografías, estadísticas y demostraciones. No fue una sola gran cosa lo que hizo que resultase especialmente memorable, sino las tres juntas.

Secreto 8: Pintar un cuadro mental mediante experiencias multisensoriales

Usemos en nuestras presentaciones componentes que abarquen más de un sentido: vista, oído, tacto, gusto y olfato.

Por qué funciona: Como ya sabemos, el cerebro no presta atención a las cosas aburridas. Es casi imposible aburrirse si uno está expuesto a imágenes hipnóticas, vídeos cautivadores, accesorios intrigantes, palabras hermosas y más de una voz insuflándole vida a la historia. Nadie nos va a pedir que introduzcamos elementos multisensoriales en nuestra presentación, pero, una vez que los experimenten, les encantarán. El cerebro ansía tener experiencias multisensoriales. Es muy posible que el público no sea capaz de explicar por qué les encanta la presentación: será nuestro pequeño secreto.

Las experiencias multimedia potencian el aprendizaje

Hace unos años tuve una conversación con Richard Mayer, profesor de psicología en la universidad de California en Santa Bárbara y principal defensor del aprendizaje multimedia. En un estudio titulado «A Cognitive Theory of Multimedia Learning» («Una teoría cognitiva del aprendizaje multimedia»), Mayer indica que es mucho más efectivo explicar conceptos comunicando la información a través de diversas vías sensoriales (auditivas, visuales o cenestésicas, por ejemplo). Está convencido de que uno de los ámbitos de investigación más importantes dentro de la psicología cognitiva es la comprensión de cómo la multimedia puede fomentar el aprendizaje por parte de los alumnos.

En sus experimentos, los estudiantes que fueron expuestos a entornos multisensoriales —texto, imágenes, animación y vídeo— en todos los casos (no solo a veces, sino siempre) dieron muestra de una retención más precisa de la información que aquellos que solo la habían oído o leído. Mayer explica que el principio no debería ser sorprendente: cuando al cerebro se le permite construir dos representaciones de una explicación —un modelo verbal y otro visual—, las conexiones mentales no son solo ligeramente más fuertes, sino muchísimo más intensas. Si a eso le añadimos el sentido del tacto, ¡mejor todavía!

Las diferencias entre los dos tipos de aprendizaje (auditivo y visual) fueron aún más espectaculares cuando el público, las personas que estaban recibiendo la información, desconocían con anterioridad al experimento el material que se les iba a mostrar. Los alumnos con un elevado conocimiento previo del contenido pueden generar sus propias imágenes mentales con tan solo escucharlo o leerlo.[2]

Pensemos en las presentaciones más importantes que damos. Probablemente nuestro público está compuesto por personas con un limitado conocimiento previo de la información:

- Presentar una nueva idea, producto, compañía o campaña.
- Explicar nuevas reglas, procesos o directrices.
- Enseñar a los alumnos en el primer día de clase.
- Formar a empleados o vendedores en el uso de nuevas herramientas o novedosas iniciativas de atención al cliente.
- Vender un producto a un cliente que nunca lo ha usado o ha oído hablar de él.
- Lanzar un producto o servicio original y revolucionario.
- Pedir dinero a un inversor para financiar el crecimiento de nuestra empresa.

En cada uno de estos casos, una experiencia multisensorial suele conducir a los mejores resultados. Estos públicos están compuestos de seres humanos que, aunque quizá sean escépticos o difíciles de convencer, no son inmunes a la psicología que determina su comportamiento. Todos respondemos a la estimulación visual, auditiva y táctil.

Los grandes oradores lo saben y crean presentaciones predominantemente alrededor de uno de los sentidos, pero incorporando al menos uno o dos más: vista, oído, tacto, olfato y gusto. Es más difícil hacerlo con el olfato y el gusto, pero Pritchard nos dio un ejemplo de cómo estimular ambos sentidos sin establecer contacto físico con el público: si una persona imagina cómo huele o sabe el agua, se activan en el cerebro las mismas zonas que si realmente la ingiriese. Así pues, dejando de lado el olfato y el gusto, nos centraremos en la vista, el oído y el tacto.

Verlo

Siempre que sea posible, utilicemos imágenes en lugar de texto en las transparencias para una presentación. Es mucho más probable que el público retenga la información cuando se le comunica como una combinación de imágenes y texto que si es solo en forma de texto. Como lo visual se impone sobre el resto de los sentidos, dedico gran parte de este capítulo a las técnicas para hacer que nuestra presentación sea más visual. Llevar al público en un viaje a través de las imágenes que hemos creado tiene algo de arte y algo de ciencia. Debemos pensar de forma creativa sobre la manera de plasmar nuestras ideas en imágenes visualmente sugerentes. Durante treinta años, los mejores cerebros del planeta han hechizado al público de TED en todo el mundo con imágenes poderosas, cautivadoras, estimulantes y memorables. Así es como consiguen difundir las ideas.

La presentación multimedia de Al Gore enciende el movimiento sobre el cambio climático

El exvicepresidente estadounidense Al Gore ganó el Premio Nobel de la Paz en 2007 por su trabajo en relación con el calentamiento global. Gore fue la estrella de la conferencia TED en Monterey el año anterior, en la que mostró las mismas transparencias que hizo famosas en el documental *Una verdad incómoda*, que ganó el Oscar. Cuando recibió el Nobel, la comunidad TED online preguntó a los *TEDsters* que habían asistido a la presentación de Gore cómo les había afectado o cómo había cambiado sus vidas. Estas son algunas de las respuestas:

> La charla de Al Gore en TED me abrió los ojos a lo que tenía que hacer por la generación de mis nietos, y ahora tengo en cuenta nuestro efecto sobre la Tierra en todas las inversiones que realizamos.

> HOWARD MORGAN,
> inversor de capital riesgo

La presentación de Gore sobre la crisis climática fue tan fascinante y estimulante —su pasión era palpable— que decidí compartirla con nuestros hijos, y el mayor, Charlie, que ahora tiene
once años, se ha convertido en una campaña unipersonal de promoción de la lucha contra el cambio climático. Creó su propia
presentación de PowerPoint, que le muestra prácticamente a todo
el que conoce.

JEFF LEVY,
director ejecutivo

La charla de Gore en TED 2006 supuso un punto de inflexión
en mi vida.

DAVID S. ROSE,
padrino empresarial[3]

Estos no son más que unos pocos de los comentarios de personas
que se han sentido inspiradas tras ver la presentación de Gore sobre
la amenaza del calentamiento global, sus causas y lo que podemos
hacer al respecto.

Las transparencias de Al Gore, diseñadas con el programa Keynote, constituyen un ejemplo asombroso de hasta qué punto la presentación visual de información tiene la capacidad de incitar a la
acción. El público de TED que se congregó en Monterey en febrero
de 2006 pudo ver un avance de las transparencias que aparecerían
en el documental unos pocos meses más tarde.

La historia que hay detrás de *Una verdad incómoda* comienza
dos años antes. El 27 de mayo de 2004, durante una aparición
pública en Nueva York tras el estreno de la película *El día de mañana*, Gore dio en diez minutos una versión abreviada de su presentación en un encuentro sobre cambio climático. La productora
Laurie David se encontraba entre el público: «No la había visto
antes y me dejó devastada. En cuanto concluyó el programa de la
velada, le pedí que me permitiese hacer llegar su discurso completo a líderes y amigos, tanto en Nueva York como en Los Ángeles.

Yo me encargaría de toda la organización si él se comprometía a reservarme las fechas. La presentación de Gore era la explicación más clara y potente del calentamiento global que yo había visto nunca. Me impuse la obligación de conseguir que todos mis conocidos la viesen también».[4]

Detengámonos en esta observación de Laurie David: «la explicación más clara y potente» que había visto nunca. Si Gore no hubiese empleado transparencias para representar de forma visual el calentamiento global, es muy poco probable que hubiese inspirado a David para hacer un documental sobre el tema. David se sintió inspirada porque el evento multimedia al que asistió se parecía más a una película que a una típica presentación.

Tuve la oportunidad de entrevistar a sir Richard Branson para mi columna en Forbes.com sobre liderazgo y comunicación. Le pregunté si alguna vez había visto una presentación que le hubiese dejado boquiabierto. Su respuesta: la de Al Gore sobre el calentamiento global.

[Al Gore] presentó los efectos irreversibles que seguir haciendo como si nada pasase tiene para nuestro frágil planeta. Tuvimos una conversación constructiva sobre cómo un empresario que trabaja en sectores basados en combustibles contaminantes (aviones, trenes) puede abrir mercados tecnológicos limpios y buscar nuevas y mejores maneras de hacer negocios. Esto me llevó a invertir el cien por cien de los beneficios que Virgin obtiene del transporte en energías limpias y en promover que otras empresas también les den prioridad a las personas, el planeta y los beneficios.[5]

SIR RICHARD BRANSON,
fundador del grupo Virgin

Si Gore se hubiese limitado a leer el texto sin ningún acompañamiento visual, no habría conseguido inspirar o fascinar a tanta gente. Sus ideas se habrían perdido o, en el mejor de los casos, habrían llegado únicamente a un muy reducido grupo de individuos excepcionalmente comprometidos con el asunto. La presentación visual de información compleja hizo que el tema pareciese sencillo y fácil de comprender. En la tabla 8.1 podemos ver cómo Al Gore explica los fundamentos científicos básicos que hay tras el calentamiento global. La columna de la izquierda recoge sus palabras; la de la derecha explica las imágenes que aparecían en las transparencias correspondientes y la animación visual que hacía que resultasen tan impresionantes.

LAS PALABRAS DE AL GORE JUNTO A LA DESCRIPCIÓN DE SUS RESPECTIVAS TRANSPARENCIAS

PALABRAS	TRANSPARENCIAS
La parte más vulnerable del sistema ecológico terrestre es la atmósfera; vulnerable por ser tan fina [...]. Es tan delgada que somos capaces de alterar su composición. Lo cual nos lleva al fundamento científico básico del calentamiento global. La radiación solar llega en forma de ondas de luz que calientan la Tierra.	Imagen de la Tierra, el Sol y rayos amarillos animados que salen de este último.
Parte de la radiación que se absorbe y calienta la Tierra después se vuelve a emitir hacia el espacio en forma de radiación infrarroja.	Animación que muestra líneas rojas —que representan la radiación infrarroja— que salen de la atmósfera terrestre.
Parte de esa radiación infrarroja que se emite hacia el espacio es detenida por esta capa de la atmósfera, que evita que se escape.	Algunas de las líneas quedan atrapadas bajo la fina capa de atmósfera, en lugar de continuar hacia el espacio.

PALABRAS	TRANSPARENCIAS
Esto es positivo, porque hace que la temperatura terrestre se mantenga dentro de unos ciertos límites, sea relativamente constante y compatible con la vida. El problema es que el grosor de esta capa atmosférica está creciendo debido a la polución que llega hasta allí, de manera que una mayor proporción de la radiación infrarroja emitida hacia el espacio queda atrapada, y la atmósfera se calienta a escala mundial.	Fotografías de fábricas echando humo.

Tabla 8.1. Las palabras de Al Gore en su presentación sobre *Una verdad incómoda* junto a la descripción de sus respectivas transparencias.[6]

Gore es consciente de que un material complejo requiere una explicación sencilla y más imágenes para ayudar al público a entender los conceptos. Recordemos a Robert Ballard, el explorador del *Titanic* a quien conocimos en el capítulo 4. Su presentación en TED 2008 contenía 57 transparencias, ninguna de las cuales contenía ni una sola palabra. Mostró fotografías y representaciones artísticas de los fascinantes mundos submarinos que había descubierto, pero nada de texto. ¿Por qué? «Estoy contando una historia, no dando una clase», me dijo Ballard.

Nancy Duarte, experta en el diseño de presentaciones y autora de *Resonancia*, creó las transparencias para la presentación de Al Gore sobre el calentamiento global. Conozco bien a Nancy y sé que compartimos el gusto por una cierta estética a la hora de diseñar transparencias y una filosofía de cómo las presentaciones pueden realmente transformar el mundo. Como dijo Duarte en una charla de TEDx: «Una sola idea puede dar pie a toda una corriente, ser el faro que guíe un movimiento e incluso puede reescribir nuestro futuro. Pero esa idea no tendrá ningún poder si no llega a salir de nuestro interior [...]. Si comunicamos la idea de manera que resuene, el cambio se producirá».[7]

El fin del PowerPoint tal y como lo conocemos

TED representa el fin del PowerPoint tal y como lo conocemos. Puesto que todos estamos ya hartos de la «muerte por PowerPoint», ha llegado la hora de acabar con él definitivamente. Quiero que quede claro que no abogo por acabar con el PowerPoint como herramienta, sino por el fin del diseño tradicional abarrotado de texto y listas de puntos. En promedio, una transparencia de PowerPoint tiene casi cuarenta palabras. Es prácticamente imposible encontrar una transparencia en una charla de TED que contenga una cantidad de palabras cercana a esa cifra, y estas están consideradas entre las mejores presentaciones del mundo.

Brené Brown es profesora e investigadora en la escuela de posgrado de Trabajo Social de la universidad de Houston. Su presentación, de la que ya hemos hablado, titulada «El poder de la vulnerabilidad», ha sido vista más de siete millones de veces. Afortunadamente, Brown nunca se enteró de que, en promedio, una transparencia de PowerPoint, contiene cuarenta palabras. Las transparencias abarrotadas de texto distraen del mensaje; las de Brown complementan la narración. ¿Cómo? Usando imágenes en lugar de palabras siempre que sea posible. El resultado es que Brown necesitó veinticinco transparencias para llegar a las cuarenta palabras, tantas como contiene una sola transparencia en la mayoría de las presentación en PowerPoint.

Por ejemplo, Brown comenzó su charla con una anécdota personal sobre su experiencia como estudiante de doctorado. Su primer tutor le solía decir: «Si no puedes medirlo, no existe». Durante los siguientes dos minutos, mientras ella seguía hablando, en la pantalla el público solo veía esa frase, la cita de su tutor. Tras esa primera transparencia, Brown mostró otra con una imagen de los dedos de un bebé en la mano de su madre mientras hablaba de su estudio sobre las conexiones interpersonales. Brown ganó puntos con el público al usar las transparencias como telón de fondo para su historia y no como sustituto para la historia que estaba contando verbalmente.

8.1. Brené Brown hablando en TED 2012. Cortesía de James Duncan Davidson/TED (http://duncandavidson.com).

Entre los comentarios en la página de Brown en TED.com se pueden leer los siguientes:

Una presentación excepcional y muy potente. Escuché cada palabra con la máxima atención.

MELANIE

Un mensaje contundente.

BILL

Contenido auténtico, sin filtros.

JULIETTE

Estos espectadores quedaron cautivados por el mensaje, el contenido y la estructura de la historia de Brown. Si los hubiese obligado a leer transparencias cargadas de palabras mientras hablaba, el mensaje habría caído en saco roto. ¿Por qué? Porque el cerebro no es capaz de hacer varias cosas a la vez tan bien como creemos.

La multitarea es un mito

«En lo que se refiere a la atención, la multitarea es un mito.» Esta es la tajante afirmación de John Medina, biólogo molecular en la facultad de Medicina de la universidad de Washington. Reconoce que, en cierto sentido, el cerebro realiza varias tareas simultáneamente (podemos caminar y hablar a la vez), pero, cuando de lo que se trata es de prestar atención a una clase, una conversación o una presentación, el cerebro simplemente es incapaz de hacerlo en el mismo grado a varios elementos. «Para que quede claro: los estudios demuestran que no podemos hacer varias cosas a la vez. Somos biológicamente incapaces de procesar simultáneamente varios estímulos que requieran atención.»[8]

Detengámonos un momento a pensar lo que esto quiere decir. ¿Acaso no estaremos imponiendo sobre nuestro público una carga insoportable cuando le pedimos que escuche con atención nuestras palabras y al mismo tiempo lea una extensa transparencia de Power-Point? ¡No puede hacer ambas cosas a la vez! Entonces ¿cómo conseguimos captar su interés, establecer una conexión emocional y hacer que presten atención sin que se distraigan? Una vez más, la respuesta está en la neurociencia: gracias al efecto de superioridad de las imágenes (PSE por sus siglas en inglés).

Las imágenes son superiores

Los científicos han acumulado una enorme cantidad de evidencias que demuestran que es más probable que los conceptos se recuerden cuando se presentan en forma de imágenes que si se hace como texto. En pocas palabras, los elementos visuales son muy importantes. Tres días después de haber escuchado una información, lo más probable es que solo recordemos un 10 por ciento del total. Pero, si a eso le añadimos una imagen, el porcentaje se eleva hasta el 65 por ciento. Para ponerlo en perspectiva, una imagen nos ayudará a recordar seis veces más información que el mero hecho de escuchar las palabras.

«El PSE en los humanos es realmente colosal —escribe John Medina—. Varias pruebas realizadas hace años demostraron que la gente podía recordar más de dos mil quinientas imágenes con un grado de precisión de al menos el 90 por ciento varios días después de verlas, aunque solo pudiesen contemplar cada una de ellas durante unos diez segundos. La tasa de precisión un año más tarde aún oscilaba alrededor del 63 por ciento [...]. Espolvoreadas en estos experimentos también había comparaciones con otras formas de comunicación, normalmente presentaciones orales o textuales. El resultado habitual era que el PSE las destrozaba a ambas. Y sigue siendo así.»[9]

Nuestros cerebros están programados para procesar la información visual —las imágenes— de manera muy diferente al texto y el sonido. Los científicos se refieren a este efecto como aprendizaje multimodal: las imágenes se procesan en varios canales en lugar de solo en uno, lo que le proporciona al cerebro una experiencia de codificación mucho más profunda y significativa.

Allan Paivio, profesor de psicología en la universidad de Ontario Occidental, fue el primero en introducir una teoría de codificación dual, según la cual la información visual y la verbal se almacenan en nuestra memoria por separado, ya sea en forma de imágenes, de texto, o ambos. Los conceptos que se aprenden en forma de imágenes se codifican tanto visual como verbalmente, mientras que las palabras solo se codifican verbalmente. Dicho de otro modo, las imágenes se graban en nuestros cerebros con mayor riqueza y son más fáciles de recordar. Por ejemplo, si nos piden que recordemos la palabra «perro», nuestro cerebro la registrará como un código verbal. Si nos muestran una imagen de un perro y nos piden que recordemos la palabra «perro», este concepto se grabará tanto visual como verbalmente, lo que incrementa las probabilidades de que lo retengamos. Ahora bien, todos sabemos lo que es un perro, y cuando un concepto nos resulta familiar aumenta también nuestra capacidad de recordarlo. Si, por el contrario, el material es novedoso para nosotros, como por ejemplo una de las presentaciones con información nueva que podemos ver en TED, almacenar los conceptos en forma de imágenes y de palabras resulta mucho más efectivo.

Estudios realizados con IRMf han confirmado la teoría de Paivio. Hoy en día sabemos que los estudiantes que aprenden mediante imágenes y palabras recuerdan la información más intensamente que aquellos que aprendieron únicamente a través de palabras. Los investigadores también emplean la expresión «principio multimedia»: la retención mejora cuando se usan palabras e imágenes, respecto a si solo se utilizan palabras. Esto tiene consecuencias importantísimas sobre la mejor manera de diseñar y dar una presentación que pretenda inspirar o convencer a la gente para que actúe.

Bill Gates es un fan de los elementos visuales

Desde que Bill Gates abandonó Microsoft para dedicar sus esfuerzos a la filantropía, ha estado pensando en cómo comunicar asuntos complejos con simplicidad. Gates aborda temas que van desde la reducción de las emisiones de carbono a reformar la educación para ayudar a los dos mil millones de personas más pobres, en su mayoría niños, a vivir una vida mejor. Estos son problemas complejos con soluciones complejas, pero las que no son complicadas son las transparencias de Gates. Son modelos de claridad y de superioridad de las imágenes.

En TED 2010, Gates dio una presentación titulada «¡Innovando hacia cero!», que se hizo muy popular. Bono, el cantante de U2, dijo que la presentación «me da esperanza», y la sitúa entre sus favoritas de la historia de TED. Antes dijimos que la transparencia de Power-Point típica contiene cuarenta palabras. Gates necesitó quince transparencias para alcanzar esa cifra total. En lugar de palabras, mostró fotos e imágenes. En su primera transparencia aparecía una fotografía de varios niños pobres en una aldea africana. «La energía y el clima son extremadamente importantes para estas personas. De hecho, no hay nadie en el planeta que dependa tanto de ambos factores —comenzó diciendo—. El empeoramiento del clima significa que muchos años, sus cultivos no crecerán. Habrá demasiada lluvia, o no la suficiente, las cosas cambiarán de manera que su frágil entorno simplemente no es capaz de asumir. Y eso conduce a la hambruna, a la incertidumbre y al desasosiego. Los cambios en el clima serán terribles para ellos.»[10]

Gates tiene una notable capacidad para hacer que un contenido complejo sea fácil de entender. Explicó el calentamiento global en siete segundos utilizando una sencilla fórmula visual. Según Gates, «se emite CO_2. Eso conduce a un aumento de la temperatura, que a su vez tiene efectos muy negativos». Su transparencia mostraba una fórmula sobre una foto del cielo. En la figura 8.2 se puede ver una recreación.

El vídeo de un huevo revuelto que lanzó un movimiento global

Como vimos, una de las presentaciones favoritas de Bill Gates en TED.com es «La historia de nuestro mundo en dieciocho minutos», de David Christian. Esta charla juega con los sentidos, en particular con el de la vista. En los primeros dos minutos y medio, no aparece texto en ninguna de sus transparencias.

Christian salió al escenario y dijo: «Primero, un vídeo».[11] A continuación, el público vio un vídeo de lo que parecía ser la preparación de un huevo revuelto. Enseguida resultó evidente que lo estaban viendo hacia atrás, y que lo que el vídeo mostraba era cómo el huevo dejaba de estar revuelto, la yema y la clara se separaban y volvían a la cáscara.

8.2. Recreación de la transparencia con fórmula CO_2 que Bill Gates empleó en su presentación en TED 2010. Creada por Empowered Presentations @empoweredpres.

Christian les dijo a los espectadores que el vídeo debería hacerles sentirse incómodos, porque no era natural. El universo no funciona así.

Un huevo revuelto es una mezcla. Un huevo es algo maravilloso y sofisticado que puede crear algo aún más sofisticado, como son los pollos. Y sabemos desde lo más profundo que el universo no pasa del desorden a la complejidad. De hecho, esta intuición se ve reflejada en una de las leyes fundamentales de la física: la segunda ley de la termodinámica, o ley de la entropía, que dice, en esencia, que la tendencia general del universo es ir del orden y la estructura a la falta de orden, la falta de estructura; de hecho, a la mezcla. Y por eso ese vídeo parece un poco extraño.

Los espectadores de TED.com dicen de esta charla que es estimulante, fantástica y asombrosa. Pero la presentación habría sido muy difícil de seguir sin las transparencias, imágenes y animaciones. Las transparencias no sustituyeron a la historia, sino que la complementaron.

Utilizarás elementos visuales para potenciar las palabras, no para duplicar su contenido.

MANDAMIENTO TED

Bono se «pone a cien» con los datos

Solo una estrella de rock puede incorporar una insinuación sexual en una presentación de TED. Eso es exactamente lo que hizo Bono, cantante y líder de U2, mientras mostraba los datos que reflejan cómo ha avanzado la humanidad en la reducción de la pobreza extrema (situada en 1,25 dólares al día). «La cifra de personas que viven en las condiciones más agobiantes y degradantes de la pobreza extrema se ha reducido desde un 43 por ciento de la población mundial en 1990 a un 33 por ciento en el año 2000, y de ahí a un 21 por ciento para 2010», explicó Bono en el estrado mientras las estadísticas iban apareciendo en la pantalla que había a su espalda. «Si uno vive con menos de 1,25 dólares al día, esto no son solo números. Lo es todo. Esta rápida transición es la vía para pasar de la desesperación a la esperanza. […] Si la tendencia continúa, el número de personas que vivirán con un dólar y cuarto al día en 2030 se habrá reducido a cero. Para los aficionados a los números, esta es la zona erógena», dijo Bono mientras el público reía y aplaudía.[12]

El diseño de sus transparencias era profesional, cosa que recomiendo a cualquiera que deba dar una presentación fundamental para la misión de su organización ante diversos públicos o lo suficientemente importante como para atraer nuevos clientes o inversores.

8.3. Bono hablando en TED 2013. Cortesía de James Duncan Davidson/ TED (http://duncandavidson.com).

Veamos la charla de Bono en TED.com y fijémonos en la técnica que tienen en común todas las presentaciones bien diseñadas: un tema por transparencia. Cuando la mayoría de los presentadores muestran datos, bombardean a su público con una avalancha de números y gráficos, todo de un solo vistazo. Cada vez que ofrecía una estadística, la cifra —y solo la cifra— aparecía en la transparencia. Una transparencia por cada dato. Cuando dijo que la pobreza extrema se había reducido a la mitad desde el año 2000, en la transparencia se podía leer simplemente: «Pobreza extrema reducida a la mitad». La técnica de hacer que las cifras y los datos sean visualmente atractivos es efectiva para conseguir que nuestros oyentes presten atención y se interesen por las impresionantes estadísticas en que se basa nuestro contenido.

Bono continuó enumerando una larga lista de cifras que muestran que la vida es cada vez mejor para los más pobres del mundo:

Desde el año 2000 hay ocho millones más de pacientes de sida que reciben medicamentos antirretrovirales que les salvarán la vida. Paludismo: en ocho países del África subsahariana se redujo la tasa de mortalidad en un 75 por ciento. En cuanto a la tasa de mortalidad infantil en niños menores de cinco años: hay 2,85 millones de muertes menos al año. Esto significa que todos los días se salva la vida de 7.256 niños. ¡Uau! En la última semana, ¿han leído algo que sea, ni remotamente, tan importante como esta cifra?

Si solo leemos el párrafo anterior y no hacemos nada más, la neurociencia nos dice que, si nos preguntan al cabo de tres días, recordaremos alrededor del 10 por ciento de la información. Sin embargo, si añadimos una imagen, el porcentaje de retención ascenderá hasta el 65 por ciento de toda la información. Eso es exactamente lo que hizo Bono. Comunicó verbalmente el contenido y utilizó los recursos multimedia, principalmente elementos visuales, para reforzar los datos.

Su presentación multimedia incluía gráficos —animados o no— y fotografías. Por muy limpia que sea la representación de nuestros gráficos, la gente pierde el interés en las charlas en las que se muestra un gráfico tras otro. Para evitarlo, Bono añadió historias y fotos con las que romper el ritmo de las transparencias y darles un descanso a los ojos de los espectadores. También les dio vida a los datos al incluir anécdotas personales de las vidas que había tras los datos.

«Siete mil niños al día. Estos son dos de ellos: Michael y Benedicta, que hoy están vivos gracias, en gran parte, a la doctora Patricia Asamoah y al Fondo Mundial.» Mientras pronunciaba estas frases, Bono mostró dos transparencias. La primera contenía una fotografía en primer plano de dos niños sonrientes: Michael y Benedicta. En la segunda se veía una foto de la doctora Asamoah en lo que parecía ser una aldea. Así es como queremos transmitir nuestros datos: una estadística (o tema) por transparencia, seguida de fotografías o imágenes para darle un respiro al cerebro de la monotonía de las tablas y gráficos. Aunque era estimulante escuchar las historias de Bono, el verdadero impacto de su presentación radica en su hábil uso de los recursos visuales.

Treinta y dos mil muñecas Barbie

El fotógrafo Chris Jordan juega con Barbies. En febrero de 2008 le mostró al público de TED una fotografía que había tomado con unas cincuenta muñecas Barbie colocadas formando patrones circulares. Jordan pasó a una segunda fotografía —una visión más amplia de la primera— que mostraba muchos miles de Barbies. Si uno no sabía que eran muñecas, podría pensar que se trataba de un hermoso cuadro floral. La tercera y última fotografía de la serie se alejaba aún más y revelaba la silueta de unos pechos de mujer. «Si nos alejamos aún más, llegamos a ver treinta y dos mil Barbies, que representa el número de operaciones de aumento de senos que se llevan a cabo cada mes en Estados Unidos. La gran mayoría de ellas, en mujeres menores de veintiún años —explicó Jordan—. Este se está convirtiendo rápidamente en el regalo de graduación más popular para jóvenes que están a punto de ir a la universidad.»[13] Jordan es otro maestro a la hora de presentar datos de una forma visualmente atractiva.

En otra secuencia, mostró una imagen de varios vasos blancos de papel apilados unos encima de otros. Jordan explicó que usamos cuarenta millones de vasos al día para consumir bebidas calientes, sobre todo café. «No pude meter cuarenta millones de vasos en una imagen, pero sí logré incluir 410.000. Y este es el aspecto que tienen», dijo mientras el público veía una fotografía de lo que parecían ser varias líneas blancas. «Esto equivale a quince minutos de nuestro consumo de vasos», añadió. La imagen final de la secuencia mostraba la cantidad de vasos que se usan en un día. «Es tan alto como un edificio de cuarenta y dos plantas; puse la estatua de la Libertad aquí para que sirviera como referencia de la escala», continuó mientras se mostraba una imagen de la estatua, que parecía diminuta frente a los vasos del fondo.

En otra pieza artística, Jordan quiso visualizar el número de personas que mueren cada año por fumar tabaco. En la primera fotografía se veía un primer plano de paquetes de cigarrillos amontonados unos encima de otros. La siguiente, al alejarse, revelaba la visión global: Jordan había recreado con miles de cajetillas el cuadro *Calavera con cigarrillo*, que Vincent van Gogh pintó en 1886.

Jordan cree que a una persona normal le cuesta hacerse una idea del significado de estadísticas enormes, a pesar de que estas ponen de manifiesto problemas muy preocupantes de nuestra sociedad, que pueden suscitar una respuesta más visceral por parte de la gente cuando se presentan de manera visual y creativa.

Igual que Bono se pone a cien con los datos, Jordan cree que si «sentimos» las grandes cifras, podemos hacer algo al respecto. «Temo que nuestra cultura no siente lo suficiente. Existe una especie de anestesia en Estados Unidos en este momento. Hemos perdido nuestra capacidad de indignación, la rabia y el dolor sobre lo que sucede en nuestra cultura actualmente, lo que pasa en nuestro país, las atrocidades que se cometen en nuestro nombre alrededor del mundo. Estos sentimientos se han perdido.»

La presentación de Jordan es un ejemplo significativo de cómo transformar áridas estadísticas —algunas de las cuales las hemos oído ya muchas veces— añadiéndoles una faceta multimedia en forma de elementos visuales para insuflarles vida a los datos. Estos elementos visuales refuerzan cada idea clave y nos ayudan a sentir la emoción que se oculta tras los números. En palabras de Maya Angelou: «La gente olvidará lo que dijimos, olvidará lo que hicimos, pero nunca olvidará lo que le hicimos sentir». Debemos evitar pensar únicamente en lo que queremos que la gente sepa, y pensar también en lo que queremos que sienta.

Cómo simplificó LinkedIn su PowerPoint de marketing

Nueve meses antes de que LinkedIn saliese a bolsa, su vicepresidente de marketing por aquel entonces me invitó para que impartiese un taller a ciento treinta de sus empleados pertenecientes a los departamentos de ventas y marketing. No estaba satisfecho con las transparencias de PowerPoint que usaba su equipo. «Son excesiva-mente complicadas», me dijo. El ejecutivo animó a su equipo a in-corporar algunos de los conceptos de mis libros anteriores para crear una serie de transparencias más persuasivas para convencer a los clientes empresariales de que se anunciasen y contratasen nuevos empleados a través de LinkedIn. Descartaron por completo la pre-sentación en PowerPoint que venían usando y pasaron a una al es-tilo de TED, con poco texto, sin listas de puntos y cargada de foto-grafías y otros elementos visuales. Si era necesario destacar una estadística, el dato era el único número que se mostraba en la trans-parencia, acompañado de una fotografía de la web de LinkedIn o de alguna otra imagen relevante.

Una idea clave en la que insistí al equipo era la necesidad de pintar un cuadro para su público con las imágenes que muestran y el texto que utilizan para describir la transparencia. Por ejemplo, la diapositiva más importante de toda la presentación contenía una estadística: setenta millones. La cifra iba acompañada de una repre-sentación artística del logo de LinkedIn compuesto por personas que representaban a los miembros de la red social. La estadística representaba el número de miembros que LinkedIn tenía por aquel entonces (hoy, esa cifra supera los doscientos millones). La historia en la que trabajamos decía algo así: «Actualmente, LinkedIn tiene más de setenta millones de miembros. Cada mes sumamos tres mi-llones más, lo que equivale a añadir a nuestra red la población de San Francisco cada treinta días».

A los profesionales de marketing y ventas de LinkedIn les en-cantó el nuevo diseño y lo utilizaron durante los nueve meses si-guientes, hasta su asombrosa salida a bolsa (el precio de las acciones se dobló el primer día, lo que hizo que el valor de la compañía al-canzase los nueve mil millones de dólares). Los directores ejecutivos y los directivos de ventas y marketing de muchas de las marcas más admiradas del mundo están deshaciéndose de sus viejas presenta-ciones en PowerPoint y sustituyéndolas por otras con las que llevan a su público a un viaje visual. El viejo dicho de «no llevaría una espada a una pelea a tiros» es muy apropiado aquí. El antiguo estilo de PowerPoint es un anacronismo en el campo de batalla empresarial moderno. No permitamos que nuestros competidores maten nuestros sueños porque no supimos seguir el ritmo de los tiempos.

Nota TED

HAGAMOS EL CONTENIDO MÁS VISUAL. Añadamos fotografías o imágenes de fondo para las gráficas circulares, tablas y otros gráficos. Recomiendo intentar no incluir más de cuarenta palabras en las primeras diez transparencias, porque eso nos obligará a pensar de manera creativa sobre la forma de contar una historia memorable y estimulante, en lugar de rellenar las transparencias con texto innecesario y molesto. Olvidémonos de las listas de puntos en la mayoría de nuestras transparencias. Los presentadores más populares de TED no las usan. El texto y las listas de puntos son las maneras de comunicar información a nuestro público que dejan menos recuerdo. Puede que no logremos alcanzar este objetivo en cada transparencia, pero es un buen ejercicio. Una vez que nos obliguemos a eliminar las transparencias con mucho texto, nos daremos cuenta de cuánto podemos divertirnos con nuestra presentación. Y lo mejor de todo es que al público le encantará.

Oírlo

Aunque la vista es nuestro sentido dominante, retenemos la información mucho mejor cuando se estimulan varios simultáneamente. El sentido del oído es muy potente. La manera en que decimos algo (tono, velocidad, volumen, intensidad, articulación) puede llegar al alma del oyente.

A cuarenta y cinco metros de profundidad en una mina ilegal

Durante más de veinticinco años, Lisa Kristine ha viajado a los lugares más remotos del planeta para capturar la belleza y revelar las penurias que padecen los pueblos indígenas. Volvamos sobre su charla TEDx y analicemos cómo utilizó las palabras para conectar con el público.

Los espectadores estaban fascinados y en silencio mientras Kristine los llevaba en un viaje visual en el que las fotografías hacían de guía. Su ritmo era intenso e impecable. En lugar de mostrar las fotografías mientras hablaba, empezó primero recitando su historia y mostró la foto poco después de comenzar a hablar. Esta técnica obligó al público a escuchar sus palabras con atención antes de ver la imagen de los personajes a los que se refería en su historia. En la tabla 8.2 podemos leer lo que Kristine dijo al inicio de su presentación, una descripción de la fotografía y cuándo apareció.

LAS PALABRAS DE LISA KRISTINE Y LAS CORRESPONDIENTES DESCRIPCIONES DE LAS FOTOS

PALABRAS	FOTOGRAFÍAS
Estoy a cuarenta y cinco metros de profundidad en una mina ilegal de Ghana. El aire está cargado de calor y polvo y es difícil respirar. Siento el roce de cuerpos sudorosos en la oscuridad, pero no puedo ver mucho más. Oigo voces que hablan, pero sobre todo, esa cacofonía de toses masculinas y piedras partidas con herramientas primitivas.	Fotografía en blanco y negro de un minero con el torso descubierto que sostiene una herramienta de aspecto primitivo. En la oscuridad solo se distingue su silueta, apenas iluminada por una pequeña linterna frontal.
Como los demás, llevo una linterna barata de luz tintineante sujeta a la cabeza con una banda elástica andrajosa...	Fotografía en blanco y negro de un minero que se arrastra hacia abajo por el agujero.

PALABRAS	FOTOGRAFÍAS
Y apenas puedo distinguir las resbaladizas ramas que sostienen las paredes de ese agujero de un metro cuadrado que cae cientos de metros hacia el interior de la tierra.	Primer plano muy cercano del rostro de un minero en la oscuridad, que solo se ve gracias al reflejo de la luz de su frontal.
Se me resbala la mano y de repente recuerdo a un minero que conocí días antes, que perdió el control y cayó innumerables metros por ese pozo. Mientras hablo con ustedes ahora, estos hombres siguen en lo más profundo de ese agujero, arriesgando sus vidas sin paga ni recompensa y, a menudo, incluso muriendo.	Imagen de Kristine trepando para salir de la mina.
Yo salí de allí y me fui a casa, pero ellos quizá nunca lo hagan, porque están atrapados por la esclavitud.	Fotografía de los mineros ayudándola a salir de la mina.

Tabla 8.2. Las palabras de Lisa Kristine en su charla en TEDx Maui 2012 junto a la descripción de las fotografías correspondientes.[14]

Los dos primeros minutos de la charla de Kristine constituyen la apertura más absorbente que yo he visto nunca en una presentación. Nada de texto en las transparencias, solo fotografías, una historia sugerente y una forma de contarla meticulosamente depurada. Aunque las fotografías conectaban con el sentido de la vista de su público, lo que lo remataba era la manera en que usaba su voz. El efecto que podemos lograr al estimular el sentido del oído de nuestros oyentes es tan potente como el que se consigue usando elementos visuales.

Pintar cuadros con palabras

La presentación de Kristine fue extraordinaria porque la fuerza de sus palabras estaba a la par de la de sus impactantes fotografías. Leamos su evocadora descripción de la visita a unos *kilns* donde se fabrican ladrillos en la India:

> Este espectáculo extraño y formidable fue como llegar al antiguo Egipto o al infierno de Dante. Inmersos en una temperatura de más de cincuenta grados centígrados, hombres, mujeres y niños, familias enteras de hecho, envueltos en un pesado manto de polvo, apilan mecánicamente ladrillos sobre sus cabezas, hasta dieciocho a la vez, y los llevan de los hornos ardientes a camiones que están a cientos de metros de distancia. Hastiados por la monotonía y el cansancio, trabajan en silencio, repitiendo esta tarea una y otra vez durante dieciséis o diecisiete horas al día. No hay pausas para comer ni para beber, y la deshidratación extrema hacía que orinar fuera totalmente innecesario. Tan penetrantes eran el calor y el polvo que mi cámara quemaba al tocarla y dejó de funcionar. Cada veinte minutos tenía que correr hasta el coche para limpiar el equipo y acercarlo al aire acondicionado para revivirlo. Mientras lo hacía, pensaba para mis adentros: mi cámara recibe un trato mucho mejor que estas personas.

Kristine hace aquí algo que Pascale Michelon describe como «crear una huella visual en la mente de otra persona». Los neurocientíficos han descubierto que la corteza visual de nuestro cerebro es incapaz de distinguir entre lo que es real y lo que es imaginado. Cuando pensamos en algo con intensidad —lo imaginamos verdaderamente—, se activan las mismas zonas del cerebro que si lo estuviésemos viendo en realidad. Esta es la razón por la que las metáforas, las analogías y una rica imaginería constituyen formas tan potentes de pintar un cuadro mental; en ocasiones incluso más efectivas que una imagen real.

«Para potenciar la memoria, es importante transformar información verbal en información visual tanto como sea posible

—explica Michelon—. Esto se puede conseguir mediante ayudas visuales o a través de nuestra manera de hablar y de los ejemplos que utilizamos para crear imágenes en la cabeza de quien nos escucha.»[15] Pascale recomienda que los comunicadores utilicen ejemplos concretos siempre que puedan porque, por decirlo en pocas palabras, el cerebro no está diseñado para comprender imágenes abstractas. Incluso en los discursos de ventas, es conveniente usar ejemplos concretos para poner a los clientes en una situación que puedan visualizar mentalmente. Esto es mucho más efectivo que emplear palabras abstractas para describir nuestra estrategia de ventas. «Recordamos las imágenes mejor que las palabras, por lo que si, cuando hablamos, ayudamos a nuestro interlocutor a crear imágenes visuales, este recordará esa información mucho mejor que si solo usásemos palabras abstractas», explica Pascale.

Crear un cuadro mental sin usar ninguna imagen

El cerebro no es capaz de distinguir entre lo que ve realmente y lo que imagina. Janine Shepherd, la esquiadora de fondo que sufrió una grave lesión a la que conocimos en el capítulo 3, creó una imagen para su público de TEDx y no necesitó ni una sola transparencia o fotografía para hacerlo. Como ella misma explicó en su historia, formaba parte del equipo de esquí australiano que estaba preparando los Juegos Olímpicos de invierno cuando salió a dar un paseo en bicicleta que le cambió la vida. Usando palabras evocadoras y descriptivas, supo hacer sentir al público que iba con ella en la bicicleta:

> Subíamos las espectaculares Blue Mountains al oeste de Sidney, en un día perfecto de otoño: la luz del sol, el olor de eucalipto y un sueño. La vida era maravillosa. Llevábamos unas cinco horas y media montados en las bicicletas cuando llegamos a mi parte favorita del trayecto: las colinas. Porque me encantaban las colinas. Entonces, me levanté del sillín de la bicicleta y empecé a pedalear con fuerza. Al inhalar el aire frío de la montaña sentí cómo me quemaba en los pulmones, y levanté la vista para que el sol me diera en la cara. Entonces todo se volvió negro.[16]

Un camión de mantenimiento la había atropellado y la había dejado parcialmente parapléjica. Un helicóptero la transportó hasta la unidad de médula espinal de un hospital de Sidney. En el resto de su presentación habló del largo camino que tuvo que recorrer hasta recuperarse, estableciendo conexiones entre su historia y el tema de la charla: no somos nuestro cuerpo. Decidida a quitarles la razón a los médicos, Shepherd encontró un nuevo sueño que perseguir: volar. Obtuvo la licencia de piloto menos de un año después del accidente y acabó convirtiéndose en instructora de vuelo acrobático.

Su presentación se ha visto más de un millón de veces. Ha recibido mensajes de correo electrónico de personas a quienes su historia les había ayudado a seguir enfrentándose a sus propios contratiempos. Una de esas personas le dijo que el vídeo le había salvado la vida tras diecinueve años luchando contra una enfermedad. «En las últimas semanas la situación ha empeorado tanto que he llegado a plantearme el suicidio. Pero hoy, después de escuchar a Janine, he sentido un nuevo rayo de esperanza. Mi camino empieza AHORA.»

Un segundo cada día

Cesar Kuriyama ahorró suficiente dinero como para dejar su trabajo en el sector de la publicidad a los treinta y poder pasarse el año siguiente viajando y abordando proyectos que le interesaban. También grabó sus experiencias diarias en vídeo, en fragmentos de solo un segundo al día. Como le dijo al público de TED: «La visualización es la manera de activar la memoria [...]. Incluso un solo segundo me permite recordar todo lo que hice ese día».[17]

Imaginemos… un cantautor que tiene buena mano con las palabras

El sentido del oído se puede estimular utilizando recursos retóricos al pronunciar las palabras. Por ejemplo, el discurso de «Tengo un sueño» de Martin Luther King es uno de los más famosos y más citados de la historia contemporánea. King no usó PowerPoint, Prezi o Apple Keynote, sino que, con sus palabras, creó imágenes que llevan con nosotros medio siglo. King utilizó un recurso de la oratoria llamado anáfora, que consiste en repetir la primera palabra o palabras al principio de varias cláusulas u oraciones sucesivas. «Tengo un sueño» se repite en ocho frases consecutivas.

Además de los gráficos, la animación y las fotografías contenidas en su presentación, Bono utilizó la anáfora de forma muy efectiva para potenciar la estimulación de los sentidos. Veamos dos ejemplos:

Los hechos, como las personas, quieren ser libres. Cuando lo consigan, la libertad estará, por lo general, a la vuelta de la esquina, incluso para el más pobre de los pobres. **Hechos** que pueden desafiar el cinismo y la apatía que conduce a la inercia; **hechos** que nos muestran lo que funciona y, lo que es aún más importante, lo que no funciona, para que podamos arreglarlo; **hechos** que, si los escuchamos y atendemos, nos ayudarán a enfrentarnos con éxito al reto que Nelson Mandela lanzó allá en el 2005, cuando nos pidió ser esa gran generación que elimine la peor ofensa contra la humanidad: la pobreza extrema.

Estoy pensando en Wael Ghonim, que creó uno de los grupos de Facebook que organizaron las protestas de la plaza Tahrir en El Cairo, por lo que acabó en la cárcel. Aún tengo sus palabras grabadas en mi cabeza: «**Vamos a ganar** porque no entendemos de política. **Vamos a ganar** porque no jugamos sus juegos sucios. **Vamos a ganar** porque no tenemos la agenda política de un partido. **Vamos a ganar** porque las lágrimas que brotan de nuestros ojos realmente vienen de nuestros corazones. **Vamos a ganar** porque tenemos sueños y estamos dispuestos a defenderlos». Wael tiene razón. **Vamos a ganar** si trabajamos todos a una, porque el poder de la gente es mucho más fuerte que la gente en el poder.[18]

Es importante señalar que mientras pronunciaba el último párrafo, Bono no mostró ninguna transparencia. Quería que el público se centrase en el sentido del oído, en sus palabras. Sus ojos se llenaron de lágrimas mientras hablaba, lo que puso de manifiesto su profunda conexión emocional con lo que estaba diciendo. Las palabras, cuando son poderosas y están bien elegidas, tienen la capacidad de provocar una emoción profunda en todos nosotros. Una transparencia le habría restado intensidad al momento. Bono recibió un aplauso atronador, y el público de TED se puso en pie para ovacionarlo. No es de extrañar. Había excitado sus sentidos con las palabras.

Tres personas y un ordenador amplifican la voz de un hombre

En marzo de 2011, el crítico de cine Roger Ebert, que había perdido la voz debido al cáncer que finalmente acabaría con su vida en abril de 2013, «habló» en TED ante más de mil personas. «Son mis palabras, pero no es mi voz. Esta es Alex, la mejor voz computarizada que he sido capaz de encontrar, que viene de serie con todos los Macintosh.» El público le escuchó a través de una voz digitalizada mientras él permanecía sentado en una silla con un Mac en su regazo.[19]

Ebert era un crítico de cine con varias décadas de experiencia frente a la cámara, así como un profundo conocimiento del arte de hacer películas, y sabía lo difícil que es mantener la atención del público, por lo que se guardaba un as en la manga: una experiencia auditiva multisensorial.

El público llevaba un minuto escuchándole hablar a través de la voz digitalizada cuando dijo: «He comprobado que escuchar la voz computarizada durante algún tiempo puede ser monótono, así que he decidido reclutar a algunos de mis amigos de TED para que lean en voz alta mis palabras». Otras tres personas compartían el escenario con Ebert, todas ellas sentadas a su lado: su mujer, Chaz, Dean Ornish y John Hunter. Son dieciocho minutos muy emocionantes, en particular porque reflejan el profundo amor y cariño que se profesaban Ebert y su mujer.

La historia de cómo reconstruyó su voz es interesante, pero Ebert tenía toda la razón: escuchar una voz digitalizada durante dieciocho minutos se hace monótono; por eso prefirió que no solo una, sino cuatro voces (incluida la del ordenador) hablaran por él. El concepto de «multisensorial» incluye también la posibilidad de usar varias voces. Me resulta irónico que Ebert dijera que escuchar una voz digitalizada es monótono, porque muchos oradores hablan con un tono monótono que hace que suenen mucho menos animados que la voz de Ebert generada por ordenador.

En el capítulo 7 dije que una presentación de entre dieciocho y veinte minutos siempre es preferible a una de sesenta, pero la mayoría de mis discursos de presentación duran alrededor de una hora. ¿Estoy siendo hipócrita? En absoluto. Como Ebert, yo comparto el escenario. En mis presentaciones introduzco varias voces a través de breves vídeos de líderes carismáticos. El vídeo me da la oportunidad de estimular dos sentidos a la vez: la vista y el oído.

Sentirlo

El santo grial de una presentación consiste en transportar al público a otro lugar. La representación visual de información ayuda a nuestros espectadores a verlo, pero si el público no puede tocar algo físicamente ¿cómo completamos el viaje? De nuevo, pensemos en la presentación como si fuese una obra teatral de Broadway. Una obra de primer nivel tiene una historia maravillosa, personajes fascinantes y el atrezo preciso. Las grandes presentaciones poseen también cada uno de estos elementos, incluido un decorado sencillo que permite que el público se haga una idea de lo que se siente al estar en la escena.

Un músico consigue poner a su público en pie sin tocar una sola nota

En el capítulo 3 conocimos a la rockera punk Amanda Palmer y mencioné que el vídeo de su charla en TED 2013 había conseguido más de un millón de visionados durante la primera semana que estuvo disponible online. El tema que trataba Palmer era bien sencillo: no hagamos que la gente pague por la música. Puesto que el contenido digital ya está disponible y es muy fácil de compartir,

Palmer propone que los artistas deberían pedirles apoyo económico directamente a sus seguidores. Probablemente, la mayoría de quienes ven su presentación nunca han experimentado la vida de un músico callejero, pero Palmer les transmite cómo es.

Sin decir una palabra, salió al escenario y puso en el suelo una caja de frutas vacía. Se subió a la caja, envolvió su brazo izquierdo en una túnica y sostuvo una flor con la mano derecha. Despacio, inspiró profundamente dos veces, posó inmóvil durante varios segundos y empezó a hablar:

> No siempre me gané la vida con la música. Durante casi cinco años después de graduarme en artes liberales en una prestigiosa universidad, este fue mi trabajo diario: trabajé por mi cuenta como la estatua viviente llamada «la novia de dos metros y medio», y me encanta contarle a la gente que hice ese trabajo, porque todo el mundo siempre quiere saber quiénes son estos bichos raros en la vida real. Me pinté de blanco un día, me puse de pie sobre una caja, coloqué un sombrero o una lata a mis pies, y cuando alguien venía y echaba dinero, les entregaba una flor y una intensa mirada. Si no querían la flor, ponía cara de tristeza y nostalgia mientras se alejaban.[20]

Palmer dio los tres primeros minutos de su presentación de pie sobre la caja, reviviendo sus experiencias y recordando a las personas que le daban dinero. «No tenía ni idea de hasta qué punto lo que estaba aprendiendo subida a la caja era una educación perfecta para el negocio de la música.» Con el tiempo, su banda empezó a ganar suficiente dinero con la música y pudo dejar de trabajar actuando en la calle. En cuanto le contó al público que había dejado de hacer de estatua viviente, se bajó de la caja, aunque esta permaneció sobre el escenario mientras Palmer proseguía con su charla, y su presencia servía como metáfora para su historia.

> En ese momento decidí que ofrecería mi música gratis online siempre que fuera posible [...]. Voy a alentar que la gente descargue

y comparta, pero voy a pedir ayuda, porque vi que eso funcionaba en la calle.

He pasado mi carrera musical tratando de encontrar personas en internet como lo hice con esta caja, de ahí que bloguee y tuitee no solo sobre las fechas de mis conciertos o mi nuevo vídeo, sino también sobre nuestro trabajo y nuestro arte, nuestros temores y nuestras resacas, nuestros errores y cómo nos vemos unos a otros. Creo que cuando realmente nos vemos mutuamente, queremos ayudarnos unos a otros.

Palmer concluyó su presentación con este reto: «Creo que la gente se ha obsesionado con la pregunta equivocada: "¿Cómo hacemos para que la gente pague por la música?". Qué pasaría si empezamos a preguntar: "¿Cómo dejamos que la gente pague por la música?"». Y, dando las gracias, volvió a sacar la flor que había usado para abrir la presentación, se la ofreció a sus espectadores extendiendo el brazo y la lanzó al público. Los espectadores se pusieron en pie y le dieron una ovación sostenida de quince segundos. Palmer había ofrecido la actuación de su vida sin tocar ni una nota.

La página en TED.com donde se publicó el vídeo de su charla recibió más de quinientos comentarios en una semana. Jody Murray escribió: «Me siento decepcionada con el escepticismo de mi propia voz interior, que quiere que no le guste esta charla, pero al final ha sido imposible. Una presentación asombrosa y ejemplos prácticos de ideas maravillosas».

¿Quién recuerda haber visto alguna vez una presentación empresarial asombrosa con ideas maravillosas llevadas a la práctica? No se dan muy a menudo en las salas de reuniones corporativas, ¿verdad? El caso es que Amanda Palmer estaba presentando su propuesta de negocio para regalar las canciones, un asunto muy controvertido en la industria musical, y lo hizo de tal manera que el público pudo realmente sentirlo y experimentarlo.

Soportar la frustración de las descargas lentas

Palmer se subió a una pieza de atrezo —la caja de frutas— para ayudar a que la gente sintiese lo difícil que es abrirse camino como músico. Los complementos y las demostraciones son herramientas multisensoriales útiles para ayudar a que el público comprenda de una manera tangible nuestra idea y el problema que resuelve.

Por ejemplo, trabajé con varios ejecutivos de una empresa tecnológica en la presentación de un pendrive ultrarrápido para ordenadores. El producto tenía una velocidad de lectura/escritura de 190/170 megabytes por segundo. La descripción en sí no es muy interesante o tangible, pero con una sencilla demostración encontramos la manera de conseguir que el público sintiese lo penosa que era su situación actual y la comparase con el gozo que experimentaría al utilizar el nuevo artículo.

Tras una breve introducción y una explicación del producto, el orador caminó hasta la zona izquierda del escenario, donde había un ordenador portátil sobre un atril. Sacó un pendrive del bolsillo, lo conectó al ordenador y le dio un cronómetro a una persona del público, a la que le pidió que midiese lo que tardaba en pasar un fichero de 1,5 GB del ordenador al pendrive. El tiempo total transcurrido fue de diez segundos y medio. A continuación le pidió que volviese a poner el cronómetro a cero, y esta vez transfirió el fichero utilizando un producto de la competencia. Sin decir una palabra, el ejecutivo y el público esperaron a que la transferencia se completara. Y esperaron, y esperaron… Tardó más de cuarenta segundos. «No todos los pendrives son iguales», concluyó el ejecutivo. Si hubiese hablado durante la demostración, el tiempo habría pasado más rápido para el público. Al quedarse callado, recalcó aún más la frustración que provocan las descargas lentas.

La pluma y el soplete

«Soy pediatra y anestesiólogo, así que me gano la vida durmiendo niños. [*Risas*] Y soy académico, así que duermo al público gratuitamente.»[21] Así comenzó su charla en TED 2011 Elliot Krane, que dirige la unidad de gestión del dolor en el hospital infantil Packard de Stanford.

Para algunos niños, el dolor es constante y acaba convirtiéndose en la enfermedad. Krane explicó que, antes de mostrarle al público de TED cómo se origina y se trata este tipo de dolor, quería mostrarle cómo se siente:

> Imagínense que estoy acariciándoles el brazo con esta pluma [Krane roza suavemente varias veces su brazo izquierdo con una pluma amarilla]. Ahora quiero que imaginen que lo estoy acariciando con esto. [Enciende un soplete y lo acerca a su brazo. La gente se ríe nerviosamente porque saben lo que se debe de sentir.] ¿Qué tiene que ver esto con el dolor crónico? Imagínense cómo sería su vida si cuando los acariciasen con esta pluma su cerebro les dijera que esto [levanta el soplete] es lo que están sintiendo. Eso es lo que experimentan mis pacientes con dolor crónico. De hecho, imagínense algo todavía peor. Imagínense que yo acariciase el brazo de su hijo con esta pluma y su cerebro le dijera al niño que sintiese la caricia como si fuera un soplete caliente.

A veces es difícil incorporar el sentido cenestésico (el tacto) a una presentación cuando esta trata sobre una idea (o, en el caso de Krane, sobre una enfermedad) en lugar de un producto físico. Pero, como Krane demuestra aquí, con un poco de imaginación se puede conseguir.

Tras soltar el soplete, Krane pasó al sentido de la vista, al mostrar una fotografía de uno de sus pacientes, una aspirante a bailarina de dieciséis años que se había torcido la muñeca y, una vez que el esguince se había curado, seguía experimentando un dolor insoportable en el brazo lesionado. Chandler padecía alodinia, una dolencia que hace que el mínimo roce provoque un dolor ardiente e indescriptible.

Los congresos médicos son famosos porque en ellos tienen lugar algunas de las presentaciones más aburridas de cualquier tipo de evento. Si le preguntamos a un médico, nos dirá que la mayoría de las presentaciones son monótonas y están muy poco preparadas. Yo lo sé porque trabajo con muchos médicos y ejecutivos de empresas farmacéuticas, compañías fabricantes de aparatos médicos y entidades sanitarias. Curiosamente —aunque no es sorprendente—, si buscamos en Google «cómo dar una mejor presentación médica», el primer resultado nos lleva a TED.

8.4. Elliot Krane usando un soplete en su presentación en TED 2011. Cortesía de James Duncan Davidson/TED (http://duncandavidson.com).

En resumen: la gente recuerda la información con mayor intensidad cuando se le estimula más de un sentido. La próxima vez que diseñemos una presentación, busquemos una manera creativa de tocar los cinco sentidos a través de las historias que contemos (oído), las fotografías o transparencias que mostremos (vista) y los elementos de atrezo que utilicemos (tacto).

No es lo que cabría esperar de una caja azul de Tiffany

Stacey Kramer sobrevivió a un tumor cerebral maligno. Cualquier otra persona habría empezado su presentación contando este detalle, pero ella prefirió abordarla usando un imaginativo enfoque multisensorial. El público vio una fotografía de una caja azul de Tiffany perfectamente envuelta mientras Kramer decía:

Piensen, por favor, en un regalo. Me gustaría que lo imaginasen mentalmente. No es demasiado grande, del tamaño de una pelota de golf. Concíbanlo completamente envuelto. Antes de mostrarles el contenido les diré que va a hacer cosas increíbles por ustedes. Va a unir a toda la familia. Se van a sentir mucho más amados y apreciados que nunca, recuperarán el contacto con amigos y conocidos a los que no veían desde hace años. Van a sentirse abrumados por la adoración y la admiración. Pondrá en su lugar las cosas más importantes de la vida.[22]

Kramer se recreó en la historia del regalo antes de desvelar la desconcertante conclusión. «Sé que se mueren por saber qué es y dónde pueden conseguir uno. ¿Se consigue en Amazon? ¿Tiene el logotipo de Apple? ¿Hay una lista de espera? Probablemente no. Este regalo me llegó hace unos cinco meses. Este era su aspecto cuando estaba perfectamente envuelto. No tan bonito. [Se ve una foto de una bolsa de plástico rojo con la frase PELIGRO BIOLÓGICO.] Y así. Y luego así. [Fotos de una radiografía en la que se ve su tumor y la larga cicatriz en su nuca por donde se lo extrajeron los médicos.] Era una rara joya —un hemangioblastoma, un tumor cerebral—: el regalo que no deja de hacerme regalos.»

El contraste entre la preciosa caja de Tiffany que aparece al principio de la presentación y las desagradables fotos del final provoca una sorprendente experiencia sensorial en el público. Kramer cerró su charla con un mensaje positivo y una lección que extrajo de la situación que estuvo a punto de costarle la vida: «Aunque ahora estoy bien, no les deseo este regalo. Tampoco estoy segura de que lo quieran. Pero yo no cambiaría mi experiencia. Alteró profundamente mi vida de una manera que no me esperaba, esta que acabo de compartir con ustedes. Así que la próxima vez que se enfrenten a algo inesperado, no deseado e incierto, tengan en cuenta que podría ser un regalo».

Nota TED

AYUDEMOS AL PÚBLICO A SENTIR NUESTRA PRESENTACIÓN. Salgámonos de las transparencias de vez en cuando. Incorporemos demostraciones, mostremos productos, pidámosle al público que participe. Si estamos lanzando un producto, esto es relativamente fácil de hacer mostrándoles a los espectadores un producto físico que puedan ver y tocar. Pero ¿y si nuestro contenido es una pura idea o concepto? También en este caso podemos crear experiencias multisensoriales. En uno de mis discursos de presentación sobre atención al cliente, hablo de una cadena de tiendas de jabón llamada Lush. El jabón que venden es caro. Sostengo en alto una barra del jabón y pregunto cuánta gente pagaría cuarenta dólares por medio kilo. Nadie levanta la mano. Camino entre el público y pido un voluntario para oler y tocar el jabón. Vuelvo a hacer la misma pregunta. Si aún dicen que no lo comprarían, les doy la barra gratis. Continúo contando la historia y repartiendo jabones gratis. Enseguida el público se da cuenta de que, cuanto más saben del jabón, más dispuestos están a pagar por él. Es una manera divertida de hacer que el público participe y al mismo tiempo ayudarles a mejorar la comunicación de la marca y la atención al cliente.

Secreto 8: Pintar un cuadro mental mediante experiencias multisensoriales

Para hacer lo que hizo Kramer se necesita valor, por eso no se ven grandes presentaciones todos los días. Hace falta valor para hacer que nuestra historia sea tan simple que hasta un chaval de doce años pueda entenderla. Hace falta valor para diseñar una transparencia que contenga una sola palabra, como hizo Bono. Hace falta valor para mostrar fotografías en lugar de rellenar nuestras transparencias con listas de puntos y texto. Hace falta valor para sacar una pluma y un soplete, como hizo Elliot Krane, sin sentirse ridículo. Metafóricamente, hace falta valor para permanecer durante tres minutos sobre una caja de frutas como hizo Amanda Palmer. El valor se hace notar. El valor llama la atención. El valor conquista las mentes y los corazones. Valor es lo que se necesita para dar la charla de nuestra vida. Sé que nosotros tenemos valor. Encontrémoslo, celebrémoslo, disfrutémoslo. Hablar en público con valor transformará nuestra vida y la de quienes nos escuchen. Nuestras ideas son dignas de ser vistas, sentidas y escuchadas. Utilicemos nuestra voz para asombrar e inspirar a la gente. Y para cambiar el mundo.

9
Seguir nuestro propio camino

> No pienso en el trabajo como trabajo y en el ocio
> como ocio. Todo forma parte de la vida.
>
> SIR RICHARD BRANSON

En diciembre de 2010, Sheryl Sandberg, directora de operaciones de Facebook, estaba esperando para salir al escenario de TED. «El día antes había dejado a mi hija en la guardería y le había dicho que tenía que volar a la costa este, por lo que esa noche no la vería. Se agarró a mi pierna y me pidió que no me fuese. No pude quitarme esa imagen de la cabeza y, en el último minuto, le pregunté a Pat, la directora ejecutiva del Paley Center, si debería incluirlo en mi discurso. "Por supuesto. Cuéntalo", me contestó.»[1]

Sandberg se dio cuenta de que podía ayudar a otras mujeres simplemente siendo sincera sobre sus propias dificultades y sentimientos. «Respiré profundamente y salí al escenario. Traté de ser auténtica y conté mi verdad. Le confesé al público —y básicamente a todo el mundo en internet— que ni mucho menos doy abasto para hacerlo todo. Me sentó muy bien no solo reconocérmelo a mí misma, sino compartirlo con los demás.»[2]

Secreto 9: Seguir nuestro propio camino

Seamos auténticos, abiertos y transparentes.

Por qué funciona: La mayoría de la gente detecta cuando alguien finge. Si intentamos ser algo o alguien que no somos, no lograremos ganarnos la confianza del público.

Hablar en público se considera un arte. Espero que este libro haya demostrado que el elemento artístico de la persuasión está respaldado por fundamentos científicos sólidos. Ahora me gustaría dejar de lado las técnicas y la ciencia y hablar desde el corazón. Todo lo que hemos dicho aquí carecerá de sentido si no somos nosotros mismos cuando lo llevemos a la práctica.

Podemos aprender de otras personas y de cómo han logrado triunfar al hablar en público, pero nunca dejaremos una impresión duradera en la gente a menos que sea nuestra propia marca. Recuerdo la respuesta de Oprah Winfrey a una joven que le dijo que quería ser la próxima Oprah. «No, no es verdad», contestó Oprah, y a continuación explicó que la gente debería identificar cuál es su propio camino, y seguirlo. Aseguró también que las personas que triunfan identifican el propósito central de su vida y lo persiguen infatigablemente para convertirse en la mejor versión de ellas mismas que puedan llegar a ser.

Se necesita valor para permanecer en nuestro carril. Cuando Jill Bolte Taylor estaba preparando su famosa presentación titulada «El poderoso derrame de iluminación de Jill Bolte Taylor», tuvo que tomar una decisión. Aunque los primeros doce minutos de la charla eran absorbentes, no había en ellos nada de vulnerable o personal. Taylor me dijo que necesitaba una conclusión que «propulsase la presentación hasta el espacio exterior».

Una semana antes de dar la charla en TED, su mejor amiga le

comentó que la presentación no funcionaba: «Jill, nos llevas en un viaje hasta ese extraordinario espacio vulnerable. Nosotros te seguimos, estamos completamente abiertos, nos tienes en tus manos, ¿y entonces nos hablas [de los derrames cerebrales]? No deberías dejarnos así».[3] No dejarlos así significaba ser vulnerable, expresar la emoción desnuda que sintió tras el derrame y de lo que había aprendido de él.

Taylor entendió el mensaje y modificó su conclusión una semana antes de la conferencia TED. Así es como cerró su presentación: «Mi espíritu flotaba libre como una gran ballena navegando por un mar de euforia silenciosa. El nirvana. Encontré el nirvana […]. Y si he encontrado el nirvana y todavía estoy viva, entonces todos los que están vivos pueden encontrarlo también. Imaginé un mundo de personas hermosas, tranquilas, compasivas y afectuosas, conscientes de que podían visitar este espacio en cualquier momento […]. Y entonces me di cuenta del enorme regalo que era esta experiencia, lo que un derrame de iluminación puede significar para la manera en que vivimos nuestra vida».

Pocos científicos osarían adentrarse en el lugar al que Taylor llevó a su público. Aunque su espíritu flotara libre como una ballena, no se lo contarían a nadie. Taylor sabía que la historia de su transformación espiritual tenía un significado mucho más profundo que la mera historia de un derrame cerebral. Cuando se apagó su hemisferio izquierdo, la zona del ego en su cerebro, experimentó una iluminación espiritual. Pasó de sentirse separada del universo a sentir que era parte de él. Informó y educó a su público sobre el derrame. Si lo hubiese dejado ahí, habría sido una buena presentación, pero fue un paso más allá: inspiró e iluminó a quienes la escuchaban. La presentación pasó de buena a extraordinaria. Taylor tuvo que ser valiente para no desviarse de su camino, pero mereció mucho la pena.

En un episodio de *Anatomía de Grey*, de la cadena ABC, el personaje de la doctora Callie Torres tenía que dar una charla TED. Torres, cirujana ortopédica, no estaba satisfecha con la presentación que había preparado porque le parecía muy aburrida comparada con lo que había visto sobre ese mismo escenario. «¿Quién quiere oír hablar sobre el cartílago?», se preguntó. La caótica situación del hospital hizo que Callie perdiera su vuelo, y pensó que se había librado, pero en el último momento sus colegas montaron una conexión vía satélite para que pudiera ofrecer la presentación en directo (estas cosas son posible en una serie de televisión).

Callie se sentó nerviosa con un taco de tarjetas de notas. «Solo tienes que hablar —le dijo otro médico—. Sé tú misma.» Le estaba indicando que no se desviase de su camino. Así que dejó las notas a un lado, respiró profundamente y empezó: «Hola. Soy la doctora Callie Torres y he tenido un año bastante malo. Casi me mato en un accidente de coche [...] después un accidente de avión se cobró la vida de mi mejor amigo y padre de mi hija. Soy cirujana ortopédica y trabajo con cartílagos, por lo que he dedicado mucho tiempo a pensar qué es lo que nos mantiene unidos cuando las cosas se desmoronan…».

Aunque *Anatomía de Grey* es una serie de ficción hospitalaria, llama la atención que, cuando los guionistas quisieron crear una historia alrededor de TED, se dieron cuenta de que la verdadera magia de una presentación memorable reside en que el orador deje de lado sus notas, hable con el corazón y permita que el público se asome a su propia alma. Los guionistas son narradores y comprenden intuitivamente que la magia de TED radica en algo más profundo que el tema de una presentación. Un orador estimulante debería incitar a quienes lo escuchan a pensar de una manera diferente sobre sus vidas, carreras o negocios. Un gran orador hace que queramos ser mejores personas.

Elegí la cita de Richard Branson con la que se abre este capítulo porque creo que muchos oradores establecen una distinción entre su yo verdadero y el personaje que le muestran a los demás. Branson, con quien he coincidido y a quien he entrevistado más de una vez, no es de esos. Es auténtico. Es la misma persona tanto si hay cámaras como si no. El trabajo no es algo separado del ocio, y viceversa. Branson siente que «todo forma parte de la vida».

Muchos de los ejecutivos que conozco, hablan y se comportan de una manera en nuestras conversaciones privadas y de otra completamente diferente cuando dan una presentación. Por su comportamiento, su aspecto y sus palabras, parecen dos personas distintas. No están cómodos siguiendo su propio camino; preferirían seguir el de otra persona.

He perdido la cuenta de cuántos líderes he conocido que son apasionados, divertidos, entusiastas y estimulantes, pero que, en cuanto se suben a un escenario, se vuelven fríos, rígidos, aburridos y estirados. Cuando les pregunto por qué, algunos me contestan: «Porque estoy dando una conferencia».

Nunca debemos olvidar que, cuando damos una presentación, nuestro objetivo no debería ser dar una presentación, sino estimular a nuestro público, conmoverlo y animarlo a tener sueños más ambiciosos. No podremos conmover a nadie si no piensan que somos reales. Nunca convenceremos de nada a nuestro público si este no confía en nosotros y nos admira y si no le gustamos de verdad.

Nota TED

PRESENTEMOS NUESTRO CONTENIDO A UN PÚBLICO DIFERENTE. Una manera de ayudar a los clientes a ser más auténticos cuando están bajo los focos consiste en hacer que presenten su contenido a un amigo o a su pareja antes de hacerlo ante su público final. Es más probable que muestren parte de su verdadero yo cuando están exponiendo la información a alguien con quien ya tienen relación que a un grupo de oyentes con quienes no tienen por qué tener una conexión cercana.

En su charla, titulada «¿Por qué tenemos tan pocas dirigentes mujeres?», Sheryl Sandberg afirma que las mujeres a menudo subestiman su propia capacidad en el trabajo. Yo diría que esa misma falta de confianza afecta a muchas personas, tanto hombres como mujeres, a la hora de ofrecer presentaciones estimulantes. He oído todas las excusas posibles: soy tímido, no se me da bien hablar en público, me pongo nervioso, los niños se reían de mí en el colegio, mi contenido es complicado, etc. Estas razones —o cualquier variación sobre ellas— pueden explicar perfectamente la falta de confianza al dar una presentación, pero en modo alguno deberían limitar nuestro potencial como oradores.

Puedo dar fe de que muchas personas, incluso grandes comunicadores, se sienten inseguras respecto a su capacidad de hablar en público. Joel Osteen, pastor de fama internacional, afirmó que sintió un «miedo de muerte» antes de su primer sermón, en octubre de 1999. Diez años más tarde logró un *home run* al predicar en un Yankee Stadium lleno a rebosar. Tardó diez años y cientos de sermones en dominar el arte de hablar en público, pero hoy Osteen está considerado como uno de los líderes espirituales más carismáticos del mundo.

Richard Branson ha contado que estuvo a punto de vomitar la primera vez que le pidieron hablar en público en su carrera. «Se me quedó la mente en blanco al acercarme al micrófono. Farfullé unas pocas palabras incoherentes antes de bajarme del podio. Fue uno de los momentos más embarazosos de mi vida. Mi cara se puso tan colorada como el logo de Virgin», aseguró.[4]

Branson se propuso mejorar sus dotes como orador. Practicó sin descanso. «Ser buen orador no es solo cuestión de suerte o de talento, sino también de mucho esfuerzo.» También aprendió a ser él mismo, a ser auténtico. «Para ser un orador impresionante hay que creer en lo que uno está diciendo. Si hablamos con convicción y pasión, el público será mucho más indulgente con nuestros errores porque confiará en que estamos diciendo la verdad. Preparémonos y después tomémonos nuestro tiempo y relajémonos. Debemos hablar con el corazón.»

Al inversor multimillonario Warren Buffett le aterrorizaba hablar en público. De hecho, le ponía tan nervioso que eligió las asignaturas que cursó en la universidad de tal manera que evitase tener que hablar delante de gente. Incluso se inscribió en un curso de oratoria, aunque lo abandonó antes incluso de que empezara. «Me acobardé», afirmó. A los veintiún años, Buffett comenzó su carrera en el negocio de los valores financieros en Omaha y decidió que para alcanzar todo su potencial tenía que superar su miedo a hablar en público.

Se apuntó a un curso de Dale Carnegie con otras treinta personas a quienes, como a él, les aterrorizaba la sola idea de tener que ponerse en pie y decir su nombre. Buffett hizo pública la inseguridad que sentía al principio de su carrera en una entrevista para un sitio web que busca ayudar a mujeres jóvenes a alcanzar el éxito profesional. La entrevistadora le preguntó:

—¿Qué hábitos adquirió entre los veinte y los treinta años que considere fundamentales para el éxito?

—Hay que ser capaz de comunicarse en la vida —respondió Buffett—, esto tiene una importancia enorme. Es algo a lo que no se le presta la atención suficiente en la escuela. Si uno no puede comunicarse, hablar con otras personas y transmitir sus ideas, está limitando su potencial.[5]

Algunas escuelas de negocios muy prestigiosas tienen aún mucho margen de mejora a la hora de incorporar las habilidades comunicativas como parte esencial de sus programas. He perdido la cuenta de todos los brillantes MBA a los que he asesorado en grandes corporaciones que me dicen: «Esto no lo vemos en clase, pero es importantísimo para nuestro trabajo».

Nota TED

HAY QUE DEDICARLE TIEMPO. ¿Nos hemos acordado de cerrar con llave al salir de casa esta mañana? Puede que no lo recordemos, pero seguro que lo hemos hecho. Debemos practicar cada día, en cada ocasión que se nos presente, cómo comunicar nuestro contenido, para que la mecánica de dar una presentación no monopolice nuestra atención. No queremos ser como esa bailarina que cuenta los pasos en voz alta. La reiteración libera la mente para poder contar nuestra historia de una manera interesante, dinámica y, lo que es aún más importante, auténtica.

He trabajado con líderes empresariales cuyas fortunas se cifran en millones de dólares y que dirigen algunas de las marcas más importantes del mundo, cuyos productos y servicios afectan a nuestras vidas a diario, y muchos de ellos me han reconocido en privado que les falta seguridad a la hora de hablar en público. Mi trabajo consiste en hacer que emerja su confianza para que puedan embelesar al público, y lo hago ayudándoles a identificar cuál es su camino y por qué les apasiona. A continuación, una vez que hayamos diseñado la presentación, le hayamos añadido elementos visuales y hayamos practicado, llegará el momento de dejarse llevar y, como aconseja Branson, hablar con el corazón. Esta estrategia siempre me ha funcionado.

Secreto 9: Seguir nuestro propio camino

La próxima vez que demos una presentación, nos compararán con los oradores de TED. El público sabrá que existe un estilo fresco y atrevido de comunicar información, un estilo que eleva el espíritu, llena el alma e incita a pensar de una manera distinta sobre el mundo y sobre cuál es nuestro papel en él.

Hoy en día, gente de todo el mundo ha visto las presentaciones de TED online más de mil millones de veces a través de su página web, de YouTube o enlazados en innumerables blogs. Como el comisario de TED Chris Anderson señaló en 2013, incluso los propios presentadores de estas conferencias van mejorando con cada año que pasa.

El estilo de TED impregna buena parte de nuestra cultura popular. Cuando el expresidente Bill Clinton participó como invitado en el programa de Stephen Colbert en el canal Comedy Central, este le propuso que integrase su conferencia, la Clinton Global Initiative, con TED y la llamase «La excelente iniciativa de Bill y TED». El comentario consiguió la mayor carcajada de la entrevista, pero la broma no habría funcionado si el público no supiese lo que es TED y el tipo de presentaciones por el que es conocida.

Aunque el estilo de TED se está extendiendo por nuestra cultura —y, como hemos visto en los ocho capítulos anteriores, muchos de los oradores utilizan las mismas técnicas— cada persona debe encontrar su propia pasión por el tema que presenta para establecer una conexión auténtica con el público. Sobre todo, no debemos intentar ser Tony Robbins, Jill Bolte Taylor, Bono, Sheryl Sandberg, Richard Branson o cualquier otra de las personas sobre las que hemos hablado en este libro. Ellos se han labrado su propio camino y lo han transitado excepcionalmente bien. Sigamos nuestro propio camino. Seamos valientes. Seamos consecuentes con nuestro verdadero ser, la mejor versión de nosotros mismos que podemos aspirar a ser.

Nota del autor

Si somos como la mayoría de la gente, entonces seremos capaces de mucho más de lo que hemos imaginado para nuestra vida. Tenemos la capacidad de conmover a otras personas, de servirles de ejemplo, de ofrecer esperanza a los desanimados y una dirección a los que están perdidos. Tenemos la capacidad de educar, electrizar, informar e inspirar, pero solo si creemos en nuestra propia capacidad de hacerlo.

No dejemos que las etiquetas negativas nos impidan alcanzar nuestro destino. Hay gente que nos dirá que no somos lo suficientemente buenos, que no tenemos lo que se necesita para hacer una propuesta de negocio convincente o para realizar una gran presentación. A menudo, las peores etiquetas son las que nos colocamos a nosotros mismos. Creo que los líderes a los que les pone nerviosos hablar en público se dicen a sí mismos las cosas más horribles, palabras que nunca le dirían a ninguna otra persona. He oído a algunos de ellos decir cosas como:

Dar presentaciones se me da fatal.
Me puse nervioso una vez y fracasé. Soy un orador espantoso.
Nadie quiere escucharme. Soy aburrido.

Si nos repetimos este tipo de frases día tras día, no es de extrañar que nos pongamos nerviosos. No podemos controlar lo que otras personas dicen de nosotros, pero sí cómo interpretamos esos comentarios y, sin duda, también podemos dominar lo que nos decimos a nosotros mismos. En lugar de repetirnos pensamientos negativos una y otra vez, debemos reorientarlos y sustituirlos por palabras de estímulo, refuerzo y apoyo.

Como ya sabemos, las ideas son la moneda de cambio del siglo XXI. Nuestras ideas cambiarán la dirección de nuestra vida, e incluso podrían cambiar el mundo. No dejemos que nada —empezando por las etiquetas negativas— se interponga en nuestro camino.

Al final de mi entrevista con Larry Smith, uno de los oradores de TED, este se despidió diciéndome: «Te deseo que tengas éxito». No dijo «buena suerte», porque la suerte tiene poco que ver con nuestro éxito. No necesitamos tener suerte para ser unos oradores estimulantes. Necesitamos ejemplos, técnicas, pasión y práctica. También necesitamos valor: el valor para perseguir nuestra pasión, articular nuestras ideas con sencillez y expresar lo que hace que nuestro corazón lata.

Deseándoles éxito, se despide,

CARMINE GALLO

Notas

INTRODUCCIÓN: LAS IDEAS SON LA MONEDA DE CAMBIO DEL SIGLO XXI

1. Julie Coe, «TED's Chris Anderson», Departures.com, marzo-abril de 2012, <http://www.departures.com/articles/teds-chris-anderson> (consultado el 11 de abril de 2013).

2. Daphne Zuniga, «The future we will create inside the world of TED», documental, New Video Group, Inc., 2007.

3. Universidad de Stanford, «"You've Got to Find What You Love", Jobs Says», Stanford Report, 14 de junio de 2005, discurso de graduación de Steve Jobs, pronunciado el 12 de junio de 2005, <http://news-service.stanford.edu/news/2005/june15/jobs-061505.html> (consultado el 11 de abril de 2013).

4. Daniel Pink, *To Sell Is Human*, Nueva York, Riverhead Books, 2012, p. 2. [Hay trad. cast.: *Vender es humano*, Barcelona, Gestión 2000, 2013.]

5. Robert Greene, *Mastery*, Nueva York, Viking, 2012, p. 12. [Hay trad. cast.: *Maestría*, Ciudad de México, Océano, 2013.]

6. Tony Robbins, «Tony Robbins en por qué hacemos lo que

hacemos», TED.com, junio de 2006, <https://www.ted.com/talks/tony_ro-bbins_asks_why_we_do_what_we_do> (consultado el 11 de abril de 2013).

1. Rienda suelta al maestro que llevamos dentro

1. Aimee Mullins, «Aimee Mullins y sus 12 pares de piernas », TED.com, marzo de 2009, <http://www.ted.com/talks/aimee_mullins_prosthetic_aesthetics> (consultado el 11 de abril de 2013).

2. Cameron Russell, «Cameron Russell: El aspecto no lo es todo. Créanme, soy modelo», TED.com, enero de 2013, <http://www.ted.com/talks/cameron_russell_looks_aren_t_everything_believe_me_i_m_a_model> (consultado el 11 de abril de 2013).

3. Robert Greene, *Mastery*, Nueva York, Viking, 2012, p. 12. [Hay trad. cast.: *Maestría*, Ciudad de México, Océano, 2013.]

4. *Daily News*, «Buddhist Monk Is the World's Happiest Man», 29 de octubre de 2012, <http://india.nydailynews.com/newsarticle/7b470ad-b0a9b6c32e19e16a08df13f3d /buddhist-monk-is-the-worlds-happiest-man#ixzz2ILd7tSGa> (consultado el 11 de abril de 2013).

5. Matthieu Ricard, «The Happiest Person in the World?», entrada en su blog, 12 de noviembre de 2012, <http://www.matthieuricard.org/en/blog/posts/the-happiest-person-in-the-world> (consultado el 11 de abril de 2013).

6. Matthieu Ricard, monje budista, en conversación con el autor, 16 de marzo de 2013.

7. Larry Smith, profesor de economía en Waterloo (Canadá), en conversación con el autor, 26 de junio de 2012.

8. Melissa S. Cardon, Joakim Wincent, Jagdip Singh y Mateja Drno-vsek, «The Nature and Experience of Entrepreneurial Passion», *Academy of Management Review*, vol. 34, n.º 3 (2009), pp. 511-532.

9. Richard Branson, «La vida de Richard Branson a 30.000 pies», TED.com, octubre de 2007, <http://www.ted.com/talks/richard_branson_s_life_at_30_000_feet> (consultado el 11 de abril de 2013).

10. Cheryl Mitteness, Richard Sudek y Melissa S. Cardon, «Angel investor characteristics that determine whether perceived passion leads to

higher evaluations of funding potential», *Journal of Business Venturing*, vol. 27 (2012), pp. 592-606.

11. Jill Bolte Taylor, «El poderoso derrame de iluminación de Jill Bolte Taylor», TED.com, marzo de 2008, <http://www.ted.com/talks/jill_bolte_taylor_s_powerful_stroke_of_insight> (consultado el 18 de mayo de 2013).

12. Jill Bolte Taylor, «Does Our Planet Need a Stroke of Insight?», *Huffington Post*, TED Weekends: Reset Your Brain, 4 de enero de 2013, <http://www.huffingtonpost.com/dr-jill-boltetaylor/neuroscience_b_2404554.html> (consultado el 11 de abril de 2013).

13. Pascale Michelon, profesora adjunta en la universidad de Washington en Saint Louis, en conversación con el autor, 22 de enero de 2013.

14. Howard Friedman y Leslie Martin, *The Longevity Project: Surprising Discoveries for Health and Long Life from the Landmark Eight-Decade Study*, Nueva York, Hudson Street Press, 2011, p. 28.

15. Joyce E. Bono y Remus Ilies, «Charisma, Positive Emotions and Mood Contagion», *Science Direct*, The Leadership Quarterly, vol. 17 (2006), pp. 317-334.

16. Richard St. John, «8 secretos del éxito», TED.com, diciembre de 2006, <http://www.ted.com/talks/richard_st_john_s_8_secrets_of_success> (consultado el 24 de abril de 2013).

17. Ernesto Sirolli, «Ernesto Sirolli: ¿Quiere ayudar a alguien? ¡Cállese y escuche!», TED.com, noviembre de 2012, <http://www.ted.com/talks/ernesto_sirolli_want_to_help_someone_shut_up_and_listen> (consultado el 11 de abril de 2013).

2. Dominar el arte de contar historias

1. Bryan Stevenson, «Bryan Stevenson: Tenemos que hablar de una injusticia», TED.com, marzo de 2012, <https://www.ted.com/talks/bryan_stevenson_we_need_to_talk_about_an_injustice> (consultado el 24 de abril de 2013).

2. Bryan Stevenson, fundador y director de la Equal Justice Initiative, en conversación con el autor, 17 de diciembre de 2012.

3. Ben Affleck, «Ben Affleck: 8 Talks that Amazed Me», TED.com,

<http://www.ted.com/playlists/32/ben_affleck_8_talks_that_amaz> (consultado el 24 de abril de 2013).

4. Uri Hasson, Asif A. Ghazanfar, Bruno Galantucci, Simon Garrod y Christian Keysers, «Brain-to-Brain Coupling: A Mechanism for Creating and Sharing a Social World», Neuroscience Institute, universidad de Princeton, 2012, <http://www.ncbi.nlm.nih.gov/pmc/articles/PMC3269540/> (consultado el 11 de abril de 2013).

5. Greg J. Stephens, Lauren J. Silbert y Uri Hasson, «Speaker-Listener Neural Coupling Underlies Successful Communication», *Proceedings of the National Academy of Sciences of the United States of America*, 26 de julio de 2010, <http://www.ncbi.nlm.nih.gov/pmc/articles/PMC2922522/> (consultado el 11 de abril de 2013).

6. Brené Brown, «Brené Brown: El poder de la vulnerabilidad», TED.com, diciembre de 2010, <https://www.ted.com/talks/brene_brown_on_vulnerability> (consultado el 24 de abril de 2014).

7. Andrew Stanton, «Andrew Stanton: las claves de una gran historia», TED.com, marzo de 2012, <https://www.ted.com/talks/andrew_stanton_the_clues_to_a_great_story> (consultado el 24 de abril de 2013).

8. Dan Ariely, «Dan Ariely habla sobre nuestro código moral defectuoso», TED.com, marzo de 2009, <https://www.ted.com/talks/dan_ariely_on_our_buggy_moral_code> (consultado el 24 de abril de 2013).

9. Chip Heath y Dan Heath, *Made to Stick: Why Some Ideas Survive and Others Die*, Nueva York, Random House, 2007, p. 64. [Hay trad. cast.: *Ideas que pegan*, Madrid, LID Editorial, 2011.]

10. *Ibid.*, p. 84.

11. Ken Robinson, «Ken Robinson dice que las escuelas matan la creatividad», TED.com, junio de 2006, <https://www.ted.com/talks/ken_robinson_says_schools_kill_creativity> (consultado el 18 de mayo de 2013).

12. Joel Osteen, «Apr 29-Joel Osteen-Yes Is in Your Future», YouTube.com, 12 de mayo de 2012, <http://www.itbn.org/index/detail/ec/9ld-HZrNDovlASHmQNZ_prZ6wYZq60ApN> (consultado el 18 de mayo de 2013).

13. Bono, «8 Talks That Give Me Hope», TED.com, <http://www.ted.com/playlists/53/bono_8_talks_that_give_me_hop> (consultado el 18 de mayo de 2013).

14. Seth Godin, «Seth Godin nos habla sobre el pan de molde», TED. com, abril de 2007, <https://www.ted.com/talks/seth_godin_on_sliced_bread> (consultado el 24 de abril de 2013).

15. Ludwick Marishane, «Ludwick Marishane: Un baño sin agua», TED.com, diciembre de 2012, <https://www.ted.com/talks/ludwick_marishane_a_bath_without_water> (consultado el 18 de mayo de 2013).

16. Jonah Sachs, *Winning the Story Wars: Why Those Who Tell the Best Stories Will Rule the Future*, Boston, Harvard Business Review Press, 2012, p. 14.

17. Malcolm Gladwell, «Malcolm Gladwell habla sobre la salsa de espaguetis», TED.com, septiembre de 2006, <https://www.ted.com/talks/malcolm_gladwell_on_spaghetti_sauce> (consultado el 18 de mayo de 2013).

18. Peter Guber, *Tell to Win: Connect, Persuade, and Triumph with the Hidden Power of Stories*, Nueva York, Crown Business, 2011, p. vii. [Hay trad. cast.: *Storytelling para el éxito*, Barcelona, Empresa Activa, 2011.]

19. *Ibid.*, p. 9.

20. *Ibid.*, p. 33.

21. Annie Murphy Paul, «Your Brain on Fiction», *The New York Times*, Sunday Review/The Opinion Pages, 17 de marzo de 2012, <http://www.nytimes.com/2012/03/18/opinion/sunday/the-neuroscience-of-your-brain-on-fiction.html?pagewanted=all&_r=1&> (consultado el 11 de abril de 2013).

22. Significantobjects.com, página de información sobre el proyecto, <http://significantobjects.com/about/> (consultado el 18 de mayo de 2013).

23. YouTube.com, «Kurt Vonnegut on the Shapes of Stories», YouTube.com, 30 de octubre de 2010, <http://www.youtube.com/watch?-v=oP3c1h8v2ZQ> (consultado el 18 de mayo de 2013).

24. Isabel Allende, «Isabel Allende cuenta historias de pasión», TED. com, enero de 2008, <http://www.ted.com/talks/isabel_allende_tells_tales_of_passion> (consultado el 18 de mayo de 2013).

3. TENER UNA CONVERSACIÓN

1. Amanda Palmer, «The Epic TED Blog, Part One: It Takes a Village to Write a TED Talk», Amanda Palmer and the Grand Theft Orchestra,

7 de marzo de 2012, <http://amandapalmer.net/blog/20130307/ (consultado el 11 de abril de 2013).

2. James R. Williams, «Guidelines for the Use of Multimedia in Instruction», *Proceedings of the Human Factors and Ergonomics Society 42nd Annual Meeting*, vol. 42, n.º 20 (1998), pp. 1447-1451, Sage Journals online, <http://pro.sagepub.com/content/42/20/1447 (consultado el 18 de mayo de 2013).

3. Lisa Kristine, «Lisa Kristine: Fotos que dan testimonio de la esclavitud moderna», TED.com, agosto de 2012, <http://www.ted.com/talks/lisa_kristine_glimpses_of_modern_day_slavery> (consultado el 18 de mayo de 2013).

4. YouTube.com, Taylor, «The Neuroanatomical Transformation of the Teenage Brain: Jill Bolte Taylor at TEDxYouth@Indianapolis», YouTube.com, 21 de febrero de 2013, <https://www.youtube.com/watch?-v=PzT_SBl31-s> (consultado el 19 de mayo de 2013).

5. Morgan Wright, jefe de la lucha contra el crimen en el área metropolitana de Washington D.C., en conversación con el autor, 4 de abril de 2013.

6. Colin Powell, «Colin Powell: Los jóvenes necesitan orden», TED.com, enero de 2013, <https://www.ted.com/talks/colin_powell_kids_need_structure> (consultado el 19 de mayo de 2013).

7. Colin Powell, *It Worked for Me: In Life and Leadership*, Nueva York, Harper, 2012, p. 243. [Hay trad. cast.: *Principios que funcionan: En la vida y el liderazgo*, Nashville, HarperCollins Español, 2016.]

8. Ernesto Sirolli, «Ernesto Sirolli: ¿Quiere ayudar a alguien? ¡Cállese y escuche!», TED.com, noviembre de 2012, <https://www.ted.com/talks/ernesto_sirolli_want_to_help_someone_shut_up_and_listen> (consultado el 11 de abril de 2013).

9. Jennifer Granholm, «Jennifer Granholm: Una propuesta de energía limpia: ¡Carrera a la cima!», TED.com, febrero de 2013, <https://www.ted.com/talks/jennifer_granholm_a_clean_energy_proposal_race_to_the_top> (consultado el 18 de mayo de 2013).

10. Bob M. Fennis y Marielle Stel, «The Pantomime of Persuasion: Fit Between Non Verbal Communication and Influence Strategies», *Journal of Experimental Social Psychology*, vol. 47 (2011), pp. 806-810.

11. Amy Cuddy, «Amy Cuddy: El lenguaje corporal moldea nuestra

identidad», octubre de 2012, <https://www.ted.com/talks/amy_cuddy_your_body_language_shapes_who_you_are> (consultado el 18 de mayo de 2013).

12. Janine Shepherd, «Janine Shepherd: Un cuerpo quebrado no es una persona quebrada», TED.com, noviembre de 2012, <http://www.ted.com/talks/janine_shepherd_a_broken_body_isn_t_a_broken_person> (consultado el 19 de mayo de 2013).

4. Contar algo nuevo

1. Robert Ballard, «Robert Ballard: Explorando los océanos», TED.com, mayo de 2008, <https://www.ted.com/talks/robert_ballard_on_exploring_the_oceans> (consultado el 18 de mayo de 2013).

2. Robert Ballard, explorador del *Titanic*, en conversación con el autor, 18 de febrero de 2013.

3. James Cameron, «James Cameron: Antes de *Avatar...* un niño curioso», TED.com, marzo de 2010, <https://www.ted.com/talks/james_cameron_before_avatar_a_curious_boy> (consultado el 11 de abril de 2013).

4. *Ibid.*

5. John Medina, *Brain Rules*, Seattle, Pear Press, 2008, p. 32. [Hay trad. cast.: *Exprime tus neuronas: 12 reglas básicas para ejercitar la mente*, Barcelona, Gestión 2000, 2011.]

6. *Ibid.*, p. 265.

7. Martha Burns, «Dopamine and Learning», *Indigo Learning*, 21 de septiembre de 2012, <http://www.indigolearning.co.za/dopamine-and-learning-by-martha-burns-phd/> (consultado el 11 de abril de 2013).

8. *Ibid.*

9. Martha Burns, «Dopamine and Learning: What the Brain's Reward Center Can Teach Educators», *Scientific Learning*, 18 de septiembre de 2012, <http://www.scilearn.com/blog/dopamine-learning-brains-reward-center-teach-educators> (consultado el 11 de abril de 2013).

10. Hans Rosling, «Hans Rosling nos muestra las mejores estadísticas que hayamos visto», TED.com, junio de 2006, <https://www.ted.com/talks/hans_rosling_shows_the_best_stats_you_ve_ever_seen> (consultado el 19 de mayo de 2013).

11. *Ibid.*

12. Nicholas A. Christakis, «The World's 100 Most Influential People: 2012», *TIME*, 18 de abril de 2012, <http://content.time.com/time/specials/packages/article/0,28804,2111975_2111976_2112170,00.html> (consultado el 11 de abril de 2013).

13. Susan Cain, «Susan Cain: El poder de los introvertidos», TED.com, marzo de 2012, <https://www.ted.com/talks/susan_cain_the_power_of_introverts> (consultado el 24 de abril de 2013).

14. Revolution.com, página de información corporativa, <http://revolution.com/our-story/> (consultado el 19 de mayo de 2013).

15. Fast Company Staff, «Twitter's Biz Stone and Ev Williams and Charlie Rose: The Long and Short of Creative Conversations», *Fast Company* online, <http://www.fastcompany.com/3004361/a-conversation-charlie-rose-biz-stone-ev-williams> (consultado el 19 de mayo de 2013).

16. Seth Godin, «Seth Godin nos habla sobre el pan de molde», TED.com, abril de 2007, <https://www.ted.com/talks/seth_godin_on_sliced_bread> (consultado el 24 de abril de 2013).

17. Gregory Berns, *Iconoclast*, Boston, Harvard Business Press, 2008, p. 25.

18. Vivienne Walt, «A Mayoral Make over», *TIME*, 2 de octubre de 2005, <http://content.time.com/time/magazine/article/0,9171,1112793,00.html> (consultado el 11 de abril de 2013).

19. James Flynn, Michael F. Shaughnessy y Susan W. Fulgham, «An Interview with Jim Flynn about the Flynn Effect», artículo académico incluido en el *North American Journal of Psychology*, vol. 14, n.º 1, <https://www.questia.com/library/journal/1G1-281111803/an-interview-withjim-flynn-about-the-flynn-effect> (consultado el 11 de abril de 2013).

20. Nicholas D. Kristof, «It's a Smart, Smart, Smart World», *The New York Times*, páginas de opinión, 12 de diciembre de 2012, <http://www.nytimes.com/2012/12/13/opinion/kristof-its-a-smart-smart-smart-world.html?_r=0> (consultado el 11 de abril de 2013).

21. Dan Pink, escritor, en conversación con el autor, 13 de febrero de 2013.

22. John Medina, profesor asociado de bioingeniería en la facultad de Medicina de la universidad de Washington, en conversación con el autor, 27 de junio de 2008.

23. Docurama Films, «TED: The Future We Will Create Inside the World of TED», 2007, documental producido y dirigido por Steven Latham y Daphne Zuniga.

24. Ben Saunders, «Ben Saunders: ¿Para qué molestarse en salir de casa?», TED.com, diciembre de 2012, <https://www.ted.com/talks/ben_saunders_why_bother_leaving_the_house> (consultado el 11 de abril de 2013).

5. Crear momentos de asombro

1. YouTube, «Bill Gates Releases Malaria Mosquitoes TED!! Must See», YouTube.com, 6 de febrero de 2009, <https://www.youtube.com/watch?v=tWjpVJ8YNtk> (consultado el 11 de abril de 2013).

2. Boletín de noticias nocturno de la NBC con Brian Williams, «Bill Gates Bugs Out», emisión original el 5 de febrero de 2009, <http://www.nbcnews.com/video/nightly-news/29041764> (consultado el 24 de abril de 2013).

3. John Medina, *Brain Rules*, Seattle, Pear Press, 2008, p. 80. [Hay trad. cast.: *Exprime tus neuronas: 12 reglas básicas para ejercitar la mente*, Barcelona, Gestión 2000, 2011.]

4. *Ibid.*, p. 81.

5. Rebecca Todd, profesora de psicología en la universidad de Toronto, en conversación con el autor, 25 de febrero de 2013.

6. *Ibid.*

7. Jill Bolte Taylor, «El poderoso derrame de iluminación de Jill Bolte Taylor», TED.com, marzo de 2008, <https://www.ted.com/talks/jill_bolte_taylor_s_powerful_stroke_of_insight> (consultado el 24 de abril de 2013).

8. YouTube, «The Neuroanatomical Transformation of the Teenage Brain: Jill Bolte Taylor at TEDxYouth@Indianapolis», YouTube.com, 21 de febrero de 2013, <https://www.youtube.com/watch?v=PzT_SBl31-s> (consultado el 11 de abril de 2013).

9. YouTube, «The Lost 1984 Video (The Original 1984 Macintosh Introduction)», YouTube.com, <https://www.youtube.com/watch?v=2B-XwPjn9YY> (consultado el 30 de enero de 2009).

10. YouTube, «The Microsoft Deal—Macworld Boston (1997)», You-Tube.com, 21 de diciembre de 2012, <https://www.youtube.com/watch?-v=WxOp5mBY9IY> (consultado el 11 de abril de 2013).

11. YouTube, «Apple Music Event 2001-The First Ever iPod Intro-duction», YouTube.com, <https://www.youtube.com/watch?v=kN0SVB-CJqLs> (consultado el 30 de enero de 2009).

12. Apple, «Macworld San Francisco 2007 Keynote Address», Apple.com, <http://www.apple.com/quicktime/qtv/mwsf07/> (consultado el 30 de enero de 2009).

13. Raghava KK, «Raghava KK: Cinco vidas de un artista», TED.com, febrero de 2010, <https://www.ted.com/talks/raghava_kk_five_lives_of_an_artist> (consultado el 19 de mayo de 2013).

14. Freeman Hrabowski, «Freeman Hrabowski: 4 pilares del éxito universitario en ciencias», TED.com, abril de 2013, <https://www.ted.com/talks/freeman_hrabowski_4_pillars_of_college_success_in_science> (con-sultado el 19 de mayo de 2013).

6. Relajarse

1. Ken Robinson, «Ken Robinson dice que las escuelas matan la crea-tividad», TED.com, junio de 2006, <https://www.ted.com/talks/ken_ro-binson_says_schools_kill_creativity> (consultado el 18 de mayo de 2013).

2. A. K. Pradeep, *The Buying Brain: Secrets for Selling to the Subcons-cious Mind*, Hoboken, John Wiley & Sons, 2010, p. 29.

3. Rod A. Martin, *The Psychology of Humor: An Integrative Approach*, Burlington, Elsevier Academic Press, 2007, p. 120. [Hay trad. cast.: *Psico-logía del humor. Un enfoque integrador*, Madrid, Orión Ediciones, 2008.]

4. *Ibid.*

5. *Ibid.*, p. 128.

6. Fabio Sala, «Laughing All the Way to the Bank», *Harvard Business Review*, septiembre de 2003, <https://hbr.org/2003/09/laughing-all-the-way-to-the-bank/ar/1> (consultado el 11 de abril de 2013).

7. YouTube, «Jerry Seinfeld on How to Write a Joke», YouTube.com, 20 de diciembre de 2012, <https://www.youtube.com/watch?v=itWxXyCfW5s> (consultado el 19 de mayo de 2013).

8. Dan Pallotta, «Dan Pallotta: La forma de ver la beneficencia es totalmente incorrecta», TED.com, marzo de 2013, <https://www.ted.com/talks/dan_pallotta_the_way_we_think_about_charity_is_dead_wrong> (consultado el 19 de mayo de 2013).

9. Jill Bolte Taylor, «El poderoso derrame de iluminación de Jill Bolte Taylor», TED.com, marzo de 2008, <https://www.ted.com/talks/jill_bolte_taylor_s_powerful_stroke_of_insight> (consultado el 18 de mayo de 2013).

10. John McWhorter, «John McWhorter: Los mensajes de texto aniquilan el idioma. ¡Va en broma!», TED.com, abril de 2013, <https://www.ted.com/talks/john_mcwhorter_txtng_is_killing_language_jk> (consultado el 18 de mayo de 2013).

11. Juan Enriquez, «Juan Enriquez: la siguiente especie de humano», TED.com, febrero de 2009, <https://www.ted.com/talks/juan_enriquez_shares_mindboggling_new_science> (consultado el 19 de mayo de 2013).

12. Chris Bliss, «Chris Bliss: La comedia es traducción», TED.com, febrero de 2012, <https://www.ted.com/talks/chris_bliss_comedy_is_translation> (consultado el 19 de mayo de 2013).

13. Rose George, «Rose George: Hablemos sucio. En serio», TED.com, abril de 2013, <https://www.ted.com/talks/rose_george_let_s_talk_crap_seriously> (consultado el 19 de mayo de 2013).

14. YouTube.com, «Jim Carrey and Stephen Hawking on Late Night with Conan O'B», YouTube.com, 26 de febrero de 2010, <https://www.youtube.com/watch?v=sRO4fAevMZQ> (consultado el 19 de mayo de 2013).

15. Stephen Hawking, «Stephen Hawking formula grandes preguntas sobre el universo», TED.com, abril de 2008, <https://www.ted.com/talks/stephen_hawking_asks_big_questions_about_the_universe> (consultado el 19 de mayo de 2013).

7. Ceñirse a la regla de los dieciocho minutos

1. Larry Smith, profesor de economía en la universidad de Waterloo (Canadá), en conversación con el autor, 26 de junio de 2012.

2. Amit Agarwal, «Why Are TED Talks 18 Minutes Long?», *Digital Inspiration*, 15 de febrero de 2010, <http://www.labnol.org/tech/ted-talk-18-minutes/12755/> (consultado el 18 de mayo de 2013).

3. Paul E. King, profesor y director del departamento de Estudios de la Comunicación, en conversación con el autor, 3 de diciembre de 2012.

4. Roy Baumeister, *Willpower: Rediscovering the Greatest Human Strength* (edición rústica), Nueva York, Penguin Books, 2012, p. 48.

5. Matthew May, *The Laws of Subtraction: 6 Simple Rules for Winning in the Age of Excess Everything*, Nueva York, McGraw-Hill, 2012, p. xiv.

6. David Christian, historiador angloestadounidense, experto en historia rusa y creador de un enfoque multidisciplinar conocido como «gran historia», en conversación con el autor, 13 de diciembre de 2012.

7. Neil Pasricha, «Neil Pasricha: las 3 A de lo alucinante», TED.com, enero de 2011, <http://www.ted.com/talks/neil_pasricha_the_3_a_s_of_awesome> (consultado el 19 de mayo de 2013).

8. Kevin Allocca, «Kevin Allocca: ¿por qué los vídeos se hacen virales?», TED.com, febrero de 2012, <https://www.ted.com/talks/kevin_allocca_why_videos_go_viral> (consultado el 19 de mayo de 2013).

9. Majora Carter, «Majora Carter: 3 historias de ecoactivismo local», TED.com, diciembre de 2010, <https://www.ted.com/talks/majora_carter_3_stories_of_local_ecoactivism> (consultado el 30 de septiembre de 2013).

10. Carmine Gallo, «How to Pitch Anything in 15 Seconds [Video]», *Forbes, Leadership*, 17 de julio de 2012, <http://www.forbes.com/sites/carminegallo/2012/07/17/how-to-pitch-anything-in-15-seconds/> (consultado el 11 de abril de 2013).

8. Pintar un cuadro mental mediante experiencias multisensoriales

1. Michael Pritchard, «Michael Pritchard vuelve el agua sucia en agua potable», TED.com, agosto de 2009, <https://www.ted.com/talks/michael_pritchard_invents_a_water_filter> (consultado el 11 de abril de 2013).

2. Richard Mayer, «Cognitive Theory of Multimedia Learning (Mayer)», Learning-Theories.com, publicado dentro de la categoría de «Cognitive Theories, Learning Theories & Models» [«Teorías cognitivas, teorías y modelos del aprendizaje»], <http://www.learning-theories.com/

cognitive-theory-of-multimedia-learning-mayer.html> (consultado el 18 de mayo de 2013).

3. Emily McManus, «TEDsters Talk about Al Gore's Impact», TED. com, 12 de octubre de 2007, <http://blog.ted.com/i_was_actually/> (consultado el 11 de abril de 2013).

4. Elizabeth Blair, «Laurie David: One Seriously "Inconvenient" Woman», NPR, Special Series Profiles, 7 de mayo de 2007, <http://www.npr. org/templates/story/story.php?storyId=9969008> (consultado el 19 de abril de 2013).

5. Carmine Gallo, «Richard Branson: If It Can't Fit on the Back of an Envelope, It's Rubbish (An Interview)», Forbes.com, 22 de octubre de 2012, <http://www.forbes.com/sites/carminegallo/2012/10/22/richard-branson-if-it-cant-fit-on-the-back-of-an-envelope-its-rubbish-interview/> (consultado el 18 de mayo de 2013).

6. YouTube, «An Inconvenient Truth (1/10) Movie Clip—Science of Global Warming (2006) HD», YouTube.com, 8 de octubre de 2011, <https://www.youtube.com/watch?v=NXMarwAusY4> (consultado el 11 de abril de 2013).

7. Nancy Duarte, «Nancy Duarte: The Secret Structure of Great Talks», TED.com, febrero de 2012, <https://www.ted.com/talks/nancy_duarte_the_secret_structure_of_great_talks> (consultado el 19 de mayo de 2013).

8. John Medina, *Brain Rules*, Seattle, Pear Press, 2008, p. 84. [Hay trad. cast.: *Exprime tus neuronas: 12 reglas básicas para ejercitar la mente*, Barcelona, Gestión 2000, 2011.]

9. *Ibid.*, p. 233.

10. Bill Gates, «Bill Gates sobre la energía: ¡Innovando hacia cero!», TED.com, febrero de 2010, <https://www.ted.com/talks/bill_gates/> (consultado el 19 de mayo de 2013).

11. David Christian, «David Christian: La historia grande», TED.com, abril de 2011, <https://www.ted.com/talks/david_christian_big_history> (consultado el 19 de mayo de 2013).

12. Bono, «Bono: Las buenas noticias sobre la pobreza (¡Sí, tenemos buenas noticias!)», TED.com, marzo de 2013, <https://www.ted.com/talks/bono_the_good_news_on_poverty_yes_there_s_good_news> (consultado el 19 de mayo de 2013).

13. Chris Jordan, «Chris Jordan muestra unas sorprendentes estadísticas», TED.com, junio de 2008, <https://www.ted.com/talks/chris_jordan_pictures_some_shocking_stats> (consultado el 11 de abril de 2013).

14. Lisa Kristine, «Lisa Kristine: Fotos que dan testimonio de la esclavitud moderna», TED.com, agosto de 2012, <https://www.ted.com/talks/lisa_kristine_glimpses_of_modern_day_slavery> (consultado el 18 de mayo de 2013).

15. Pascale Michelon, director de The Memory Practice y profesor asociado en la universidad de Washington en Saint Louis, en conversación con el autor, 22 de enero de 2013.

16. Janine Shepherd, «Janine Shepherd: Un cuerpo quebrado no es una persona quebrada», TED.com, noviembre de 2012, <https://www.ted.com/talks/janine_shepherd_a_broken_body_isn_t_a_broken_person> (consultado el 19 de mayo de 2013).

17. Cesar Kuriyama, «Cesar Kuriyama: Un segundo cada día», febrero de 2013, <https://www.ted.com/talks/cesar_kuriyama_one_second_every_day> (consultado el 19 de mayo de 2013).

18. Bono, «Bono: Las buenas noticias sobre la pobreza (¡Sí, tenemos buenas noticias!)», TED.com, marzo de 2013, <https://www.ted.com/talks/bono_the_good_news_on_poverty_yes_there_s_good_news> (consultado el 19 de mayo de 2013).

19. Roger Ebert, «Roger Ebert: reconstruyendo mi voz», TED.com, abril de 2011, <https://www.ted.com/talks/roger_ebert_remaking_my_voice> (consultado el 19 de mayo 2013).

20. Amanda Palmer, «Amanda Palmer: el arte de pedir», TED.com, marzo de 2013, <https://www.ted.com/talks/amanda_palmer_the_art_of_asking> (consultado en mayo de 2013).

21. Elliot Krane, «Elliot Krane: El misterio del dolor crónico», TED.com, mayo de 2011, <https://www.ted.com/talks/elliot_krane_the_mystery_of_chronic_pain> (consultado el 19 de mayo de 2013).

22. Stacey Kramer, «Stacey Kramer: El mejor regalo al que he sobrevivido», TED.com, octubre de 2010, <https://www.ted.com/talks/stacey_kramer_the_best_gift_i_ever_survived> (consultado el 19 de mayo de 2013).

9. Seguir nuestro propio camino

1. Sheryl Sandberg, *Lean In: Women, Work, and the Will to Lead*, Nueva York, Alfred A. Knopf, 2013, p. 139. [Hay trad. cast.: *Vayamos adelante*, Barcelona, Conecta, 2013.]

2. *Ibid.*

3. Jill Bolte Taylor, presidenta del Greater Bloomington Affiliate de NAMI en Bloomington (Indiana) y portavoz nacional del Harvard Brain Tissue Resource Center, en conversación con el autor, 19 de marzo de 2013.

4. Richard Branson, «Richard Branson on the Art of Public Speaking», *Entrepreneur*, 4 de febrero de 2013, <http://www.entrepreneurmag.co.za/advice/personal-improvement/self-development/richard-branson-on-the-art-of-public-speaking/> (consultado el 11 de abril de 2013).

5. Meredith Lepore, «6 Essential Tips for Work and Life from Warren Buffet», Levoleague.com, 8 de mayo de 2013, <http://www.levo.com/articles/career-advice/warren-buffett-life-tips> (consultado el 19 de mayo de 2013).

Índice alfabético